U0337049

· 巴菲特投资案例集 ·

巴菲特的
伯克希尔崛起

从 1 亿到 10 亿美金的历程

[英]
格伦·阿诺德
Glen Arnold

———

著

杨天南

———

译

机械工业出版社
CHINA MACHINE PRESS

图书在版编目（CIP）数据

巴菲特的伯克希尔崛起：从1亿到10亿美金的历程 /（英）格伦·阿诺德（Glen Arnold）著；杨天南译. —北京：机械工业出版社，2023.11
（巴菲特投资案例集）

书名原文：The Deals of Warren Buffett, Volume 2：The Making of a Billionaire

ISBN 978-7-111-74154-1

Ⅰ.①巴…　Ⅱ.①格…②杨…　Ⅲ.①巴菲特（Buffett, Warren）—投资—经验　Ⅳ.①F837.124.8

中国国家版本馆 CIP 数据核字（2023）第 207439 号

机械工业出版社（北京市百万庄大街 22 号　邮政编码 100037）
策划编辑：王　颖　　　　　　　责任编辑：王　颖
责任校对：龚思文　张　薇　　　责任印制：李　昂
河北宝昌佳彩印刷有限公司印刷
2024 年 1 月第 1 版第 1 次印刷
147mm×210mm·12 印张·3 插页·237 千字
标准书号：ISBN 978-7-111-74154-1
定价：79.00 元

电话服务　　　　　　　　　　网络服务
客服电话：010-88361066　　　机　工　官　网：www.cmpbook.com
　　　　　010-88379833　　　机　工　官　博：weibo.com/cmp1952
　　　　　010-68326294　　　金　书　网：www.golden-book.com
封底无防伪标均为盗版　　　　机工教育服务网：www.cmpedu.com

送给我的孩子们：

奥利弗、索菲、米莉·森夏恩、
莱娜、汤姆、洛拉和艾丽斯

在飞驰的列车上翻译

这些在普通人眼中的生活碎片，

却可以在另一些善于规划的人手中成就伟业。

　　本书终于面世了，这是"巴菲特投资案例集"系列的第二部。出版社建议我写一个译者序，思来想去，忽然忆起春天里的一个画面来。那时，京城花未开，江南春意浓，我去上海出差，在飞驰的高铁列车上，想着还没有完成翻译工作，于是打开笔记本电脑，一路上斟词酌句，在抵达目的地之前翻译了 1900 字。随行人员随手拍下了一组照片，让那些曾经的瞬间定格成为永远。实际上，我的翻译工作多是在见缝插针中完成的。

　　本书记录了巴菲特从 1976 年到 1989 年的十个经典投资案例，1989 年 59 岁的巴菲特赚到了人生中的第一个 10 亿美元。书中通过一个个案例，详细地展示了巴菲特从一个"小目标"到达 10 亿美元的旅程，其中有人们耳熟能详的公司，例如盖可保险、大都会/ABC/迪士尼、可口可乐、吉列/宝洁/金霸王，也有不太为人所知的《水牛城新闻晚报》、斯科特·费泽、费希海默兄弟公司、所罗门兄弟公司，当然，也有每年奥马哈年会见到的内布拉斯加家具城（NFM）以及比尔·盖茨购买订婚戒指的波仙珠宝。

看着这些熟悉的名字，眼前浮现出一个个鲜活的人物形象，我立下一个宏愿。近年来，我的翻译速度越来越快，目前已经在着手翻译第10本书。这种进取，既与近年来复杂多变、充满挑战的市场环境有关，也与近年来开始的一项"化不利为有利"的活动有关，我们立下了"十年读十遍"的宏愿，学习对象就是多达150万字的巴菲特60余年来写给投资者的信。

这个源于"一人起一念"的灵光乍现，造就了目前国内"学习巴菲特致股东的信"的最大社群。投资者从中可以学到投资知识，企业家从中可以领悟管理心得，追求美好生活的人都受益匪浅，甚至，其中无数的金言锦句可以帮助人们提高英语水平。

总之，通过这样海量的学习，人生有了压舱石，心中有底自然有轻车熟路之感，这就是近年来翻译速度大幅提升背后的秘密。

我在飞驰的列车上翻译的照片被发在自媒体上之后，众人在赞叹之余，展开了对于如何提高人生效率的思考。数年前，我曾写下"凡律即为迫，凡迫亦为律"的格言，这些自己找的"迫"实际上也就是大家眼中的自律。律之既久，会生出怡然自得之心，巴菲特和芒格就是这样的榜样。

如果近期有人问我学习巴菲特和芒格的过程中有什么新的心得，我的回答应该是"有限资源的有效利用"。每个人的资源都是有限的，100元是有限的，100亿元也是有限的，一些人慨叹自己"没有资源"的时候，恐怕很少想到，一分钟可以是资源，一句话也可以是资源，这些在普通人眼中的生活碎片，却可以在另一些善于规划的人手中成就伟业。

在众多学习巴菲特和芒格的人中，涌现出越来越多这样由"迫"到"律"，进而乐在其中的例子，本书的作者就是一例。阿诺德从教授到投资，从热爱到将这些热爱的点滴串联起来，关注、研究、分析、记录，进而将案例结集成书，有意集毕生功力，将巴菲特一生的投资按照时间脉络，一一呈现给世人。在为社会创造价值的同时，成就了自己，到了这个阶段，你将不再是你的你！这句话听起来是不是很深刻？

世间所有最终成功的人其实都是知行合一的人，相反，坐而论道、喜欢抬杠和抱怨的人，恐怕只会与目标背道而驰，渐行渐远。例如对于投资的难，我曾经提出"知不易，行更难，知行合一难上难"。但是，冷不丁会有人跳出来，来一句"真知行不难"，似乎非要以"行不难"抬杠"行更难"。

"真知行不难"这句名言出自好友唐朝先生的话，但如果以句读的语气呈现，应该是"真知，行不难"。客观而言，真知固然行不难，但得到真知很难，"行不难"的前提是有了"真知"。那么这个"真知"从何而来呢？当然是实践出真知。那么，实践是什么？实践就是我们说的"行"。

所以，老唐和我虽然各自字面表述不同，其实是互为表里，殊途同归。知行合一的过程，就是以知导行、以行证知的循环往复。很多读者读过我"一道破万术"的观点，其实，站在门外，一道破万术；进得门来，万术证一道。

阿诺德的这套系列丛书，按照目前的发展路径，估计第三本会讲述十亿到百亿的故事，第四本讲述百亿到千亿的故事，或许到那时，巴菲特又创造了另一个万亿的奇迹。时光飞逝，我们都在飞驰的列车上，行文至此，我忽然觉得自己并不是在翻译一本书，而是在翻译人生。

我与巴菲特的故事

这一切可以追溯到 2013 年，那时我做出了一个重大的决定，停下手中所有其他活动，以便完全将精力集中于股票投资。这意味着我要放弃终身教授的职位，终止在伦敦金融城收入丰厚的教学岗位，并且，具有讽刺意味的是，这也会大幅减少著书立说的时间。

为了记录下做出股票投资决策的逻辑过程，我在一个网站上写了一些博客文章，列出了我的分析，并免费开放给所有人阅读。以明确公开的方式，陈述配置资本背后的理由，这是激励，也是压力。此外，每隔几个月，我会对投资的理由再进行一次审视。

我的博客很受欢迎，于是网站方面问我是否愿意将内容转发到他们的通讯上。我接受了这个建议，于是我的一篇篇文章变成了一系列关于沃伦·巴菲特投资案例的分析，其中的一些公司并不是我潜在的投资对象，所以原本我并不需要去写，但是我想读者或许会对巴菲特的理论和案例感兴趣。这本书就来自这些文章。

为什么会有这本书

你可能会认为，关于沃伦·巴菲特的书已经有数十本之多，写了又写，或许没有什么新鲜的内容了。我自己也读了很多这方面的文字，但感到不甚满意。其他作者多是讨论他投资了什么、赚了多少钱，但我想知道其中缘由。巴菲特选择的公司有哪些特质使得它们脱颖而出？是资产负债表、盈利历史、战略定位或高管阶层的品质吗？我想知道细节。巴菲特是如何在理性投资中一步一个脚印，白手起家积累财富的？

对于他的每一个重大动作，我都试图从"为什么"的角度进行更深入的讨论，对于他的每一项投资，都需要进行新的调研，挖掘更多来源。工作的重点是对巴菲特所选定的公司进行分析，这意味着我在他个人生活方面花费的精力非常少，而这方面已经被其他人深入挖掘过。

有许多关键的投资案例需要复盘，每一笔都需要进行全面分析。如果将这些案例统统压缩在一本书里，似乎不太合适，于是，这个系列的第一部《巴菲特的第一桶金》以巴菲特的财富积累到1亿美元作为里程碑，记录了他将投资整合

到控股公司伯克希尔－哈撒韦的投资案例。本书为这个系列的
第二部，解析了巴菲特从 1 亿美元到 10 亿美元的关键投资案
例。值得注意的是，他在 20 世纪 80 年代末达成了这一目标。

与巴菲特的渊源

几十年前，我了解到了巴菲特的智慧。很自然，我成了
伯克希尔－哈撒韦公司的股东，并定期前往奥马哈参加一年
一度的股东大会。在访问奥马哈的过程中，我最喜欢的一件
逸事是，我——没错就是我本人，"迫使"巴菲特捐出了 400
亿美元。你可能认为巴菲特有着坚强的意志，不可能被一个
来访的英国人所左右，但就我所知并非如此，而且我一定是
对的。

这件事情发生在 2006 年（让我炫耀一下），当时，比
尔·盖茨和巴菲特站在一起，他们俩是好友，盖茨还是伯克
希尔－哈撒韦公司的董事。我盛赞了盖茨了不起的事业，并
感谢了他和妻子梅琳达为盖茨基金会所做的一切。我的表现
非常热烈，或许热烈得有点过了头。

然后，当我转向站在盖茨身边一直在听我们说话的巴菲
特时，我对他说："感谢你为伯克希尔－哈撒韦股东所做的一
切。"我也不知道是什么原因，我对巴菲特表达感谢的声调听
起来没有对盖茨那样兴奋。

　　你敢相信吗？几周之后，巴菲特宣布将自己的绝大部分财富捐给比尔及梅琳达·盖茨基金会，用于世界各地的慈善活动。看来，在我们见面之后，巴菲特一定是进行了反思：为什么这个英国人对我一手造就的伯克希尔的印象不如盖茨基金会深刻呢？然后，他以行动解决了这一问题。

　　这就是我的故事，我会一直坚持下去。

　　我希望你们能喜欢这本书，看看巴菲特如何将1亿美元变成10亿美元。

格伦·阿诺德

2019年夏天

从 1 亿到 10 亿美金的历程

本书内容

本书讲述了巴菲特从 1 亿美元（40 多岁）到 10 亿美元（59 岁）的投资历程。更重要的是，它记录了巴菲特在这一历程中的经验教训，给我们展示了最佳的投资路径。

这是巴菲特职业生涯中最令人兴奋的时期，他在股票市场上和管理严密的家族企业群体中，发现了一个又一个具有超级经济特许权特征的好企业，例如内布拉斯加家具城和斯科特·费泽。

在为伯克希尔添加全资子公司的过程中，巴菲特的声誉帮了大忙，因为众所周知，巴菲特可以为杰出的家族和企业高管人才提供安全归宿。这些公司创始人对巴菲特的忠诚达到了惊人的程度，这反过来又有助于产生巨大的资本回报。因此，在巴菲特的世界里，现金被投了出去，之后产生了更多的回报，他创造了一个奇妙的良性循环。

伯克希尔旗下的控股企业并不是巴菲特投资的唯一现金来源，资金还来源于那些快速增长的保险公司，例如国民赔偿保险（NICO）和盖可保险（GEICO），它们都拥有大量的保险浮存金，这些浮存金也需要投资安排。巴菲特就是善用这些资金的人，大部分资金被用于购买雄踞市场的美国巨头公司，例如可口可乐、吉列、大都会／ABC，等等。

本书解释了巴菲特进行这些关键投资的理由，但并不回避巴菲特在投资过程中犯下的错误，巴菲特可以从这些错误中学习，我们也可以。这些胜利与错误交织在一起的结果是：截至1989年，巴菲特的个人财富超过10亿美元，伯克希尔－哈撒韦公司成为世界十大公司之一。

巴菲特令人印象深刻的投资故事按照首次投资时间顺序排列如下：

1. 盖可保险公司（1976年）；

2.《水牛城新闻晚报》（1977年）；

3. 内布拉斯加家具城（1983年）；

4. 大都会／ABC／迪士尼（1986年）；

5. 斯科特·费泽（1986年）；

6. 费希海默兄弟公司（1986年）；

7. 所罗门兄弟公司（1987年）；

8. 可口可乐（1988年）；

9. 波仙珠宝（1989 年）；

10. 吉列 / 宝洁 / 金霸王（1989 年）。

在这一时期的前十年，标普 500 指数翻了一番。你可能会想，这十年翻一番的回报也不错，但看看伯克希尔 - 哈撒韦的股价，竟然几乎是原来的 29 倍，从不到 89 美元上涨到超过 2 600 美元，见图 0-1。

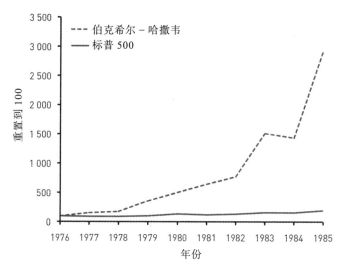

图 0-1　1976 年到 1985 年，伯克希尔股价与标普 500 指数对比

资料来源：雅虎财经；R. J. Connors, *Warren Buffett on Business* (Penguin, 2013)。标普 500 指数没有包含分红在内。

在接下来的四年里，以常规的标准看，标普 500 指数继续表现良好，上涨了 39%，但巴菲特的公司不走寻常路，伯克希尔涨到了原来的 3 倍，见图 0-2。

请把这些数字放在当时的时代背景中想一想，1962 年巴菲特首次购买伯克希尔股票时，支付的价格是 7.50 美元 / 股。

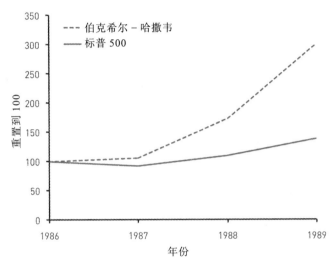

图 0-2　1986 年到 1989 年，伯克希尔股价与标普 500 指数对比

资料来源：雅虎财经。标普 500 指数没有包含分红在内。

本书阅读对象

本书通过一系列引人入胜的投资案例，展示了投资的重要规则，所有希望研究投资、学习投资，或打算温故知新的投资者都值得一读。

本书结构

本书由十个投资案例构成，如果你愿意的话，可以优先深入了解那些令你感兴趣的案例，但我鼓励你按照时间顺序阅读，以了解巴菲特是如何成长为一名杰出的投资者的。

致谢

我要感谢哈里曼公司以及专业团队的鼎力支持，资深编辑克雷格·皮尔斯在这一系列书的开发和塑造方面给了我很大的帮助。夏洛特·斯特利、露西·斯科特、萨莉·蒂克纳、埃玛·廷克、苏珊娜·塔尔都为本书付出了巨大的努力。谢谢大家。

巴菲特如何赚得第一桶金

开始阅读本书之前，让我们简要回顾一下本系列书的第一本《巴菲特的第一桶金》中的故事。

1941 年，年仅 11 岁的巴菲特设法凑到了 114.75 美元，进行了他人生中的第一次股票投资。这只股票的表现并非一帆风顺，但这段经历刺激巴菲特进行反思，使他想弄明白各种投资股票方式的优点与缺点。

在青少年阶段，巴菲特做了各种各样赚钱的尝试，从购买弹球机再转租出去，到回收二手高尔夫球，其中最大的收入来自一周五天的报童生涯，投送的是《华盛顿邮报》。

导师格雷厄姆和盖可保险

到 20 岁时，巴菲特已经拥有了 15 000 美元身家。这一年，他读到了格雷厄姆的经典著作《聪明的投资者》，懂得了投资之道。

他渴望了解更多，这种渴望推动他报名参加了格雷厄姆在哥伦比亚大学的课程。在第二学期，他发现格雷厄姆的基金持有一家小型保险公司——盖可保险的大量股份，自己的老师竟然是盖可的董事。

经过一系列的研究，包括在一个周六专门前往华盛顿特区的盖可保险总部，与公司总裁助理洛里默·戴维森（Lorimer Davidson）聊了四个小时，之后巴菲特将自己全部身家的2/3投入了盖可股票。

在接下来不到一年的时间里，巴菲特卖出盖可，获利50%。看起来还不错，但巴菲特后来却因为没有一直持有盖可这么一家高质量的、具有经济特许权的公司而自责。因为如果当时不卖这些股票，19年后它们的价值将高达130万美元。

对巴菲特来说，盖可保险的这笔投资的确值得纪念，因为它开启了巴菲特投资生涯的第一个阶段。他走出了教室，在实践中运用导师教授的投资关键原则：

1. 对公司进行深入的分析。

2. 确定你估计的内在价值与股价之间具有安全边际。

3. 瞄准令人满意的回报。

4. 记住市场先生有时会给出一些奇怪的报价，所以你需要独立思考，以确定市场先生是否明智，或是否低估了一家公司的价值。

在巴菲特卖出盖可之后，这家公司取得了巨大成功，但巴菲特却在其后的 24 年里并没有参与。在这段时间里，市场已经意识到这是一家不错的公司，因此，对于一个注重性价比的投资者而言，它的股价一直过高。总而言之，盖可是一家优秀的公司，但不是一笔值得下手的好投资。

不管怎样，在此期间，巴菲特还找到了一些其他优秀的公司，例如桑伯恩地图、美国运通和迪士尼。他的财富也随之水涨船高，突破 100 万美元的目标，继而突破 1 000 万美元的里程碑。他的投资管理事业也是风生水起，他向投资伙伴收取超过 6% 回报部分的 1/4 作为管理费。

在这个过程中，他持续地关注着盖可保险的情况，直到 20 世纪 70 年代中期，盖可遭受重创，股价从 62 美元大跌至 2 美元，在众人惊恐的时候，巴菲特却表现出了异于常人的"兴奋"。当时，华尔街所有的人都认为盖可要不了多久就会倒闭，正是在这个市场极度恐慌的时刻，巴菲特出手了。伯克希尔 – 哈撒韦买入了大量盖可的股份，并在接下来的几年里，不断增持。

盖可保险是巴菲特职业生涯第一阶段的基石，同时对巴菲特职业生涯的第二阶段也至关重要。

从 1976 年到 1980 年，伯克希尔一共耗资 4 570 万美元，购买了盖可一半的股份。随后，该公司的新管理团队表现出色，公司飞速发展。1996 年，巴菲特和芒格以公平的价格，再次耗资 23 亿美元买下了另一半股份，后一半股份的价格是之前的 50 倍。

尽管价格高了不少，但如果你看到盖可给伯克希尔带来的回报，你依然会觉得这个价格物有所值。对保险行业而言，每年销售保险带来的保费收入，在减去理赔和管理成本之后，如果依然有盈利，这种盈利被称为承保利润。在大多数年份里，盖可的承保利润为正数。（这是非常难得的，对于保险行业而言，实现承保利润并不常见，业内通常会寄希望于通过投资上的获益弥补承保上的缺失，继而达到盈亏平衡。）

事实上，盖可的商业模式非常好，多年以来，盖可从保险业务中实现的承保利润多达 10 亿美元，提供了很多资金给巴菲特，用于其他投资。除此之外，盖可还拥有数量巨大的浮存金——也就是已经收取的，但尚未发生理赔的保费，这些浮存金也可以用于投资，获取回报。年复一年，盖可浮存金的投资也带来了数以十亿计的投资利得和分红。如此循环往复，巴菲特手中的可用资金越来越多。

稍等一下，我们的话题展开得有点太快了，让我们先回顾一下巴菲特在 20 世纪 70 年代所处的大环境吧。

巴菲特在 20 世纪 70 年代收购的企业

在继续深入了解巴菲特当时进行的投资案例之前，我们需要先了解一下他当时手中的牌，看看当年 40 岁的巴菲特掌控的伯克希尔帝国的情况。

20世纪70年代初，在关闭了投资合伙企业之后，巴菲特和妻子苏珊将自己资金的大部分投入伯克希尔－哈撒韦的股票。当时，该公司是一家位于新英格兰的纺织制造商，正在为盈利每况愈下而苦苦挣扎。1965年5月，巴菲特接管了这家资产2 000万美元的企业。吸引巴菲特的并不是企业资产的质量，而是净资产相对于价格的低廉，他也依然对纺织业务抱有一丝希望，希望它能东山再起。

当意识到纺织业务不可能再现辉煌的时候，巴菲特立刻下令，严格限制对原有业务进行新的资金投入，因为他认为每1美元的投入至少应该产生1美元的真实价值，才能获得良好的资本回报。巴菲特认为在伯克希尔原有业务上不可能获得满意的回报，他决定不再扩大生产，不再更新机器设备。相反，通过出售资产以及原有业务积累的微薄利润，巴菲特不断寻找良好的资金配置方向，以期创造更多价值。

国民赔偿保险公司

1967年，巴菲特在家乡奥马哈发现了一个投资对象：国民赔偿保险公司。这是一家经营汽车和意外伤害保险的公司，伯克希尔－哈撒韦以860万美元收购了这家公司。很像盖可保险，这家公司的管理层既能力超群，又诚实可靠。因此，在竞争激烈的保险市场上，国民赔偿保险公司能够以高效率、低成本、可靠的服务，在承保业务中实现盈利。

对于巴菲特而言，同样看重的还有保险浮存金，从1967年的1 730万美元起步，没用多久，巴菲特就将这个数字提高到了7 000万美元。这笔资金可用于投资，为伯克希尔创造资本利得，即便是在遭遇保险费率低下的不利时期，也可以从持有的证券中获得分红或利息收入。

巴菲特迷上了保险行业，尤其是那些具有盈利前景（或仅有微利甚至亏损）和坐拥大量浮存金的保险公司。伯克希尔-哈撒韦收购了不少财产和意外伤害险公司、工人赔偿保险公司，并且涉足再保险公司。

罗克福德银行

1969年，伯克希尔耗资1 500万美元收购了一家位于罗克福德的小型银行，名为伊利诺伊国家信托银行。这项收购为伯克希尔带来了每年200万美元到400万美元的税后利润，这些现金流可供巴菲特购买其他优秀企业，以及投资股票市场上物有所值的股票。

《华盛顿邮报》

1974年，伯克希尔-哈撒韦耗资1 060万美元收购了《华盛顿邮报》9.7%的股份。在尼克松政府对该报的威胁解除之后，这些股票的价值大升。

零售业务及其他

在巴菲特家族的投资中，除伯克希尔－哈撒韦之外，第二关键的投资对象是多元零售公司。早在经营投资合伙企业期间，巴菲特就购买了80%的该公司股份。当时，它仅仅是一家业务简单的百货公司，一家苦苦挣扎的零售商，但拥有可观的净资产。

后来，该公司收购了一家拥有75个店面的连锁服装公司，这家公司能够带来大约税前100万美元的利润，令巴菲特的投资拥有了更强大的火力。但是，令巴菲特既感到如释重负又感到尴尬的是，他最终以微小的亏损为代价卖掉了这家公司。20世纪70年代初，巴菲特将得到的大约1 100万美元的现金用于其他投资。

这就是关于多元零售的故事，当时巴菲特已经下定决心进军保险业，涉足火灾、意外伤害和工人赔偿保险。由于涉足保险业，巴菲特拥有了另一个投资资金的来源——保险浮存金。

多元零售公司的大部分现金资源，被用于巴菲特控制的其他企业的股份，多元零售公司本身持有伯克希尔1/7的股份，以及巴菲特帝国的第三支柱——蓝筹印花公司16%的股份。

蓝筹印花

蓝筹印花之所以具有吸引力，是因为它也有一个浮存金的池子。但是，蓝筹印花公司的浮存金并不是靠出售保单、延迟理赔实现的，它的模式是向加油站等零售商出售印花，由此获得了大量现金，零售商随后将这些印花奖励给自己的顾客。顾客会将印花收集在一起，集中到一定数量，拿去兑换成水壶、烤面包机等奖品。

蓝筹印花公司从零售商那里收到付款，从收款到送出烤面包机等奖品之间往往有一个很长的时间差，甚至在很多时候，人们都忘了自己收集的印花。因此，蓝筹印花建立了一个大约6 000万到1亿美元的浮存金储备，用于准备购买奖品。巴菲特当然知道如何很好地使用这些资金，1972年他动用蓝筹印花的2 500万美元收购了喜诗糖果，这是他最大的投资之一。喜诗糖果的投资为巴菲特带来了源源不断、不断增长的现金流，到2019年这项投资已经带来了20亿美元的收益。

蓝筹印花的另一项伟大投资是威斯科（Wesco），它最初专注于储蓄和信贷业务，在巴菲特和芒格接管之后，公司的重点转移到了持有现金和证券方面，最终成为一家大型多元化控股公司，并涉足保险业务。

20世纪70年代中期的环境

图0-3展示了20世纪70年代中期的持股状况。巴菲特在追求价值投资的过程中，出现了一系列交叉持股情况。在这个过程中，至少有三条可供投资的资金路径：

1.伯克希尔－哈撒韦的超过7 000万美元的保险浮存金（还处于迅速增长阶段）。除了从这些投资中获得的分红、利息和资本利得之外，还有来自保险、纺织和银行业的年度现金流（在670万到1 600万美元之间）。

2.多元零售公司起步时的保险浮存金，加上连锁服装店的利润（每年大约100万美元），以及来自伯克希尔、蓝筹印花的收益。

3.蓝筹印花拥有的6 000万到1亿美元的浮存金。由此带来的分红、利息以及资本利得，加之在喜诗糖果（年利润约300万美元）、威斯科公司（年利润在300万到400万美元之间）中占据的主导地位。

这种错综复杂的交叉持股带来了一个麻烦，就是引起了美国证券交易委员会（SEC）的注意，他们认为巴菲特的一些举动，可能会损害其他股东的利益。

巴菲特当然不打算制造纠纷，也不会歧视那些信任他的股东，他将这些人视为合作伙伴，以正直和公平的方式对待他们。但是，由于客观上存在利益冲突的可能，巴菲特和查理·芒格在 1978 年对公司的结构进行了简化。

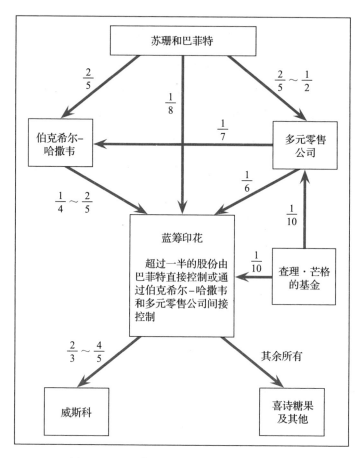

图 0-3 20 世纪 70 年代中期的持股状况

1978 年底，多元零售公司与伯克希尔以换股的方式进行合并。芒格作为多元零售公司的股东，通过这次换股合并的机会，获得了伯克希尔 2% 的股份，并出任伯克希尔的副董事长。

伯克希尔随后持有蓝筹印花 58% 的股份，巴菲特持有伯克希尔 43%、蓝筹印花 13% 的股份。巴菲特的妻子苏珊持有伯克希尔 3% 的股份。

1983 年，伯克希尔收购了蓝筹印花所有剩余股份，完成了进一步的整合。

有了这些背景资料，现在让我们接着往下看吧，看看使巴菲特的财富从 1 亿美元增长到 10 亿美元的投资案例。我们就从盖可保险公司开始。

·目 录·

XXX

盖可保险公司
（GEICO）

投资概要	投资对象	盖可保险公司
	时间	1976 年至今
	买入价	1976 年至 1980 年，以 4 570 万美元买入 51% 的股份；1996 年以 23 亿美元买下剩余全部股份
	数量	起初是 199 万可转换优先股（1 942 万美元），然后是 129 万普通股（412 万美元）
	卖出价	至今依然是伯克希尔旗下企业
	获利	数百亿美元
	1977 年的伯克希尔－哈撒韦	股价范围：40～80 美元 账面净资产：9 290 万美元 每股账面净资产：95 美元

沃伦·巴菲特在 20 世纪 70 年代收购了盖可保险公司，他说"这或许是最佳的单笔投资"[1]。不言而喻，这笔收购赚了很多钱，最初投资的 4 570 万美元至少赚了 100 倍。

三个良性循环

运营成本良性循环

盖可的故事是一个关于三个良性循环的故事。第一个良性循环可以被称为运营成本良性循环，由创始人利奥·古德温（Leo Goodwin）和他的妻子莉莲（Lillian）提出，并由历任杰出的管理者完善构建，发扬光大。古德温一家当初就认识到汽车保险行业是一个竞争非常激烈的行业，事实上，这的确是一个具有普通商品特质的行业，同质化的产品很难通过差异化的定位来提高价格。大多数购买者只想要最低的价格，只要出现更低的价格，他们就会毫不犹豫地更换供应商。

这样做的结果就是，很多保险公司为了追求销量而陷入苦苦的挣扎，因为它们为了维持销量而不得不降价。因此，在这类生意中，提高回报的关键就在于不断降低成本，但问题是你怎么才能做到这一点？

20 世纪中期，绝大多数保险公司采取了分销代理的营销方式，这包括向保险经纪机构和销售人员支付大笔费用，通过他们向终端客户销售保单。这种营销方式意味着，经纪人的佣金包含在一般管理费用中，大约 40% 的保费花在了行政和销售上。盖可保险公司独辟蹊径，找到了一种方法，可以减少 1/3 以上的成本，这种效果的达成是通过运营成本良性循环实现的，如图 1-1 所示。

起点是低成本，包括两个方面。首先，通过邮寄或电话（如今是智能手机）销售的方式，直接向客户销售保险，此举可以省去支付中间代理人的费用。

当年，21 岁的巴菲特在《商业金融纪事报》上发表了一篇题为《我最喜欢的股票》的文章，正如文中所说，这种直销方式有一个优点："没有来自代理商的压力，去被迫接受有问题的投保人，或为糟糕风险续保。"

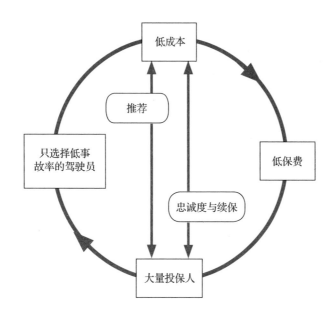

图 1-1 运营成本良性循环

第二个方面是：仅仅面向一个特定对象群体销售。这个群体的特征是：大概率的安全驾驶者，都有稳定的月收入。这些人很容易成为盖可锁定的市场对象。

意识到竞争激烈的盖可，非常渴望留住现有客户，公司有一个自我强加的规则，即任何节约的成本全部或大部分都会转让给消费者。巴菲特希望从盖可保险的销售中最多获得4%的承保利润率，如果超过了这个数字，就会降低保单价格。通过这种方式，客户可以获益于大部分节省下来的运营费用。

在盖可保险公司成立之初的二十年里，它以自觉自律的方式不向特定人群之外的任何人推销产品。盖可的全称是政府雇员保险公司（The Government Employees Insurance Company），你或许已经从公司的名字猜出了这个特定的群体：政府雇员（包括军人）。这一目标的设定既降低了营销成本，也减少了理赔数量，因为在这个群体中，具有责任感的人、头脑清楚的人（低风险驾驶者）的比例高于社会平均水平。

直到 1958 年，盖可保险才接受非政府雇员购买自家的保险产品。但即便如此，公司的销售对象也仅限于专业人士、技术人员和管理层面的职业群体。

通过提高行政管理和加强事故后客户协助，盖可提供了非常优质的服务，这在留住已有客户方面起到了很好的作用，也有助于培育低成本模式。高质量的服务还有助于商业模式的另一个方面：拥有如此大的投保申请数量，也给了盖可在销售保单时很大的选择权，使得公司只向理赔风险与经济回报最佳的投保人群销售保单。

无论是过去还是现在，很多新客户都是被老客户带来的，因为老客户对盖可印象深刻，他们会向朋友推荐盖可，这也是低成本获得客户的方式。

信心的良性循环

第二个良性循环发生在 1976 年，当时的盖可保险公司正面临危机，对此我稍后会详细说明，这里先不多说。我想指出的是，盖可此时正在走向破产，因为无论是股票投资者、债券投资者还是再保险公司，都对盖可能否生存下去缺乏信心，对公司管理层和资产负债表的信心也消失殆尽。

为了生存，盖可公司迫切需要注入新的资金。如果此时有人拿出一笔钱注入盖可，那么金融市场上的其他人就会认为，公司还有一线生机，这反过来会使其重新获得投保人的信任，进而吸引资金提供者以及再保险公司。

但没有人愿意迈出这第一步，这导致公司陷入进退两难的境地，因为每个潜在注资者都在等待其他人先迈出这危险的第一步，大家都在等那个率先注入数千万美元，扶大厦之将倾的人。大家的想法是，第一次注资可能会奏效，也可能不会；可能会是竹篮打水一场空，也可能不会。既然如此，何必要冒风险做第一个吃螃蟹的人呢？最好等待情况明了再说。

在众人观望的时候，只有一个人例外，那就是巴菲特。透过盖可公司糟糕业务的表面，巴菲特看到盖可具有的经济特许经营权，也就是它的低成本模式和客户忠诚度依旧完好无损。

巴菲特的资本干预将这个循环从恶性循环转变为良性循环，伯克希尔－哈撒韦的资金注入给盖可的资产负债表带来了健康的力量，也给市场带来了信心。再保险公司重新承担起分保风险，监管机构和贷款机构也变得更加配合。

从负债到赚钱的良性循环

在沃伦·巴菲特的故事里，我们已经看到国民赔偿保险公司的案例，看到他如何将会计师们归类为负债的东西转化为一种资产，用以为伯克希尔创造数以百万计的利润。他将保险公司的浮存金投资在证券上获得良好的回报，包括从固定收益类产品上获得利息，在股票上获得分红和资本利得。图 1-2 展示了从负债到赚钱的良性循环。

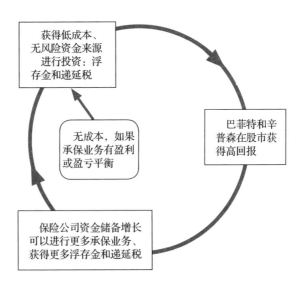

图 1-2　从负债到赚钱的良性循环

巴菲特还看到在盖可商业模式下,产生了大量可预测的资金流,等待着被投资到其他地方。此外,盖可内部还有一个与政府有关的现金来源,那就是在"递延税"项下应付税款与实际支付之间有一个时间差。

是什么导致盖可运营恶化

在 20 世纪 70 年代初,可怜的盖可迷失了方向,盈利情况非常糟糕,因为当时的管理层一味地追求扩大营收规模,对于未来可能出现的理赔风险未能给予充分的重视。就像很多保险公司一样,执行董事们的关注点都集中在眼前业务的数量上,忽视了对长期利润的考虑。

作为局外人,巴菲特目睹了盖可自我约束机制的丧失,他感到非常难过,因为盖可曾经是他美好的记忆,是他 1951 年第一次重大价值投资的对象。这种难过的心情对洛里默·戴维森也是一样的。1958 年,戴维森从盖可的创始人利奥·古德温手中接过总裁一职。在戴维森领导的 12 年时间里,公司保费从 4 000 万美元(485 443 份保单)增长到 2.5 亿美元,成为美国第五大汽车保险公司,每年售出保单近 200 万份。更为重要的是,这种稳定的增长是在执行严格承保纪律的情况下实现的,例如,果断放弃那种由于最终理赔和行政成本过高,最终导致保费收入不合算的业务。

1970 年底, 71 岁的戴维森辞去了盖可总裁和董事长的职务。尽管他依然是董事会成员之一，尽管公司仍然征求他的意见，但董事会里追求成长、对新电脑程序充满热情的人占到了绝对优势，他们认为这些电脑程序比富有经验的老人家更擅长评估保险的风险。

冲刺一般的增长

1973 年，盖可保险取消了所有对于保险销售对象的职业限制，也就是说任何人都可以向盖可提出购买保险的申请，包括蓝领工人和 21 岁以下人群，这两类人的出险统计数字高于盖可的传统客户。但新的管理层认为这没什么大不了的，因为那些性能出众的新程序能非常精确地根据这些人群的风险，计算出合适的保费。这不就行了吗?

对所有美国人敞开销售，极大地推动了盖可保单的销售，使盖可成为美国第四大汽车保险公司，年保费收入达到 4.79 亿美元。随着越来越多的投资者被盖可的成功所吸引，盖可股价飙升至 61 美元。

他们马不停蹄地扩张，向 2 500 万人发出直邮广告，在全国设立了 123 个地区办公室，雇用了大量领薪经纪人销售保单。这些办公室的设立成本很高，包括物业费、大量新员工薪水以及电脑设备成本。这种扩张办公的驱动力是对于成本控制漠不关心的表现，而成本控制恰恰是公司财富的基础。

此时的盖可管理层对未来充满信心，并让市场的信心随之膨胀。但正如巴菲特喜欢说的那句话："只有当潮水退去时，才会发现谁在裸泳。"

潮水转向

在盖可骄傲自大的高光时刻，公司遭到了来自保险法规修订的冲击。以前，肇事司机的保险公司要负责向各方赔付。这对盖可有利，因为传统上，盖可只接受最为谨慎的驾驶者投保，很少有人犯错，因此，它支付的理赔很少。

但 26 个州通过的新法《无过错保险法》规定，事故发生后，赔付由损害程度决定，而不是由谁有过错决定。新法的出发点是希望减少事故发生后旷日持久的法庭诉讼。在《无过错保险法》的规定之下，每个驾驶员都可以从自己的保险单中获得赔偿。

盖可面临的另一个压力来自政府监管机构，公众对保险费率上升的批评，监管机构不可能充耳不闻，于是它们决定限制保险公司收取保费的标准。伴随着盖可短时间内大规模拓展承保业务，这两项来自政府的负担给盖可造成的压力要远比其竞争对手大得多。更糟糕的是，这一时期住院、手术和汽车维修费用的索赔迅速上升。

管理不足

在业务高歌猛进期间，盖可高层一直在对理赔可能造成的损失进行估算，从而得出对资产负债表状况的估计。这项估算每年都做，但是在 1975 年回顾时，他们发现自己过于乐观了——损失被低估了 1 亿美元，盖可公司的账上一共有 230 万个产生亏损的保单。

这些错误的结果被累计之后，董事们不得不在 1975 年宣布了一个令人震惊的消息——盖可亏损 1.265 亿美元。公司宣布停发股息，盖可股价大跌，一直跌到了 5 美元。

巴菲特的老师本杰明·格雷厄姆曾经担任盖可董事 17 年之久，直到 1965 年退休。他在 1976 年接受采访时谈到盖可说："我问自己，公司是不是扩张太快了……一想到他们一年损失那么多钱，我就不寒而栗，难以置信……你必须是个天才才能亏那么多钱。"[2]

洛里默·戴维森也被惊到了，他知道为了挽救公司，自己必须中断半退休的生活。当时公司成立了一个专门委员会，为遭受重创的盖可公司寻找新的领导层。

沃伦·巴菲特对盖可情有独钟

1976 年 4 月，在盖可公司的年度股东大会上，数百名愤怒的股东表达了自己的不满，他们希望换掉现任的执行董事。很多州政府的保险专员迫于压力，前来探听盖可公司还能否挺得住，能否有实力避免破产，能否继续履行对投保人的义务。

监管机构发现盖可公司迫切需要再保险公司分保其部分风险敞口，同时需要注入大量长期资本金。尽管盖可公司表示抗议，但是华盛顿特区的保监机构并不相信它能够生存下去，并打算很快宣布盖可破产。

这时的盖可公司需要一位内心坚定、腹有良谋的首席执行官（CEO），他需要有将计划进行到底的坚强决心，他必须是一个有实力对抗困难的人。

年度股东大会之后没几天，盖可的 CEO 被解职，如此一来公司领导力更是每况愈下。首席董事萨姆·巴特勒（Sam Butler）接过临时 CEO 的位置，并发表了一份简单声明，希望找到一位有能力挽救公司的人。这时，拯救公司的时间已经非常紧迫了。

盖可的大救星——杰克·伯恩

杰克·伯恩（Jack Byrne）后来成为巴菲特在盖可保险公司的关键人物。我认为，可以公平地说，没有伯恩，巴菲特就不会投资盖可。巴菲特希望确保有一个合适的人选，这个人需要：①能够看到公司真正的战略优势，也就是那些一心热衷扩张的前任 CEO 所忽略的公司优势。②有足够的勇气和动力，将公司从摇摇欲坠的悬崖边上拉回来。后来，巴菲特将伯恩称为"保险界的贝比·鲁斯（Babe Ruth）"。

伯恩是个不折不扣的新泽西人，保险融入了他的血液里。

他从小就在饭桌上听父亲谈论保险，青少年时就在自家的保险经纪机构中工作，他的商业意识就是在这样的环境中启蒙成长的。二十多岁的时候，伯恩成为一名训练有素的保险精算师，具备了再保险销售经验，并在几家保险公司的历练中获得了管理经验。

真正令他崭露头角的是 1966 年加入的旅行者保险公司，那一年伯恩 34 岁。在那里，他晋升飞速，很快成为公司的执行副总裁。他获得了既严厉，又有爱心的名声。如果你做错了，情况会很糟糕；如果你做对了，奖励会很丰厚。1975 年，由于伯恩未能如愿得到旅行者保险公司总裁的位置，他决定另谋出路，继续前行。

就在爆炸性的盖可年度股东大会后不久，公司临时 CEO 巴特勒给伯恩打电话，说服他拯救盖可非常重要，不仅仅是为了股东，也是为了整个保险行业，甚至更进一步是为了国家和社会。于是，1976 年 5 月，伯恩开始担任盖可保险 CEO。他制定了一个令人印象深刻的、让盖可走出困境的拯救计划，并正式提交给任命委员会。

行动清单

没有时间可以浪费了。伯恩的第一项任务就是说服监管部门的保险专员不要终止公司的保险业务，他几乎每天都去拜访哥伦比亚特区保险监督主管，解释自己的计划以及进展状况。

监督主管依然持怀疑态度，但是他给了伯恩数周的宽限时间，让他将事情整理妥当。整改时间定在 6 月下旬，如果拯救计划无效，盖可就要关门歇业。

伯恩的第二项任务是缓解保险大单所带来的压力。他的想法是与其他保险公司一起组成一个财团，以分保形式分担盖可公司身上承保的 40% 风险——超过 2 500 万美元的保单。

这看起来有些奇怪，他怎么会认为那些竞争对手会自掏腰包拯救盖可呢？毕竟，如果盖可公司完蛋了，这些竞争对手们完全可以从中获益。

但是，伯恩提出的观点是，监管当局将会坚持让行业参与者确保，就算盖可倒下，也不会给盖可的保户带来不利后果，这样，同行们最终将不得不为所有未获理赔的保户掏腰包。此外，业内任何一家重要的保险公司倒闭，整个保险业的声誉都会因此受到打击，从而普遍降低消费者对保险的需求。

尽管伯恩坚持不懈地努力，但收效甚微。那些老谋深算的竞争对手宁愿承受盖可倒下而引发的索赔，也不愿意看到盖可东山再起，与自己抢夺市场份额。

在伯恩上任的前几天，眼看着时间在一分一秒地流逝，很显然，他登上了一艘正在下沉的船。伯恩也在琢磨，自己是不是犯了一个严重的错误？

很多长期股东都纷纷出手纾困，但盖可的股价却每况愈下，从 1972 年的高位下跌了 97%，跌到了 2 美元。不过，本杰明·格雷厄姆和洛里默·戴维森都保留了他们手中的持股。

为了遏制现金流失，伯恩逐渐关闭了盖可在全国各地的办公室，将员工人数减半。此外，他还提高了保险费率。

在万般不顺中，也有一个好消息：华盛顿保险监管当局并未在 6 月份关闭公司，而是允许它蹒跚前行，直到 7 月份。

巴菲特会晤伯恩

在伯恩忙里忙外的过程中，巴菲特一直作壁上观，因为在采取行动之前，他需要弄清楚伯恩是否具备拯救公司以及带领公司发展壮大所需要的素质。

于是，巴菲特请他的朋友凯瑟琳·格雷厄姆安排了一次与伯恩的会面。凯瑟琳·格雷厄姆是《华盛顿邮报》的出版人，也是非常合适的中间人（可看看电影《华盛顿邮报》）。此时，伯恩正在为盖可公司的存亡忙得焦头烂额，他从来没有听说过巴菲特这个名字，直接拒绝了会面的安排。

盖可的前任领导人洛里默·戴维森听说巴菲特遭受如此冷遇，对伯恩大发雷霆，让他无条件安排一次与巴菲特的见面。当巴菲特与伯恩终于在 7 月份的一个傍晚相见时，他们一见如故，一直聊到了深夜。

巴菲特特别想了解的情况包括：盖可存活的机会，公司募集资金计划，就盖可公司低成本经济特许权的性质是否能达成共识，这种特许权在坍塌之下是否依然存在，伯恩是不是那个可以带领公司度过未来艰难日子的人。

巴菲特对会面结果的所有方面都满意。他知道他有可能失去投入盖可的一切，但是，另一方面，如果能扭转颓势，他的投资会获得很多倍的回报。

在伯恩的领导下，盖可公司很有可能存活下来，并再次成为低成本汽车保险领域的领导者。

巴菲特出手买进盖可股票

在沃伦·巴菲特与杰克·伯恩会面的第二天，巴菲特旗下的伯克希尔－哈撒韦公司就开始买入盖可的股票。巴菲特下达了"买入更多"的指令，最后，共花了411.6万美元买入了1 294 308股盖可股票，每股平均成本为3.18美元。这次大手笔的买入对伯恩而言，是一次真正的提振，这表明除了他之外，还有人对盖可的东山再起抱有信心。

另一线希望出现在7月中旬，当时华盛顿的保险监督机构放宽了限制，允许盖可公司继续运营。现在，盖可所需要做的就是说服一些保险同行，将自己身上承担的25%的风险敞口分保出去。哦，这至少需要新筹集5 000万美元的资本金。

这个要求是对一家综合成本率（combined ratio）为124的保险公司提出的标准，盖可的综合成本率为124，这表明盖可是有史以来最为糟糕的保险公司之一。这意味着，它售出的每

1 美元保单，必须背负 1.24 美元的索赔负债和其他成本。

在盖可悠久的历史中，这是它第一次在年度报告中披露承保业务亏损。紧紧抓住了救命稻草的伯恩强调，截至 1976 年第二季度，公司的综合成本率已经改善，提升到了 113。但是，每一个人都看得出来，盖可的核心业务依然在亏损。因此，无论是让其他保险公司接手分保业务的风险，还是让潜在的投资人认购新股进行资金募集，都是非常困难的事。

巴菲特和伯恩撸起袖子加油干

尽管对盖可公司的信心依然低迷，但伯恩手中已经有了一张新牌，这张强有力的牌就是巴菲特。巴菲特这个名字在华尔街的眼中，越来越成为公认的精明投资者的代名词，同时巴菲特也是一家运营出色的保险公司——国民赔偿保险公司的领导人。

巴菲特不仅对伯恩的计划、盖可的经济特许经营权以及伯恩的人品表达了口头上的认可，而且以 411.6 万美元的真金白银给予支持。巴菲特的参与有力地推动了盖可与其他各方的谈判。

现在，巴菲特与伯恩身处同一个战壕，他去见了华盛顿的保险监督主管，向对方解释说，自己已经承诺向盖可注资数百万美元，并同意伯克希尔分保盖可的部分风险业务。接下来，最严格的监管机构是否允许盖可有足够的时间（数月）引入其他保险公司合作，并发行新股募集资金呢？

问题是，没有其他保险公司愿意分保盖可公司 25% 的风险，除非它可以另外募集 5 000 万美元的新资本金。换言之，如果没有金融机构愿意投入这 5 000 万美元，盖可只能自己消化这 25% 的风险。

解决方案是让上述两件事同时进行，伯恩做到了。8 月初，他成功地说服了 27 家保险公司对盖可 25% 的风险敞口提供了再保险，但这是在严格条款之下进行的，即盖可必须成功发行至少 5 000 万美元的新股。

伯恩必须找到投资银行接受这项新股发行工作，但这是一个难题。他在华尔街的大型投行间到处游说，希望得到它们的支持，但他得到的是一个又一个的拒绝。

当他前往一家规模较小的投行——所罗门公司时，已经感到非常绝望，因为这家公司更专注于债券交易，而不是股权融资。但巧的是，所罗门公司正打算提升自己在权益市场的地位，他们听取了伯恩的想法，也听说了巴菲特的承诺，认为盖可公司可以被挽救，并能够为股东创造良好的回报，于是决定帮伯恩这个忙。

发股集资

1976 年 8 月 18 日，《纽约时报》刊登了一篇报道，称盖可公司将发行新股筹集资金，"一家大型投资银行提出购买并向公

众再转售盖可发行的优先股"。如果现有股东以及"所有参与
盖可再保险业务安排的其他保险同业"未能足额购买所发新股，
则剩余新股全部由牵头投行所罗门包揽。

优先股的股息为 8%，可转化为普通股。这样，再保险公司
就可以拯救盖可，避免整个保险行业的声誉下降，同时也获得
再保险的保费收入。将来，它们还可以通过将优先股转换为普
通股的方式，从盖可股价的上涨中获益。

伯恩后来说："将这些环环相扣的因素放在一起，是一个复
杂到令人震惊的难题。最大的挑战是人的因素，当出现负面新
闻报道时，我们必须推销、说服、谈判、施压、奉承，所有这
一切一环套一环，经过一系列错综复杂的、恰到好处的小胜利，
最终我们成功了。"[3]

整个优先股的发行工作到 11 月终于完成，巴菲特对盖可公
司的未来是如此抱有信心，以至于他告诉所罗门，伯克希尔愿
意收购其他人没有认购的所有优先股，这对于伯克希尔而言也
是一个大胆的举动，因为当时伯克希尔的市值也并不比盖可保
险高多少。

最终，股票发行和分保业务都进行得很顺利。伯克希尔仅
买到了 1 986 953 股优先股，耗资 1 942 万美元。这个数字在伯
克希尔的投资组合中占据了相当大的比重，因为到 1976 年 12
月，伯克希尔投资组合的总值也不过才 7 540 万美元。

他们成功了！伯恩和巴菲特成功地扭转了局面，将信心下

降、资本流失的恶性循环转变为吸引资本、增加保单的良性循环。截至当年年底，盖可的资本金达到了 1.36 亿美元，资本充足，增长可期。如图 1-3 所示。

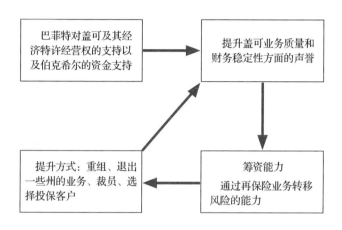

图 1-3 1976 年，信心的良性循环

那些参与盖可再保险的公司从分保业务中获得了良好回报，那些敢于购买盖可股票的保险公司更是赚得盆满钵满。

不过有一点令人难过，盖可的前任董事长、巴菲特的恩师本杰明·格雷厄姆先生的投资基金于 1948 年首次买入盖可股票，可惜他没有机会看到，在伯恩和他当年的学生巴菲特的领导下盖可东山再起的惊艳表现，因为格雷厄姆在 1976 年 9 月离世，享年 82 岁。

巴菲特回顾自己为何买入盖可

1980 年，在给伯克希尔－哈撒韦股东的年度信件中，巴菲特解释了自己如此大手笔投资盖可的逻辑。

他说，这些年来，见证了数百起试图扭转局面的案例，并得出结论："除了少数例外，当一个声誉卓著的管理层去拯救一个声名狼藉的企业时，往往后者的声誉毫无起色。"

他接着说，盖可可能是一个例外，它在 1976 年从破产的边缘被拯救了过来，它的复苏需要杰出的管理才能，而杰克·伯恩恰恰具备这种才能。

> "盖可过去凭借其基本面所具有的商业优势取得了惊人的成功，今天，这种优势依然存在，尽管它被淹没在财务困境和运营困境的海洋之中。"

巴菲特将盖可当下的问题与 1964 年美国运通的色拉油丑闻进行了比较。他说，这两家公司都是独一无二的公司，暂时的打击给管理带来了负面影响，但并未对公司的基本面造成致命威胁。

盖可的腾飞

1993 年，托尼·奈斯利（Tony Nicely）成为盖可 CEO，他在这个岗位上一直工作到 2018 年退休。他早在 1961 年就加入了公司承保部门，那一年他年仅 18 岁。在盖可 1975 年到 1976 年这段危机期间，托尼是公司的助理副总裁。日后回忆起这段阴云密布、风雨飘摇的日子，他非常感谢杰克·伯恩掌舵将船开到了安全的地方。

在一次接受罗伯特·迈尔斯（Robert Miles）的采访时，托尼说："伯恩挽救了盖可公司，使其免于彻底毁灭，当时几乎没有人可以做到这一点。他能力出众，口才极佳，这一切非他莫属。[4]"

托尼认为从伯恩那里学到了很多关于保险的知识。"他对生意了如指掌，他在盖可设立了一套全新的管理流程，其中大部分至今依然在使用。我们这些幸存者从伯恩身上学到了很多东西，关于保险、关于管理以及其他很多。"

接手盖可公司后，伯恩发现公司员工与工作系统之间是割裂的：负责产品定价的人员只顾自己这一摊，负责理赔的人员也一样，储备部门被其他人代管。有很多次，伯恩听到工作人员回答："我不知道，这不是我的工作。"他被自己听到的回答震惊。很明显，整个公司上上下下都需要对公司整体目标有更多的认知，了解从获得的保费中赚取可接受的利润，只有这样，每个人才会往同一个方向努力。

于是，伯恩想方设法，尽一切努力落实自己的方案。他的要求很高，员工们的转型很艰难。托尼·奈斯利说："我刚开始工作的时候还是个年轻人，经过两三年的摔打磨炼，很快成了老人。正是因为那几年中所有的时间都花在了工作上，我既不是一个好父亲，也不是一个好丈夫。但是，让我变老的原因既不是长时间工作或缺乏休息，也不是对未来不确定的压力……反正一天天时间过去，结果就摆在那里。让我变老的原因是，我在所有的时间里都必须直视人们的眼睛，然后对他们说，对不起，尽管这不是你的错，但是下周一你已经没有工作了。[5]"

规模缩减，但扭亏为盈

正如预期的那样，1976 年盖可财报亏损，不过到了 1977 年，盖可实现了扭亏为盈，并宣称已经恢复了财务偿付能力。虽然盖可的承保数量大幅减少，市场份额从 4% 降至 2% 以下，但此时，它持有的保单都是盈利的保单，这使它大概率能产生正向承保结果。

伯恩决心要让盖可重新回到原先的优势区——低成本投保人群，他如此热衷于削减成本，以至于自己都没有配专门的秘书。在激励措施方面，伯恩也是不遗余力，巴菲特谈到他时说，伯恩就像一个养鸡场的场主，他将一枚鸵鸟蛋放进母鸡栏中，大声说："这就是你们的奋斗目标。"

对于自己投资的公司，巴菲特的风格一贯是不打扰公司管理层，对公司的关键人物，例如《华盛顿邮报》的格雷厄姆，或者喜诗糖果的查克·哈金斯均是如此。巴菲特放手让他们自由发挥，只在对方有要求的情况下，才会给出建议。

有一点巴菲特对伯恩影响深刻，他表示会与盖可公司长期相伴，绝对不需要短期的规模刺激或盈利冲刺。巴菲特鼓励伯恩，他视盖可为终身事业，100 年都不会卖掉。

尽管巴菲特不愿干预公司日常事务，但他还是会从每月看到的关键指标中得到线索，盖可公司每周二会发送一些数据，例如电话咨询带来的保单成交比例等。

好事连连精彩不断

巴菲特非常看好盖可的发展，因此在原有 2 353 万美元投资的基础上，1979 年他又追加了 476 万美元的投资。同年，他将原先持有的优先股转换为普通股。在接下来的一年，伯克希尔再次追加了 1 885 万美元，这样累计投资 4 714 万美元，持有 720 万股盖可股票，四年里平均持股成本为 6.55 美元。最终，伯克希尔持有 33% 的盖可公司股份。

在 1980 年写给伯克希尔股东的信中，巴菲特对盖可的未来难掩兴奋之情，他写道："盖可代表了投资世界中的最佳典范——它具有非常重要的、难以复制的商业优势，以及卓越非凡的管理层，他们的企业运营能力与资本配置能力都非常杰出。"

眼尖的读者会发现我在之前说过，伯克希尔买下盖可一半的股份只花了 4 570 万美元，现在却说花了 4 714 万美元，说法不一样，原因是盖可施行了股份回购政策，就像很多受到巴菲特影响的公司一样。

伯克希尔曾有一次将自己持有的股份卖回给盖可，也就是参与了公司的股份回购计划，但在更多的情况下，伯克希尔只是静观其他投资者将股份卖回给公司，自己却没有参与。最终，到了 20 世纪 90 年代中期，随着股份回购计划的执行，盖可总股本减少，伯克希尔的持股比例从 1/3 上升到 50%。

一场长达 19 年的精彩长跑

从 1976 年底到 1996 年初，盖可以惊人的速度增长（见表 1-1）。盖可的股票仅用一年时间就从伯克希尔入手时的 3.13 美元涨到了 8.13 美元。这仅仅是盖可对伯克希尔和巴菲特名声影响的开始。1980 年，盖可盈利如此丰厚，以至于占到了伯克希尔盈利的 1/3，达到了 2 000 万美元，也就是说这一年的回报几乎达到了当年伯克希尔对盖可投资的一半。

接下来的 1981 年，盖可的股价继续高歌猛进，翻了一番，超过伯克希尔当年获利净值的一半（当年伯克希尔回报率为 31%，共获利 1.24 亿美元）。盖可股价达到 27.75 美元，相当于五年涨了 8 倍，伯克希尔持有的盖可市值达到 2 亿美元。

到了 1982 年，盖可的保费收入达到了 2.5 亿美元，其中 1/3 归属伯克希尔。这个数字比伯克希尔旗下其他所有保险公司（包括国民赔偿保险公司在内）业务量的总和还要大很多，而仅仅两年之后，盖可的保费收入进一步跃升至 8.85 亿美元，归属于伯克希尔的部分达到 3.2 亿美元，超过伯克希尔自身保险业务量的两倍。那时（1984 年初），由于持股市值达到了 4 亿美元，仅仅是持有的盖可股票所代表的价值就达到了伯克希尔净值的 27%。

表 1-1 直上云霄——伯克希尔持有的盖可

年度	每股价格（美元）	伯克希尔所持盖可市值（百万美元）
1976	3.13	24
1977	8.13	44
1978	7.00	37
1979	11.88	68
1980	14.63	105
1981	27.75	200
1982	43.00	310
1983	58.13	398
1984	58.00	397
1985	87.00	596
1986	98.50	675
1987	110.50	757
1988	124.00	849
1989	152.50	1 045
1990	162.12	1 111
1991	198.98	1 363
1992	325.00	2 226
1993	256.87	1 760
1994	245.00	1 678
1995	349.34	2 393
1996	伯克希尔以 23 亿美元买下了其余 49% 的股份，盖可成为全资子公司

资料来源：巴菲特致股东的信（1976~1996 年）。上述信息未考虑 1992 年盖可公司一分五的拆股计划。

到 20 世纪 90 年代初，盖可保险的股价已经飙升至超过 320 美元。这项 1976 年的投资，成为巴菲特在伯克希尔投资史上辉煌耀眼的一个百倍股案例（当时，已经实施过一分五的拆股计划，所以实际价格为 64 美元左右）。

动力源泉

伯恩非常清楚，一家公司应该好好运用资本取得良好的回报。与此相关，他意识到有一个关键指标，可以用来衡量管理的优劣。当一家公司从运营中产生大量现金时，公司管理层是用这些现金进行不断扩张，还是通过分红或回购股份的方式将现金返还给股东？

优秀的管理者知道，答案取决于这些现金留存在公司内是否可以产生令人满意的回报。如果做不到这一点，就应该将现金返还给股东，让他们投资到别处。

伯恩的做法是将一些现金留存在公司内进行投资，将每一美元都投资在产生远远超出一美元回报的地方，他不会为管理层的荣耀或报酬而盲目追求建立企业帝国。除此之外的现金都用来大幅提高分红，这使得公司从 1980 年到 1992 年分红提高了 6 倍。他同时启动了股份回购计划，最终回购了公司 30% 的股份。

管理团队表现出来的自我约束也令人印象深刻——他们只接受真正有利可图的承保业务。对此，巴菲特写道："他们在承保领域保持了非凡的纪律（更为重要的是，包括提取充足的、恰当的损失准备），现在，他们的努力收到了明显的回报，在新业务方面取得了重大的进展。[6]"

他们在成本控制方面也相当自律：

"1986 年，盖可的承保费用以及行政成本仅占保费收入的 23.5%，很多大型保险公司的该部分成本要比这高出 15%。即便是一些大型的直销型保险公司，例如好事达保险（Allstate）或州立农业保险公司（State Farm），它们的成本也比盖可高出不少。盖可的成本与其竞争对手的成本之差，就像是一条护城河，保护着一座价值不菲、备受追捧的商业城堡，没有人比比尔·斯奈德（盖可董事长，伯恩的继任者）更了解它。"[7]

他们专注于低成本业务的成效如图 1-4 所示。尽管大多数保险公司综合的理赔和业务费用的现金流出大于保费收入（也就是综合成本率大于 100%），在截至 1992 年的 16 年中的 14 年里，盖可都取得了承保利润，且仅有两年综合成本率大于 100%，这是一个非常了不起的成绩。

永久性持股

巴菲特非常欣赏盖可，以至于 1986 年除了持有盖可、大都会/ABC、《华盛顿邮报》这三家公司的股票之外，他卖光了手中所有其他持股。他将这三家公司的股票视为永久性持股，即便市场对它们的定价明显高估，他也不会卖掉。

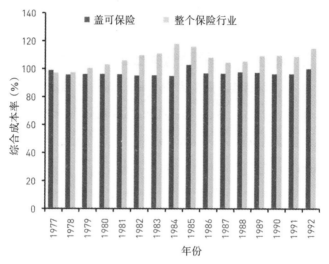

图 1-4　盖可的综合成本率与同业的比较（1977～1992 年）

资料来源：巴菲特致股东的信；罗伯特·哈格斯特朗著作《巴菲特之道》（中文版由机械工业出版社出版）。

　　他向盖可做出过承诺，就像他对喜诗糖果一样：他永远不会卖出。"……即便有人出价远高于我们对公司的估值。在如今这个企业行为按天计算的商业世界里，这种态度似乎有些过时了……但我们依然坚守生死不离、至死不渝的方针。这是唯一令芒格和我感到舒适的方法，它产生的效果不错，可以令我们的管理层和投资对象在不受干扰的情况下经营。"[8]

　　上述声明发布不久，盖可公布每股税后运营利润为 9.01 美元。这样，自伯克希尔买入十年之后，这一年的收益就超过了买入的平均价，1976 年、1979 年、1980 年平均下来，每股买入成本为 6.55 美元。而随之而来的，更多的价值正从这座金矿里源源不断地产生出来。

一个比肩巴菲特的人

盖可可能是巴菲特做过的最佳投资，这种成功很大程度上与我们已经看到的一些因素有关，例如盖可在承保业务端的出色表现。但是，为伯克希尔 – 哈撒韦创造惊人回报的是那个用保险浮存金进行股票投资的人，那个如同涡轮增压器一样起着功率放大作用的人，他就是盖可的卢·辛普森，他的投资表现足以与巴菲特在伯克希尔创造的投资记录相媲美。

在伯克希尔持有盖可一半股份期间（1976～1996 年），对于其他股东而言，任命一个没有利益冲突的人来管理公司的投资端是非常重要的。所以，出于这一点考虑，巴菲特被排除在外，因为如果他愿意，他可以用其他身份，例如蓝筹印花公司，买进卖出盖可投资的对象，从而操纵市场（至少，对于心存疑虑的监管层而言，存在着理论上的可能性）。卢·辛普森 1979 年被任命为盖可的首席投资官（CIO），这被证明是一个令人鼓舞的选择。

了不起的任命

1972 年，在为多家基金公司工作了一段时间后，42 岁的卢·辛普森回应了伯恩发布的为盖可招聘新首席投资官的广告。最终，辛普森与其他三人入围面试。

鉴于巴菲特对于投资的浓厚兴趣，以及他深谙一个优秀投资者所需要的特质，巴菲特在这次面试中发挥所长，这位持有盖可保险 33% 股份的人面试了四位候选人。

在与辛普森交流了四小时后，巴菲特立刻给伯恩打电话，告诉他不必再物色新人选了，因为他们已经找到了需要的人。巴菲特到底在这场交流中发现了什么，或许七年之后巴菲特在接受《机构投资者》杂志的采访时，给了我们一些线索，他说辛普森"具有投资者的理想气质……对于盲从大众毫无兴趣，无论顺逆，他都会遵循自己的推理"。

巴菲特对辛普森欣赏有加，他经常在写给股东的信中称赞辛普森管理的盖可保险投资组合。

他写道："辛普森拥有难得的品质与能力的完美结合，获得了出色的长期投资业绩。他以低于平均水平的风险，创造了迄今为止保险业最好的投资回报。"[9] 而且，"辛普森采取了和伯克希尔一样的保守、集中的投资方式，他的加入是对我们的一个大大的加分"。[10]

于是，巴菲特真的将接力棒交给了辛普森。尽管每个月底过后十天，他才能知道辛普森的交易情况，但巴菲特对此很满意。

巴菲特为何如此看重辛普森

在这一节中，我会阐述辛普森在盖可的 25 年中所取得的成就。当他进入盖可的时候，公司的销售保费收入为 7 亿美元，到了 2004 年，随着客户群体的扩大，公司年保费收入达到了 89 亿美元。

与这些保费收入相关联的是盖可公司的浮存金规模也随之水涨船高，在 20 世纪 80 年代，仅有上亿美元，到了 20 世纪 90 年代中期，浮存金达到了 25 亿美元之巨，到了 2004 年更是达到了 60 亿美元。由于大多数浮存金会被投在美国政府国债以及股票之外的证券类资产上，所以辛普森用于股票投资的资金不到浮存金的一半，如表 1-2 所示。

表 1-2　盖可保险公司浮存金和辛普森的投资组合

（单位：10 亿美元）

年度	伯克希尔 - 哈撒韦的浮存金（含盖可）	盖可浮存金	辛普森的投资组合
1996	6.4	2.6	
1997	7.1	2.9	
1998	22.8	3.1	
1999	25.3	3.4	
2000	27.9	3.9	
2001	35.5	4.3	2.0
2002	41.2	4.7	
2003	44.2	5.3	
2004	46.1	6.0	2.5

资料来源：巴菲特致股东的信。

表 1-3 显示了辛普森的投资回报情况，请留意两点：

1. 超额回报。大多数基金经理如果能获得跑赢大盘一个百分点的年化回报，就会认为自己遥遥领先，而辛普森的业绩是领先6.8%。这是一个什么概念呢？如果投资1万美元在标普指数上，按照年化13.5%的回报率，25年后能得到237 081美元。如果投资给辛普森，他的年化回报率为20.3%，25年后能得到1 015 408美元。

2. 跑输大盘。大凡投资者都有跑输大盘的经历，辛普森也不例外，他在1997～1999年连续三年跑输大盘。当这种情况发生时，不必担心，坚持正确的投资原则，长期而言你会没事的。在20世纪90年代后期互联网泡沫中，辛普森这样的价值投资者似乎与这非理性的繁荣格格不入。但他坚持原则，终于在2000年泡沫崩盘之后取得了巨大成果。

巴菲特经常拿辛普森相对于自己的表现开玩笑，戏说自己的"尴尬"，1986年，他写道："只因我拥有伯克希尔的控股权，我才有足够的安全感给出如下数字，将盖可的股票投资组合的整体回报与标普指数做一番比较。"[11]

2001年，巴菲特写道："当然，辛普森的想法与我的思路一致，但我们通常挑选的个股并不相同，很大的原因是他管理的资金规模比我小很多，所以可以投在一些规模较小的公司股票上。哦，当然，我们还有一个非常大的不同之处：近年来，他的投资表现比我好很多。"[12]

2004年，巴菲特写道："必须补充一句，有时候，我暗地里并不同意他的决定，但是，通常他是对的。"[13]

表 1-3 一位纪律严明的投资者的画像——卢·辛普森

年度	盖可股票投资回报	标普投资回报	相对结果	伯克希尔市值变化
1980	23.7%	32.3%	−8.6%	32.8%
1981	5.4%	−5.0%	10.4%	31.8%
1982	45.8%	21.3%	24.4%	38.4%
1983	36.0%	22.4%	13.6%	69.0%
1984	21.8%	6.1%	15.7%	−2.7%
1985	45.8%	31.6%	14.2%	93.7%
1986	38.7%	18.6%	20.1%	14.2%
1987	−10.0%	5.1%	−15.1%	4.6%
1988	30.0%	16.6%	13.4%	59.3%
1989	36.1%	31.7%	4.4%	84.6%
1990	−9.9%	−3.1%	−6.8%	−23.1%
1991	56.5%	30.5%	26.0%	35.6%
1992	10.8%	7.6%	3.2%	29.8%
1993	4.6%	10.1%	−5.5%	38.9%
1994	13.4%	1.3%	12.1%	25.0%
1995	39.8%	37.6%	2.2%	57.4%
1996	29.2%	23.0%	6.2%	6.2%
1997	24.6%	33.4%	−8.8%	34.9%
1998	18.6%	28.6%	−10.0%	52.2%
1999	7.2%	21.0%	−13.8%	−19.9%
2000	20.9%	−9.1%	30.0%	26.6%
2001	5.2%	−11.9%	17.1%	6.5%
2002	−8.1%	−22.1%	14.0%	−3.8%
2003	38.3%	28.7%	9.6%	15.8%
2004	16.9%	10.9%	6.0%	4.3%
1980~2004 年化回报	20.3%	13.5%	6.8%	n/a

资料来源：巴菲特致股东的信（2004 年、2015 年）。

巴菲特总是对辛普森赞不绝口，最大的赞美莫过于此："有一点或许已经超越了辛普森的工作范围：如果万一芒格和我发生了什么意外，辛普森的存在可以保证伯克希尔立即会有一位非凡的专业人士来处理投资工作。"[14]

辛普森说他的管理相比巴菲特难度要小一点，尽管他们两个都采用集中投资的方式，持股 15～20 只股票（通常持有 7 只或更少），但巴菲特管理的资金多达 400 亿美元，而辛普森管理的规模在 10 亿美元左右。

这意味着辛普森可以选择投资的范围更大，他可以将 4 亿美元投入一个标的而不必担心引发令人不便的公司控制权问题，也不用担心持股过多而引发的流动性问题。

相形之下，如果巴菲特将 5% 的资金投在一只股票上，资金量会达到 20 亿美元之巨，上市公司可以满足这个标准的为数不多。如果采取其他的替代方法，比如将 20 亿美元分为 4 亿美元一份，投入不同的对象，这样的方法也不具吸引力，因为这意味着将会持有几十家公司股票，而巴菲特可能对其中的大多数并不太了解，这会造成在相当长的时间里，投资表现会处于吸引力曲线之下或最佳方案曲线之下。

卢·辛普森决定 2010 年退休，很明显，巴菲特不希望他离开，在当年的致股东信中，巴菲特称辛普森为"投资巨匠之一"。[15]

辛普森的投资方法

卢·辛普森的投资方法与巴菲特一样，都经历过几十年的摸爬滚打、反复锤炼，值得花点时间来看看两人的成功策略有多相似。

审视事实而不是看重愿景

在辛普森职业生涯的早期，早在进入盖可之前，他是一位成长型投资者。他的目标是从一些超级明星股上获得惊人的回报，希望自己对于未来的预期是正确的。对于投资对象的成长是否能以合理的价格介入，在这一点上他经常失败。

但是，经历过痛苦之后，他终于明白，良好的长期业绩来源于投资那些已经被证明的业绩良好、低风险、低价格的股票。那些过去没有被证明优秀却承诺未来前景光明的公司，很少是好的投资对象。

如果可能，整天阅读

辛普森对财经类报纸、其他专业媒体、公司年报、行业报告等有着极大的胃口，一般每天阅读 5 到 8 个小时。他和巴菲特一样，不是一个交易频繁的投资人，而是一个阅读密集型、思维密集型的投资人。

独立思考

他对传统观念持怀疑态度，获取自己的信息，做自己的分析，不会陷入非理性的行为和情绪的浪潮中，愿意考虑不受欢迎和不被热爱的公司，因为它们往往会提供最大的机会。

投资于那些以股东利益为导向的高回报企业

审视公司股东资金的使用效率，如果使用效率高，再看看公司的战略地位和管理素质，如果同时具备可持续性，那么股价就可能长期升值。现金流回报，而不是利润回报，是一个额外有用的指标，因为现金流造假远比利润造假难度更大。

减少投资

2017 年 11 月，在凯洛格商学院的一次问答会上，辛普森说：“交易越多，赚钱就越难，因为在这个过程中你必须消化大量交易成本，更不用说由此产生的税收了。”（从盖可退休之后，辛普森担任了 SQ 顾问机构的主席，以及凯洛格商学院的兼职教授，对投资继续保持兴趣。）

只做少量的几笔投资意味着，你可以花时间去很好地了解这些公司，这也就导致：“我们所做的就是经营一个由 10～15 只股票组成的长期投资组合……基本上而言，它们都是好生意，资本回报率都很高，而且具有持续性。这些公司的领导者注重为股东创造长期价值，同时知道如何正确对待股东。[16]”

发现那些符合投资标准的好目标是不容易的，所以一旦发现，辛普森会下重注。“你只能了解这么多公司，如果你持有 50 个或 100 个不同的标的，你获得更多价值的机会将会低很多很多。今年截至目前，我们只增加了一个投资标的，为此反复研究，非常谨慎。我并不确定接下来会怎样。我们投资组合的年换手率为 15%~20%，通常每年会增加一两个标的，去掉一两个标的。[17]"

有时候，什么都不做就是最好的策略。辛普森承认，大师般的不动如山也很难得，因为这"非常无聊"，但往往是正确的。

全方位信息

必须了解被投资公司的管理团队。在进行投资前，了解公司客户、供应商，甚至竞争对手公司，以及公司战略和管理层的观点也很重要。辛普森曾说过，他喜欢拜访公司管理层，这"就像踢轮胎检测车辆一样"[18]，了解一家公司高层的想法非常重要。

需要探讨的问题还包括：管理层是否持有相当数量的公司股份，以及与公司大股东之间的交易是否坦诚？除此之外，他们是否愿意剥离无利可图的业务？是否愿意用多余现金回购公司股份，而不是为了建立企业帝国而投资获利不佳的领域？

辛普森告诉罗伯特·迈尔斯，令自己兴奋的成就感来源于"真正了解企业，当我对一个不太了解的业务有了一些见解时，我会非常兴奋"。[19]

坚持长期投资

猜测股市的涨跌或个股在两个月内的走势，是一个毫无意义的游戏，因为短期走势根本无法预测。

相对而言，高质量公司长期回报的预测倒是更靠谱一些。"随着时间的推移，市场终将理性，或者至少有点理性。"[20]

辛普森非常喜欢巴菲特的打卡比喻："你应该把投资想象成有人给你一张可以打卡 20 次的卡片。你每做一次决定，就在卡片上打一个洞，一旦你做了第 20 个决定，你就必须坚持你所拥有的，无法再改变。这里的关键是你做每一个决定都要非常小心，你做的决定越多，做出糟糕决定的机会就越大。"[21]

一般而言，辛普森会将超过 10% 的资金放在一只股票上，会将超过 50% 的资金放在五只股票上。

以合适价格买进

一旦确定了一家优势企业，那么只有在股价相对于前景而言不算过高的情况下才应买进。"如果价格太高，即使是世界上最伟大的企业也不是一个好的投资。"[22] 辛普森使用的指标诸如收益率（或其倒数：市盈率）和市现率（价格对自由现金流之比）等。

卖出错误的决策，持有成功的决策

有大量的文献研究表明，人们的心理趋势是持有那些亏损的股票（因为它们可能还会涨回来，不想面对账面浮亏的变现，承认自己的错误）。同时，人们会过早地卖出表现良好的股票（因为没有人会因卖出获利而破产）。

辛普森在谈话时以野草和鲜花为例，表达了自己对这些观点的反对："很多投资者做的事就像是剪除鲜花、浇灌杂草。他们卖掉赢家，留下输家，希望输家能涨回来。"[23] 辛普森说，我们应该抗拒自己的直觉，卖掉那些不成功的投资，同时保留那些表现良好的或更好的投资。他声称自己犯过的最大的错误就是过早地卖掉了真正优秀的公司，正确的投资通常会在很长一段时间内才能产生良好的回报。

将定量和定性的技能结合在一起

辛普森告诉我们，大多数股票买家很快就掌握了必要的定量技能，但关键的定性技能需要更长的时间磨练。定性分析在分析公司时的重要性体现在巴菲特的格言中——"模糊的正确胜过精确的错误"。以下是辛普森认为至关重要的一些定性因素，尽管不可能精确：公司管理层是否高度诚实？他们是否善待组织中的人员？他们是否持续关注股东长期利益，而不是沉迷于短期的粉饰财报？

杰克·伯恩对于辛普森的评价

杰克·伯恩曾接受《华盛顿邮报》的采访，他对辛普森做出如此评价："我思考了八年，是什么让辛普森干得如此漂亮？他很聪明，有普林斯顿大学经济学的背景，但世界上到处都是聪明人。他的成功与他的个性有很大关系，他通常会非常、非常坚持自己做出的判断，不为他人意见所动摇。他每年会有一两个非常棒的主意，然后全力以赴。"[24]

托尼·奈斯利时代

即使是伟大的企业也会时不时地走上错误的道路，20 世纪 90 年代初期，盖可的高级经理们也是跌跌撞撞、步履蹒跚。不错，他们再次犯了"这山望着那山高"的老毛病。原本，他们以低成本分销模式，在汽车保险领域具有核心竞争优势，但他们将业务扩展到航空保险、家庭保险和金融领域。这导致盖可失去了业务上的专注，并带来了不良回报。

一直以来，杰克·伯恩不断提醒高管们集中精力，一旦没有了这种提醒，他们就会迷失方向。但伯恩于 1986 年辞职，他被一家从美国运通剥离出来的保险公司——消防员基金公司的发展前景所吸引。

还有一个打击来自 1992 年的安德鲁飓风，这场飓风引发了巨额赔付，导致当年承保业务亏损。

盖可的股价一度超过 300 美元，公司市值约 45 亿美元，但之后不断下跌，跌到仅略高于 200 美元。（这是以 1992 年股份分拆之前的股价计算的，在一拆五之后，股票实际交易价格略高于 40 美元。）

巴菲特开始担心盖可保险跨出自己能力圈，向着不明方向发展，并开始考虑将伯克希尔持有的盖可股票出售。

1993 年，托尼·奈斯利接任盖可联席首席执行官（co-CEO），负责公司的运营业务，公司的另一位联席首席执行官卢·辛普森负责公司的投资业务。

在奈斯利的领导下，公司重回专注的轨道，更多的资源被投入到低成本直销中。我们知道巴菲特是多么喜欢有护城河的公司，他后来说："多亏了奈斯利和他的团队，盖可的护城河变宽了。"25

收购盖可另一半股份

现在，盖可重新专注于自己在汽车保险销售领域的无代理模式，巴菲特内心非常喜欢盖可，并希望伯克希尔能持有 100% 的股份。于是，1994 年，巴菲特和芒格开始与盖可董事长萨姆·巴特勒、辛普森、奈斯利谈判收购的价格。艰难但友好的会谈一直持续到 1995 年，值得称赞的是，巴特勒、辛普森和奈斯利非常认真地对待自己肩上所负有的、对盖可小股东们的信托责任，对于巴菲特打算收购余下 49% 的股份，他们坚持要求一个不菲的公平价格。

巴菲特咬了咬牙，最终伯克希尔出价 23 亿美元买下了另一半股份。相比之下，当年巴菲特买下前一半股份时，价格仅为 4 570 万美元（每股 70 美元，也即一拆五之前的 350 美元）。

奈斯利对于伯克希尔全资拥有盖可公司非常高兴，举双手赞成。在达成协议后不久，他对《华盛顿邮报》表示："我坚信，我们现在的情况可能比以往任何时候都好，我们的增长速度可能更快。"有了巴菲特所推动的对长期的关注，他觉得自己可以毫不犹豫地在短期内大举构建那些利于公司长期成长的业务。

奈斯利说："在保险行业，通常第一年的新业务会赔钱，因为你有更高的损失和费用率……但现在我们有一个关注长期业绩的大股东，而不是仅仅关心眼前的业绩。他说，你们可以尽最大努力去拓展业务，我来关心财务状况。"[26]

新的管理层

奈斯利热衷于扩大广告预算，巴菲特对此非常鼓励，认为这样可以让更多的人了解盖可保险的低成本优势，由此可以带来更多的承保利润和更多的浮存金用于投资。但只有在盖可保持低成本的情况下，这才是一件好事，而这正是奈斯利的长项，因为他经历过公司勉强求生的日子，懂得盖可的竞争优势在于出色的运营效率。1997 年，公司销售支出增加了 2 倍多，达到 1 亿美元，但他们并没有就此止步，又过了两年，这一数字达到了 2.42 亿美元，到 2009 年，这一数字达到了 8 亿美元。

在巴菲特 1998 年写给股东的信中，表达了对更多广告的热情："伯克希尔愿意为盖可公司任何新业务活动进行投资，而且没有上限，凡是能为投保人提供适当服务的基础设施，我们都愿意投资。"

对于承保业务第一年亏损这种情况，巴菲特不太关心，因为这是常态，"我们只是算一算每花一美元是否创造了超过一美元的价值。如果计算的结果是有利的，花的钱越多，我就越高兴。"

接下来的一年，他在信中写道："奈斯利的脚将继续踩在给广告投入加油的踏板上（我的脚将踩在他的脚上）。"

他强调，广告支出的大幅增加将实现业务的显著增长，并扩大和巩固盖可品牌在美国人心目中的形象。"就我个人而言，我认为这些支出是伯克希尔能做的最好的投资……盖可正与大量家庭建立直接关系，这些家庭平均每年会向我们提供 1 100 美元的现金流入，而不是现金流出。"

人们经常会看到盖可公司的一个广告，是一只卡通小壁虎[⊖]，它用超现实的幽默带着一口英国腔（不是澳大利亚腔，沃伦，我曾经听你说过！）说话。这只卡通小壁虎在电视上首次亮相是在 2000 年，一经亮相便迅速成为广告偶像。到 2006 年，盖可在广告上的花费远远超过任何一个竞争对手，在将广告投资转化为承保利润和浮存金方面，奈斯利做得非常出色。

　　"去年我就说过，如果你有一个儿子或孙子要出生，一定要给他取名托尼。但伯克希尔的董事唐·基奥（Don Keough）最近有了一个更好的主意，2006 年在回顾了盖可的表现之后，唐写信给我说，'忘掉新生儿吧，告诉我们的股东，立即把孩

　　⊖　壁虎英文为 Gecko，发音与盖可相近。

子改名托尼或安东尼。'在这封信上,唐直接签名:
托尼。[27]"

加入伯克希尔大家庭

1995 年,盖可的市场份额为 2.5%,是美国第六大汽车保险公司。到 2008 年,盖可的市场份额提高到 7.7%,跃升为第三大汽车保险公司。巴菲特指出,美国人专注于省钱,因此他们向盖可蜂拥而来。

又过了四年,盖可成为第二大汽车保险公司。2015 年盖可已经拥有了 11.4% 的市场份额,巴菲特写道:"到 2030 年 8 月 30 日,我 100 岁生日的那一天,我计划宣布盖可已经荣登榜首。[28]"

2016 年是保险全行业亏损的一年,但奈斯利和巴菲特却将其视为一个机会,因为这个时候,行业内的其他公司已经失去了吸引业务的动力。在别人踌躇不前的时候,盖可加快了新业务的发展。巴菲特以一种典型的独立思考的方式说:"我们喜欢在太阳落山的时候晒干草,因为我们知道太阳一定会再次升起。当我写这封信的时候,盖可继续保持前行的步伐。当保险价格上涨时,人们会买的更多,这也就意味着盖可赢了。" [29]

保费的增长证明盖可在广告上的投放是非常值得的,营业额在 24 年中增长了 10 倍,见图 1-5。

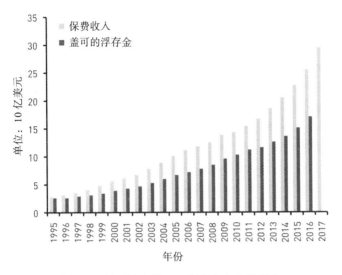

图 1-5　盖可的飞跃——保费收入和浮存金

资料来源：巴菲特致股东的信；全国保险专员协会。

随着保费收入的上升，公司的浮存金从不足 30 亿美元上升到 220 亿美元，这是一大笔可以用于投资股票或其他证券的资金。即便这些资金只有 7% 的回报率（我们不知道真正的回报率），也可以产生超过 14 亿美元的收益。

当然，对于大多数保险公司来说，这种投资回报对于弥补承保损失是必要的。图 1-6 和图 1-7 显示，盖可不需要用投资所得去补贴承保业务，因为奈斯利团队所取得的综合成本率低于 100%，这使得承保业务本身也有利可图，有时利润可以超过 10 亿美元。

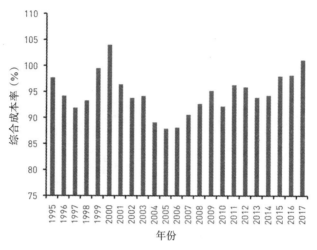

图 1-6 盖可的综合成本率（%）

资料来源：伯克希尔年报；巴菲特致股东的信。

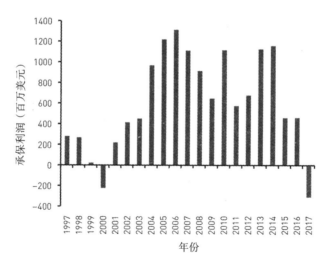

图 1-7 盖可承保利润（单位：百万美元）

资料来源：伯克希尔年报；巴菲特致股东的信。

如此一来，一家伯克希尔以 4 570 万美元加 23 亿美元购买的公司，今天能为股东在投资方面赚取 10 亿甚至更多的钱，同时在承保业务方面每年能赚取 10 亿美元（到 2018 年底累计已达 155 亿美元）。这样，巴菲特就有了大笔资金可以在其他地方投资。难怪，巴菲特将盖可视为最伟大的投资。

巴菲特的管理风格

绝大多数管理层进入伯克希尔－哈撒韦后从未离开公司，除非生病或退休（通常是长期延迟）。这些人通常已经是千万富翁，并非因为生活所迫而需要工作。然而，他们觉得自己能够得到巴菲特和芒格的重视，觉得自己是一个由志同道合的人组成的大家庭的一部分，觉得自己正在做有价值的事。他们跳着踢踏舞去上班，乐此不疲，付出巨大的努力，去建立人生中一些重要的东西。他们希望自己的朋友——巴菲特和芒格为他们的行为感到骄傲。

像主人一样思考

盖可的案例很好地表明了巴菲特对待经理人的态度。奈斯利将盖可视为自己的公司，以主人翁的精神做出长期导向的决策，这种态度正是巴菲特希望所有关键高管都具有的。

巴菲特旗下的每一位关键管理人都被赋予充分的自主空间，

让他们可以选择合适的经营方式。公司就像一块大画布，他们可以发挥自己的创意，成为伟大的建设者，伯克希尔总部基本上不参与日常的运营，因为总部一共也没有多少人。

有效利用时间

有巴菲特这把大伞罩着，意味着奈斯利不必像大多数 CEO 那样，将大量的时间花在与公司经营无关的事务上。

在 1998 年写给伯克希尔股东的信中，巴菲特解释了盖可公司退市的好处。他写到，奈斯利不再需要在"董事会议、媒体采访、投资银行的演说或与金融分析师的交流"上花费时间和精力，也不需要"花任何时间去考虑公司融资、信用评级或华尔街对每股收益的预测"。有了这种运作的自由，奈斯利以及盖可公司可以毫无障碍地"将几乎无限的潜力转化为相应的成就"。

思想的交汇

2001 年，奈斯利告诉当时正在撰写《沃伦·巴菲特的 CEO 们》一书的作者罗伯特·迈尔斯，成为伯克希尔大家庭的一员最大好处，就是有机会更多地与巴菲特交流。奈斯利说，他非常欣赏这种着眼于长期的自由，经营公司是为了三十年以后变得更为强大，而不仅仅是期待好日子在第二天就会降临[30]。

奈斯利将巴菲特形容为"这个世界上最好的老板"，盛赞巴菲特的智慧与鼓励。他希望自己能为巴菲特增光添彩。[31]

这种尊重是相互的，巴菲特在 1998 年的信中写道，在整个商界，奈斯利是经营盖可公司的最佳人选。

以正确的事情为动力

巴菲特鼓励商业上的正派、正直和为他人服务。从正确地对待客户、为客户省钱、提供优质服务到为伯克希尔股东服务，奈斯利从中获得了极大的满足感。他说："满足感并非来自于拥有物质或财富，或诸如此类的事情，它只能来自于创造真正有价值的东西。[32]"

对于什么是一个成功经理人的关键要素，奈斯利说："我认为如果有一个清单的话，诚实和正直应该是最为重要的……还有良好的沟通能力……以及与人共事的能力。[33]"

同样重要的激励机制

巴菲特认为自己最为重要的任务之一是采取合适的管理层激励计划。伯克希尔旗下各个子公司目标各不相同，这取决于管理者直接控制的因素。就盖可而言，巴菲特关注两个关键变量：

1. 保单数量的增长。在直接销售的模式下，销售出去的保单在第一年通常是无利可图的，尽管这会带来长期客户并最终带来利润。因此，那些要求即刻获利的激励方案对于盖可公司的员工而言就不合适，而保险的销售数量倒是一个合适的目标。

2. 承保时间超过一年的车险保单的承保利润。

上述每个因素在考虑奖金时各占 50%。

巴菲特认为，通过盖可的利润分享计划，按照同样的标准奖励所有盖可员工是明智之举。"盖可的每个人都知道什么是重要的。"巴菲特在 1996 年给伯克希尔股东的信中写道。

"伯克希尔激励原则的目标应该是：①根据具体经营业务的经济情况量身定制；②设计要简单，易于衡量；③直接关系到计划参与者的日常活动。作为推论，我们回避乐透彩票式的安排，例如伯克希尔股票期权，其最终价值的范围可能从零到巨大，这完全超出了我们希望影响他人行为的控制程度。在我们看来，一个能产生堂吉诃德式不切实际回报的体系，不但对于股东而言是浪费，对我们看重的管理层的专注也会产生阻碍。"[34]

对于奖金在多大程度上提高了盖可员工实际拿回家的工资，我们有一些数据。在伯克希尔全资拥有的第一年（1996 年），员工收入的 16.9%（相当于 4 000 万美元）是以奖金的形式发出去的。两年后，这一比例上升到 32.3%，相当于 1.03 亿美元。2004 年，这一比例为 24.3%，相当于 1.91 亿美元。有了这些额外的激励措施，难怪员工都能积极主动，公司保单数量和盈利能力也随之大增。

表 1-4 显示，盖可团队将承保成本控制在保费的 14%～

20%，这一指标比竞争对手低了 15 个百分点。

表 1-4　盖可持续保持承保成本最小化

年度	承保成本（占保费的百分比）	年度	承保成本（占保费的百分比）
1995	15.8	2007	18.4
1996	15.8	2008	17.9
1997	16.4	2009	18.2
1998	19.5	2010	17.8
1999	19.3	2011	18.1
2000	18.3	2012	20.0
2001	16.5	2013	17.2
2002	16.8	2014	16.6
2003	17.7	2015	15.9
2004	17.8	2016	15.6
2005	17.3	2017	14.5
2006	18.0		

资料来源：伯克希尔－哈撒韦公司年报；巴菲特致股东的信。

盖可在伯克希尔全局中的重要地位

来自盖可的年度承保利润及其在证券投资组合上的回报为伯克希尔提供了投资资金，无论是购买公司的全部股权，还是持有大型上市公司的少数股东权益以及其他，伯克希尔借此得以实现成长。

但盖可保险并非伯克希尔旗下唯一一家保险公司，到 20 世纪 90 年代，国民赔偿保险公司在阿吉特·杰恩（Ajit Jain）的领导下，构建了大量的再保险业务和巨灾险业务，由此在个人险浮存金的基础上又额外增加了非常多的浮存金。

这些年来，一些保险公司陆续加入伯克希尔，其中最为重要的一个是 1998 年伯克希尔以 220 亿美元收购的通用再保险公司（General Re）。这个大块头的加入直接带来了 149 亿美元的浮存金，使得伯克希尔整体的浮存金规模增加到原来的 3 倍。

巴菲特和芒格认为伯克希尔的成功很大程度上归功于用低成本或无成本的浮存金进行有效的投资，以及用为递延税项预留的现金所进行的投资。

这些现金不仅已经增长到超过 100 亿美元之巨，而且还是免费的。它们仍然属于负债性质，但不同于其他来源的负债，这些浮存金没有利息，也没有合同到期日。

在伯克希尔 2017 年的年报中，巴菲特写道："实际上，它们（指浮存金）为我们提供的债务有个好处——有更多的资产为我们工作，但却没有给我们带来任何麻烦。"

从图 1-8 中可见，只有少数年份（在 51 年中有 18 年）的浮存金有成本，因为自伯克希尔购买国民赔偿保险公司以来，有 2/3 的年份保险承保业务是有盈利的[⊖]。

来自承保业务的利润是惊人的，例如，在 2018 年之前的 16 年中，除了有一年承保业务亏损之外，这 16 年伯克希尔的税前利润总额达到了 270 亿美元之巨，见表 1-5。

⊖ 这意味着浮存金的成本为负。——译者注

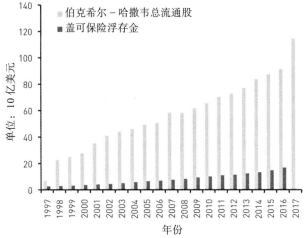

图 1-8　盖可流通股和伯克希尔旗下所有保险公司的总流通股

资料来源：伯克希尔 - 哈撒韦年报。

表 1-5　伯克希尔在创造承保利润以及低成本、零成本资金上的成功

年度	承保损失（百万美元）	平均浮存金（百万美元）	成本资金（比率为 1～2）
1967	盈利	17.3	低于 0
1968	盈利	19.9	低于 0
1969	盈利	23.4	低于 0
1970	0.37	32.4	1.14%
1971	盈利	52.5	低于 0
1972	盈利	69.5	低于 0
1973	盈利	73.3	低于 0
1974	7.36	79.1	9.30%
1975	11.35	87.6	12.96%
1976	盈利	102.6	低于 0
1977	盈利	139.0	低于 0
1978	盈利	190.4	低于 0

（续）

年度	承保损失（百万美元）	平均浮存金（百万美元）	成本资金（比率为1～2）
1979	盈利	227.3	低于0
1980	盈利	237.0	低于0
1981	盈利	228.4	低于0
1982	21.56	220.6	9.77%
1983	33.87	231.3	14.64%
1984	48.06	253.2	18.98%
1985	44.23	390.2	11.34%
1986	55.84	797.5	7.00%
1987	55.43	1 266.7	4.38%
1988	11.08	1 497.7	0.74%
1989	24.40	1 541.3	1.58%
1990	26.65	1 637.3	1.63%
1991	119.59	1 895.0	6.31%
1992	108.96	2 290.4	4.76%
1993	盈利	2 624.7	低于0
1994	盈利	3 056.6	低于0
1995	盈利	3 607.2	低于0
1996	盈利	6 702.0	低于0
1997	盈利	7 093.1	低于0
1998	盈利	22.8bn	低于0
1999	1.4bn	25.3bn	5.8%
2000	1.7bn	27.9bn	6%
2001	4.1bn	35.5bn	12.8%
2002	0.4bn	41.2bn	1%
2003	盈利	44.2bn	低于0
2004	盈利	46.1bn	低于0
2005	盈利	49.3bn	低于0

（续）

年度	承保损失（百万美元）	平均浮存金（百万美元）	成本资金（比率为 1～2）
2006	盈利	50.9bn	低于 0
2007	盈利	58.7bn	低于 0
2008	盈利	58.5bn	低于 0
2009	盈利	61.9bn	低于 0
2010	盈利	65.8bn	低于 0
2011	盈利	70.6bn	低于 0
2012	盈利	73.1bn	低于 0
2013	盈利	77.2bn	低于 0
2014	盈利	83.9bn	低于 0
2015	盈利	87.7bn	低于 0
2016	盈利	91.6bn	低于 0
2017	3.2bn	114.5bn	3%
2018	盈利	122.7bn	低于 0

资料来源：伯克希尔年报。上述表中数据除非标明，单位为百万美元。

一个 5 000 万美元的错误

尽管巴菲特在与经理人的相互关系中采取了标准的不干涉立场，但有时候，他会突然冒出一个令人兴奋的想法，并且鼓励经理人实施这个想法。给盖可的客户提供信用卡服务就是这样的故事。毕竟，盖可公司已经与数百万的车主有着联系，掌握了这些人的行为数据和有效分布方式，为什么不随着汽车保险同时为他们提供信用卡服务呢？于是，盖可万事达白金信用卡诞生了。

问题是，信用卡这个行业对于新玩家而言是出了名的危险，在信息不对称的情况下，有一种称为"逆向选择"的行为现象：客户比信用卡公司更了解自己的信誉和可靠性，因此，如果有机会，信誉最差的人会接受报价，由此，新玩家最终拥有的客户群体整体平均风险很糟糕。

我将巴菲特自己的反省放在这里：

> "现在我必须做一个痛苦的忏悔：去年，你们的董事长结束了一场完全咎由自取的、非常昂贵的商业惨败……必须强调的是，盖可的高管们从来没有对我的这个想法充满热情，他们警告我，我们不会从盖可的客户那里得到好果子吃，相反，我们可能得到的是——可以称之为坏果子。我曾经巧妙地暗示我岁数更大、更聪明，令人遗憾的是，我只是岁数更大而已。" [35]

显然，这次的失利给了巴菲特教训，这令他更加坚定了自己的誓言：做一个不插手的老板，让手下各个公司的高管们各安其位自行决策，至少在大部分时间如此。

> "我们倾向于让我们旗下的子公司独立运营，我们无须对它们进行任何程度的监管和监控。这意味着，有时候我们发现管理问题会有些晚，也有时他们的运营决策和资本决策与我们并不一致……但我们宁愿承受一些糟糕决策的有形成本，也不愿承担决策太慢，或根本不做决策而带来的很多无形成本，因为官僚机构更令人窒息。" [36]

学习要点

现在，我们了解了盖可的最新情况，但这不是终点，因为它的未来依然无可限量。因此，提醒我们自己，巴菲特在盖可的经历中所吸取或加强的关键经验教训对我们也是有意义的。鉴往知来，推而广之，我们可以从这个传奇中学有所得，并在自己的投资中加以运用。

1. 关注特许经营权。

当一家公司由于短期的管理失误而显得每况愈下时，这时你应当进行独立的分析，看看它曾经辉煌的经济特许权是否以某种形式幸存下来，以及它是否能够复兴和巩固。

2. 了解关键人员的素质和特点。

确定高层人员：①了解经济特许经营权的性质；②明智且积极地追求利润；③对股东采取高度诚信的行动。

3. 不要过早卖出。

巴菲特原本可以随时以初始价格的数倍卖出，但他坚持了下来。如果公司的特许经营权没变，可以继续产生高回报，并由优秀的管理层控制，那么即使你的初始投资上涨了 50 倍（1976 年到 1996 年），它依然可能值得买入更多，而不是卖出。

4. 寻找良性循环。

尤其值得注意的是，要寻找良性循环，要么是已经开始的，要么是不久的将来可能出现的。

5. 鼓励企业利润留存在内部的投资行为。

但这仅限于每留存一美元可以创造超过一美元价值的情况。凡是未能达到这个标准的，都应该将资金交还给股东，让他们另寻出路，以获得更好的回报。

6. 正确认识和使用保险浮存金。

很多公司拥有大量现金余额，因为它们会提前收到客户的预付款，这给管理者提供了富余资金，但回报微乎其微，效率低下。巴菲特更愿意将这些浮存金用于回报率高达两位数的投资。

案例 2

《水牛城新闻晚报》
（The Buffalo Evening News）

投资概要	投资对象	《水牛城新闻晚报》
	时间	1977 年至今
	买入价	3 550 万美元
	数量	100% 股权
	卖出价	如今是伯克希尔集团的一部分
	获利	至少 15 倍
	1977 年的伯克希尔 – 哈撒韦	股价范围：90～138 美元 账面净资产：1.51 亿美元 每股账面净资产：155 美元

  巴菲特对《水牛城新闻晚报》[○]的这项投资是一个非常了不起的案例，要想了解这项投资之美，你需要在脑海中先想象一下互联网出现之前的世界。如果在一个城镇中，只有一份报纸，这样的生意一定具有无与伦比的经济特许经营权。这家地方垄断企业可以在头版价格上收取额外费用，更重要的是，可以提高广告费率。

  问题是，当投资界的每个人都知道，这种一城一报是一个

  ○　1983 年更名为《水牛城新闻报》。——译者注

富矿时，一旦有报纸要出售，都会要价不菲。在很多情况下，价格如此之高，仿佛买家遭受了赢家诅咒，他们即便赢得了交易，事后也会后悔不已。

巴菲特和芒格四处寻找，搜集、研究、拒绝了一些潜在的收购对象，他们先后购买了四家报纸的少部分股份，但投入都不大，不足以构成规模投资。

接着，《水牛城新闻晚报》股份转手的机会出现在市场上，这些股份的标价并不是特别高，但有很好的投资理由：

◎ 第一，它是布法罗（水牛城）当地运营的两家报业公司之一，多年以来，这两家报纸竞争激烈，都不太赚钱。

◎ 第二，管理层已经屈从于工会的要求，以至于很难确定公司是在为了谁的利益工作。事实是，股东们似乎并没有得到多少。

◎ 第三，它没有出版周日刊，而周末的报纸对广告商最具吸引力，读者浏览的时间更长。

◎ 第四，布法罗这个城市的景气日渐走下坡，因为它处于人口日益减少的铁锈带。

《华盛顿邮报》和《芝加哥论坛报》已经拒绝了有关《水牛城新闻晚报》的收购邀约，但巴菲特和芒格透过眼前的困境，看到可以克服挑战的道路，他们对于公司的未来前景抱有信心。

事实证明，到达那片阳光普照的高地之前需要忍受五年的痛苦和损失。有时候，连巴菲特也受不了了，甚至决定放弃，他已经做好准备，准备接受一个损失 3 550 万美元的重击。但在最黑暗的时刻，在查理·芒格以及其他人的协助下，他们将巴菲特拉回了董事会，再次推动了历史的进程。

这期间艰辛异常，但他们坚韧不拔重整了公司业务，到 20 世纪 80 年代，《水牛城新闻晚报》给伯克希尔带来了超过投资本金 3 倍的回报。到了 20 世纪 90 年代，这家报业公司的表现更是令人惊叹，它给伯克希尔输送了近 3 亿美元的现金，供巴菲特投资在其他地方，这对于一项当初 3 550 万美元的投资而言，是相当不错的。

20 世纪七八十年代的报业特许经营权

理想的企业拥有一座不受价格监管的收费桥梁，巴菲特认为这样的企业投入资本成本之后，就可以提升价格，以赶超通货膨胀，只要你能保持在当地的垄断地位。

多年以来，巴菲特一直向身边好友表达他的这种观点。桑迪·戈特斯曼（Sandy Gottesman）是巴菲特的密友之一，他在 1977 年接受《华尔街日报》采访时说："沃伦把拥有垄断或市场主导地位的报纸，比喻为拥有一座不受监管的收费桥梁。你有相对的自由，可以在愿意的时候提高费率。"37

后来，巴菲特在 1984 年致股东的信中，进一步阐述了报纸市场力量的概念，他写道：

> "主流报纸的经济特征是极为优秀的……企业主们自然愿意相信，他们之所以能获得丰厚的利润，只是因为他们始终如一地产出了出色的产品。然而，在令人不安的事实面前，令人心安理得的理论是行不通的。虽然一流的报纸利润丰厚，但任何一家报纸只要占有社会主导地位，即便是三流报纸，获利也会一样丰厚甚至更好。当然，产品质量可能对报纸取得统治地位至关重要……但是，一旦占据主导地位，决定报纸好坏的就是报纸本身，而不再是市场。无论好坏，它都会兴旺发达。这种情况对于大多数企业而言并非如此，一般而言，质量低劣的产品只会产生低劣的经济效益。但即便是一份差劲的报纸，对大多数市民而言，也具有价值，因为它起到了公告牌的作用。在其他条件相同的情况下，一份差劲的报纸不会达到一流报纸所能达到的读者群水平。然而，一份差劲的报纸对大多数市民来说，仍然是必不可少的，吸引他们注意力的东西将吸引广告商的注意力。"

对报纸的热爱

自从 13 岁当报童，提交第一份报税表（巴菲特那一年缴纳了 7 美元的所得税）以来，巴菲特就对报纸产生了浓厚的兴趣。

他认为自己在十几岁时就投递过 50 万份报纸的经历，给了他很多的时间思考报纸对 20 世纪消费者的吸引力，以及报纸对广告商的重要性。

即便到了今天，他依然是一个出色的报纸投手。在伯克希尔公司年度股东大会召开前的一大早，他会领着大家参加一场扔报纸比赛，他称之为"扔报纸挑战赛"。巴菲特知道如何将一张报纸折叠好，这样在向远处扔出去时，它就不会松开。他的确很在行，除非你练习过几千次，否则别想跟他一较高下，比尔·盖茨也输给了他。

正是早期在报纸业的经历，培养了巴菲特对于优秀新闻的热爱，他认识到对健康社会的独立、有见解的分析和报道至关重要。在 2006 年的一篇文章中，巴菲特深情回顾了报纸业过去的美好时光：

> "在 20 世纪的大部分时间里，报纸是美国民众的主要信息来源，无论主题是体育、金融还是政治，报纸都是至高无上的存在。同样重要的是，报纸上的广告是寻找工作机会或了解你所在城市超市食品价格的最便捷的方法。
>
> 因此，绝大多数家庭会觉得他们每天都需要一份报纸，同样可以理解的是，大多数家庭不愿意支付两份报纸的钱。广告商喜欢发行量最大的报纸，而读者更喜欢广告和新闻页面最多的报纸。这种循环导致了

报纸行业的丛林法则：强者生存。因此，当一个大城市有两份或两份以上的报纸时（这种情况一个世纪前几乎普遍存在），领先的报纸通常会成为独占鳌头的赢家。当竞争消失后，报纸在广告和发行方面的定价权被释放出来。通常情况下，广告商和读者的收费标准每年都会提高，利润也会随之滚滚而来。这对于报纸的股东而言，简直就是经济意义上的天堂。"[38]

正是在这种大背景下，20世纪70年代中期，巴菲特和芒格四处寻求投资报纸的机会。

收购《水牛城新闻晚报》

1976年，伯克希尔－哈撒韦已经是《华盛顿邮报》的大股东，持有大约10%的股份，巴菲特也成为公司主要股东，与该报出版人凯瑟琳·格雷厄姆成为亲密好友。

凯瑟琳在自传中提到，20世纪70年代中期，她专注于如何让公司成长，但对于潜在收购的分析以及与目标公司的谈判，缺乏相关的专业知识。她向巴菲特寻求帮助，因为巴菲特似乎脑子里总是装着"正在进行的或过去十年里已经发生的几乎每一笔并购交易"。[39]

1976年12月，他们考虑收购布法罗电视台，不过巴菲特认为同样待售的《水牛城新闻晚报》更适合买入，根据凯瑟琳的回忆，当时巴菲特补充说，如果我们不买的话，他会买。[40]

在《华盛顿邮报》的董事会看来，布法罗地区的报纸行业竞争激烈，工会势力强大，报纸也没有周日版，因此吸引力有限，他们决定放弃考虑。

请注意事情发生的顺序：巴菲特表现出他一贯的高度诚信，他一直都想购买布法罗的报纸，却将优先购买权给了凯瑟琳，因为他将其视为朋友；作为《华盛顿邮报》的董事，巴菲特对股东负有提供诚实建议的受托责任。现在，他们拒绝了此项收购，前面的路已无障碍。

巴菲特迅速联系了晚报指定的寻找买家的经纪人文森特·曼诺（Vincent Manno）。当巴菲特要求见面时，文森特刚将价格从 4 000 万美元降到了 3 500 万美元。当时，晚报的税前利润仅有 170 万美元，显然潜在买家们对 4 000 万美元的报价兴趣寥寥。

1977 年的第一个星期六，那是个寒冷的日子，巴菲特和芒格来到了文森特·曼诺在康涅狄格州的家，经过一番讨价还价，他们在那里定下了 35 509 000 美元的成交价格，其中 34 076 000 美元以现金支付，其余部分以承担某些养老金的形式代偿。1977 年 4 月 15 日，巴菲特和芒格取得了《水牛城新闻晚报》100% 的控股权。

那时，默里·B. 莱特（Murray B. Light）是执行编辑，他在《从巴特勒到巴菲特的新闻史》一书中写道：

> "巴菲特被晚报所吸引，因为该报在当地家庭订阅
> 比例高于美国其他大城市报纸。晚报的日发行量几乎
> 是竞争对手的两倍，广告收入增加了 75%，这也给他
> 留下了深刻印象。他意识到该报每周只出版六天，周
> 日是一个空白，他知道自己必须迅速采取行动填补这
> 个空白。"[41]

《水牛城新闻晚报》历史简介

《水牛城新闻晚报》诞生于美国内战之后的经济衰退期，
1873 年在纽约州的布法罗（Buffalo，又译水牛城）创立。当
时，布法罗大约有 12 万左右的居民，街道泥泞，酒馆拥挤（多
达 93 家），犯罪猖獗。当年才 23 岁的企业家爱德华·H. 巴特勒
（Edward H.Butler）为当地居民创办了第一份星期日报纸，当时
布法罗已经有了十多份不同语言的报纸。

爱德华最终将公司的经营权交给了他的儿子小爱德华·H.
巴特勒（Edward H. Butler Jr.），1956 年小爱德华去世，公司由
他的妻子凯特·巴特勒（Kate Butler）继续经营，她是一位意志
坚强的女人，每周在办公室工作六天，以确保自己的观点为人
所知。

在凯特离世的前几年，有人建议她采取赠予财产的方式以
减少身后的遗产税，但是由于她强硬的个性，凯特坚定地拒绝

听取这些意见。当她在 1974 年去世时，有一大笔账单要付，而且没有明确的家族继承人，所以遗产执行人认为，除了将企业出售之外，别无选择。

1969 年默里·莱特成为晚报的总编辑，那时晚报每周出六天，每天下午上市。1974 年，凯特·巴特勒去世后，亨利·厄本（Henry Urban）被任命为公司总裁和出版人，他是一位从传统学校出来的绅士，相对于追求利润最大化，他更重视公平交易，下面就是一个例子。

> "厄本对于以折扣价购买新闻纸张怀有一种道德上的内疚，他说，我们的报纸在向所有广告商收取广告费时都是毫不妥协的……因此，要求新闻纸张的供应商以折扣价格向我们出售产品也是不公平的。"[42]

买家是蓝筹印花

1977 年春，巴菲特用自己控制的三家主要基金买进了三家公司。前两个买进的是伯克希尔 - 哈撒韦公司和多元零售公司，但它们本身没有多余的现金可用。第三个买进的是蓝筹印花公司（BCS），然后由蓝筹印花出面收购了《水牛城新闻晚报》。

早在 1969 年到 1970 年，蓝筹印花公司就是巴菲特的最爱。当时，巴菲特解散了合伙企业，在持有的股票清算之后，将所得资金还给了合伙人（或者也可以选择接受伯克希尔或多元零售公司的股票）。他试图卖掉蓝筹印花公司，但令人沮丧的是，他一直没有得到满意的卖出价格。因此，他别无选择地持有蓝筹印花 7.5% 的股份，这是合伙企业在 1968 年到1969 年期间以300 万～400 万美元的价格买进的。

几个月过去了，巴菲特和芒格渐渐开始欣赏蓝筹印花公司，因为这家公司的资产负债表非常诱人。对巴菲特和芒格这对投资家而言，他们能看到表面之下的东西，透过公司账上无聊的现金和债券投资（这些容易受通货膨胀侵蚀），他们看到了将其转投到那些有吸引力的股票上来的潜质。如此一来，蓝筹印花倒是一个非常理想的对象。

当时，蓝筹印花公司拥有的浮存金大约有 6 000 万到 1 亿美元，这些浮存金来自卖出印花但尚未兑付的销售所得。1972年初，巴菲特和芒格安排蓝筹印花出资 2 500 万美元买入 99%的喜诗糖果公司股份。这是一个立竿见影的成功案例，1972 年，喜诗糖果的税后利润只有 230 万美元，但是 1976 年增长到 510万美元，1977 年增长到 575 万美元。这家西海岸的公司（指喜诗糖果）的发展几乎不需要额外的资本性再投入，因此它带来的收入可以用于母公司投资的其他地方。曾经的丑小鸭正在变成一只魅力十足的天鹅。

1973～1974 年，蓝筹印花资产负债表上的大约 3 000 万美元被用于投资威斯科公司。威斯科的绝大部分股权被互惠储蓄公司（Mutual Savings）所持有，蓝筹印花通过持有互惠储蓄公司的股份实现了对威斯科的投资，这笔投资再次为蓝筹印花总部带来了一股强劲的现金流。1975～1977 年，蓝筹印花收到来自互惠储蓄公司的分红分别为 190 万美元、320 万美元、380 万美元。

蓝筹印花在其他方面产生的收入情况如下：1976 年为 210 万美元，1977 年为 520 万美元（它卖掉了印花业务，得到了110 万美元，它的浮存金共获利 410 万美元，分别来自利息、分红和股票市场资本利得）。加在一起，1977 年蓝筹印花公司实现税后利润 1 700 万美元。

因此，尽管《水牛城新闻晚报》是当时巴菲特和芒格有史以来最大的一笔收购，但蓝筹印花仍然有足够的资金应付自如。

巴菲特和芒格现在已经爱上了蓝筹印花，伯克希尔－哈撒韦一直忙于购买更多的公司股票，到 1974 年底，他们持有了超过 1/4 的蓝筹印花股票；到 1976 年底，持股上升到 36.5%。此外，沃伦·巴菲特夫妇以个人名义持有 13% 的蓝筹印花股份，芒格的基金持有 1/10，多元零售公司持有 1/6。（在 1978 年伯克希尔和多元零售合并之后，伯克希尔持有 58% 的蓝筹印花股份，直到 1978 年才持有全部股份。）

《水牛城新闻晚报》亏损日益严重

布法罗或许是一个运气不佳的小城市，但对于报纸，它有一个主要优点：人口非常稳定。生长在布法罗的人都非常眷恋这个地方，也很恋旧，例如当地有历史的报纸。

对于一个下午出报的报纸出版商而言，布法罗还有一个优点，就是本地的工业属性。很多蓝领工人每天很早就开始工作，在下午或晚上看报，他们中有很大一部分人阅读《水牛城新闻晚报》。事实上，在美国任何一个大城市都没有一份报纸能够像《水牛城新闻晚报》一样，具有如此高的家庭订阅率。

查理·芒格指出了《水牛城新闻晚报》的另一个优势，它具有高质量新闻的声誉。他在1977年给蓝筹印花股东的信中写道：

"我们的投资决策基于这样一种信念，即晚报现有的新闻价值，经过鼓励和培养，最终会在市场上进一步提升，比之我们当时可以收购的任何其他公司，相对于我们购买晚报的价格而言，通货膨胀最终会使一家繁荣的报业公司成为更安全的资产。经历和反思使我们比以往任何时候都更有信心，我们最初对晚报价值的评价是正确的。晚报之所以是一份功勋卓著的报纸，部分原因是几十年来它一直由具有传奇色彩的编辑阿尔弗雷德·基尔霍费尔主导和塑造，他虽然退休了，但直到 83 岁时依然每天都来报社。在我们购买之前，目前的管理层一直在延续其优良传统，我们鼓励其优良传统能够传承下去。"

强大的声誉意味着《水牛城新闻晚报》在周一到周五的报刊发行量上，可以超过竞争对手《信使报》，《水牛城新闻晚报》的发行量达到了 27 万份，而竞争对手的发行量是 12.5 万份。

改进空间

但是，正如蓝筹印花董事长在 1977 年致股东信中写的那样，"报纸行业的投资存在着不可避免的问题和不确定性"。他说当他们接手晚报时，竞争对手《信使报》每周发刊七天，而 60 多年以来《水牛城新闻晚报》每周仅发刊六天，他们对此表示失望。居于舒适且垄断地位的《信使报》，一般周日版销量可达到 27.5 万份，这也是广告商付钱最多的一天。

芒格曾经研究过美国各地都市报纸财务表现的历史，为了长期生存，一家领先的报纸必须拥有周日版。因此，甚至在完成收购《水牛城新闻晚报》之前，巴菲特和芒格就与管理层讨论过创建周日版报纸的问题。

为了让周日版在 1977 年 11 月有一个较大的发行量，他们必须给读者一个改变习惯的刺激。因此，他们开始了一场启动周日版的广告闪电战，其亮点就是家庭用户在头五周，可以支付六份报纸的价格（1.05 美元）得到七份报纸，也就是说，星期天的周日版是免费的，在五周之后价格上调至 1.20美元。

反击

《信使报》的老板们不会坐视竞争的威胁，更不愿意放弃有利可图的周日版市场。他们首先发动了一场宣传攻势，发文章警告布法罗善良的居民们，说这个投机钻营的 "来自奥马哈的大佬（暗指巴菲特）" 要毁掉他们心爱的《信使报》。其次，他们提起诉讼，指控晚报违反《反垄断法》，通过补贴一家周日版报纸，试图摧毁一家竞争对手。

他们向法庭申请，要求禁止计划中的介绍性宣传节目，禁止周日版打算实施 0.30 美元的低价，以及禁止晚报收取过低的广告费。在此基础之上，他们还希望获得《反垄断法》规定的3 倍赔偿金，加上律师费和相关成本。

令巴菲特和芒格感到非常失望的是，就在晚报周日版发行前夕，一项初步禁令获得批准，这家当前占据优势的公司公然恳求保持其垄断地位。即使《信使报》没有得到它想要的一切，法院还是给晚报制造了障碍，这些禁令包括：周日版的优惠特价期从五周缩短为两周；广告商不能得到周日版发行数量的保证；未来报纸的价格降低必须控制限度；不允许免费获得样报；

而且，必须出示一份客户签名的订单，显示授权给晚报每周日交货信息，这项要求非常耗费时间。

幸存者，准备战斗

这实在是太苛刻了，芒格律师决心反击，他指示他在加州律师团队的老搭档们为启动全面法律程序做好充分准备。同时，在这之前的几个月里，即便有严格的禁令限制，晚报的周日版还是在 1977～1978 年的冬季一周卖出了大约 16 万份。尽管这令人印象相当深刻，但这个数量只相当于《信使报》的 2/3，令人沮丧的是，晚报的周六版大约损失了 4.5 万份的发行量。更重要的是，《信使报》公司占据了周日广告的 75%，它还投入大量资金对其机器设备进行现代化改造，增加了报纸的特刊、副刊和记者，以期在与晚报的竞争中胜出。

1978 年 2 月，芒格在 1977 年蓝筹印花公司的年报中以带有挑衅的口吻写道，对晚报的周日版他们不会放弃，打算"负全责"，尽管"由于诉讼费用和其他意外问题，晚报短期的利润可能很低，或者根本没有利润"。虽然在 1979 年 4 月的上诉中法院取消了法律上的限制，但这两家报纸之间针锋相对的持续竞争带来了多年的痛苦，如表 2-1 所示。

表 2-1 《水牛城新闻晚报》的亏损以及周日版发行量

年度	净利润（百万美元）	周日版发行量（二月份）
1977	0.34	
1978	−1.43	160 000
1979	−2.41	156 000
1980	−1.47	173 000
1981	−0.53	178 000
1982	−0.60	183 000

资料来源：蓝筹印花公司年报。1977年《水牛城新闻晚报》周一到周五的发行量为27万份，上述期间没有太大变化。1982年，周日版发行量所占市场份额攀升至40%。

硬嫁接

巴菲特、芒格及其团队想方设法努力推动公司盈利，他们减少新闻纸供应商的数量，并通过谈判获得更好的价格。1980年面对公司十三个不同的工会组织，他们提出如果工人继续罢工、继续提高要求，公司就会倒闭。如果公司真的倒闭了，蓝筹印花的股东们将蒙受巨大损失，在当时，如果工会不肯让步，股东们看不到他们如何才能获得回报。这个威胁是真实可信的，巴菲特和芒格从不虚张声势。幸运的是，工会领导人在得到了这一信息后退缩了。

1980年到1981年，经济衰退对布法罗的打击尤为严重，该市的零售商数量急剧减少，商家的广告预算也要再三斟酌。20世纪80年代初，情况看起来很惨淡。但芒格信念依旧，在1982年2月给蓝筹印花公司股东的信中写道：

"因为我们拥有我们认为是社会上最好的服务机构
之一,而且晚报比布法罗的两个主流报纸要好得多,
我们仍然希望并期待晚报在适当的时候,能够获得与
期望价值相符的年度利润,以适应我们的投资水平。"[43]

对于向这家公司投入这么多资金,芒格还是有点遗憾。在
这个最黑暗的时刻,芒格认为这样做损害了蓝筹印花以及伯克
希尔的价值,因为同样的资金分配到其他地方会赚得更多。犯
错的机会成本很高,芒格认为这一点与常规报告的投资损失同
样重要,他写道:

"如果我们在 1977 年没有收购晚报,即便只是用
省下来的资金,赚取与我们其他股东权益平均盈利能
力相当的回报,那么我们现在会多出 700 万美元的资
产,年均利润超过 100 万美元,而不是现在《水牛城
新闻晚报》的赤字。"

芒格认为,《水牛城新闻晚报》的战略是继续为城市、员工、
读者和广告商做最大的努力,直到其主要竞争对手的相对实力、
损失或工会麻烦这些因素综合起来,使其长期前景看起来毫无
希望为止。

这种坦然承认错误并接受后果的态度,体现出巴菲特和芒
格的理性、冷静和诚实。人们可能不知道,这种亏损持续了
相当长的一段时间。当然,我们知道这个故事的结局是怎样

的：这笔当初 35 500 万美元的投资，最终获得了 15 倍的回报。但是，回到 1982 年初，这最终的美好结果在当时看不到任何迹象。

《水牛城新闻晚报》的管理风格

伴随着晚报的收购，巴菲特和芒格也将两位才能出众的经理人揽入旗下。首先是亨利·厄本，他从 1974 年开始担任总裁和出版人，直到 1983 年退休。厄本在一个特别动荡的时期为晚报找到了一种稳妥的方法，营造了一个稳定的环境，在蓝筹印花公司控股之后，他也非常配合。[44]

巴菲特在 1983 年致股东的信中，在谈到厄本时说："在我们推出周日版之后，厄本受到布法罗商界的尊重，受到所有为他工作的人的尊重，也受到芒格和我的敬仰。"

第二个关键人物是默里·莱特，他自 1949 年以来一直在报社工作。他每次都会以好莱坞电影里典型的报纸编辑的形象出现：在新闻编辑室里昂首阔步地来回踱步，拍肩膀祝贺，咆哮着下命令。他就是这样塑造着这份报纸的内容和评论的风格。在奋力前行的道路上，人们一致认为他为人公正且品德高尚，并对新闻充满热情。

厄本和莱特尊重并完全支持巴菲特对高质量新闻的热情，认为他是一位值得支持的老板。莱特在自传中写到与晚报有关的历史，他提到巴菲特当然对公司的盈利能力感兴趣，在发行量和广告费率方面巴菲特也会提供指导意见。还有，正如我们所料，他还参与了公司资本配置和管理层薪酬机制的制定。但除了这些之外，尤其是在该报的编辑方向上，巴菲特把这件事留给了莱特和他的团队。[45]

从这里，你可以看到巴菲特管理公司的方式。

◎ 首先，他既没有时间，也没有专业知识来处理日常事务，甚至没有做出重大经营决策。除此之外，如果他进行干涉，他会剥夺有能力的管理者应有的自主权和信任的荣誉感，这会进一步导致忠诚和勤奋的问题。如果老板表现出明显的尊重，很多人都会有动力竭尽全力。将完全的控制权交给一线的工作人员，就是对他们的尊重。

◎ 其次，巴菲特的目标非常清晰，拥有这家公司的首要目的是获得后入资本的高回报率。他最希望定期收到的信息是那些影响利润的关键业绩指标，例如发行量数据或新闻纸张的成本。

◎ 最后，他负责为这些公司高管制定合适的薪酬机制，使他们的利益与巴菲特长期关注利润的利益相一致。这种报酬甚至超出了金钱的范畴，他对出色工作的褒奖得到了经理们的高度评价。

如果企业产生的边际利润留存在企业中，产生的回报率低于令人满意的水平，那么它应该被输送到伯克希尔总部，让巴菲特配置到其他地方，用于投资市场上的另一家公司或股票。

巴菲特从不插手公司事务，他从来不要求新闻编辑遵从自己的政治主张，大多数记者甚至不知道巴菲特的政治主张。

尽管巴菲特不干预报纸经营，但在最初艰难的日子里，他确实让自己充当了一个传声筒，或者在竞争中出谋划策，促进企业盈利。他经常打一个多小时的电话沟通想法，他对报纸行业的渊博知识给莱特留下了深刻的印象。

查理·芒格

在 20 世纪 70 年代末到 80 年代初的暗淡岁月里，芒格是一块顽强的石头。他持续关注着报纸的长期前景，他坚信如果一家报纸坚持其出版原则，提供高质量的新闻，最终一定会产生令人满意的回报。他特别自豪的是，晚报超过 50% 的版面是新闻内容，而不是广告，而大多数其他报纸的新闻版面一般只有40%。

在 1981 年蓝筹印花的年度报告中，芒格写到，对于出售晚报，他甚至连想都没有想过。这表明了他对公司的未来以及公司团队的信心，他满怀信心地表示："晚报这些优秀的工作团队"可以"让晚报成为一个良好的企业，无论是对股东，还是对员工而言"。

除了敬业、勤勉和公正准确地报告之外，芒格还要求他的经理们做一件事：一旦有任何坏消息发生，要立刻通知他。芒格说，好消息会自己照顾自己，但他需要知道出了什么问题，以便能对此采取措施，至少减轻其影响。他在1988年蓝筹印花公司的年报中强调了这种面对问题的方法，他写到，自己不希望经理们掩盖困难，他自己也不会这样做。他相信应该"言行一致"，告诉股东们晚报困难时期的真相，因此：

> "如果诉讼继续，如果竞争对手提供资料成功地改变了法律……并获得了它正在寻求的各种禁令，或者如果任何延长的罢工让《水牛城新闻晚报》关门，那么，晚报可能将被迫停止运营并进行清算。"

来自奥马哈的新闻界达人利普西

晚报的第三位关键经理人是斯坦福·利普西，他和巴菲特之间的关系至少可以追溯到1965年，那是巴菲特第一次出价试图收购《奥马哈太阳报》的时候。《奥马哈太阳报》规模不大，作为该报的所有者兼出版人，利普西在1969年出售该报之后，被巴菲特说服留下来继续管理该公司。利普西在新闻探索和新闻宣传方面做得很好，甚至获得了新闻界的大奖 —— 普利策奖。但该报在财务上却并不成功，并在1980年被出售。他们俩是很好的朋友，经常交流。

1977 年底,《水牛城新闻晚报》遭遇困境之时,巴菲特曾问利普西能不能搬到布法罗去,帮助改善晚报的情况。他有些不情愿,但巴菲特非常希望得到利普西的帮助,他问利普西能否至少每个月去一次,并"做你认为需要做的任何事情"。他说"如果你在那儿,那个地方会变得更好"。[46]

就这样,利普西每月花一周时间前往布法罗,作为出版人厄本的顾问,主管报纸的发行和广告部门。他就是以这种两地往返的方式开启了与布法罗的缘分,这种缘分跨度长达 34 年之久。这个来自奥马哈的外地人很快赢得了晚报工作团队的认可。莱特写道:"他为人机敏,头脑富有创造力,仔细且逻辑缜密地思考问题的能力得到了每个人的信任。"[47]利普西余下的职业生涯就这样度过,他成为布法罗社会的一个支柱和一个重要的贡献者。

1980 年,利普西终于可以自由地全职搬到布法罗了。他对于晚报与《信使报》之间的竞争非常着迷,并决心获胜。利普西是一个友好、幽默的人,他并不认为自己是一个商人,他认为自己是一个"新闻记者……这才是我所致力追求的 ……(报纸)是社会的公器"。[48]他决心带领晚报渡过难关。

1983 年,当厄本退休时,利普西接任出版人的位置,在他面前有着光荣岁月值得期待。在利普西时代,巴菲特对于管理的参与也是有限的,巴菲特最关心的是广告的定价和新闻纸张的成本。在《财富》杂志的一篇文章中,巴菲特告诉好友卡萝

尔·卢米斯，对于定价，首席执行官（或股东）与企业经理人会
有不同的看法：

> "对于经理人而言，或许他一生只待在一个企业
> 里，他的公式告诉他，如果他定价稍低，不会有什么
> 严重的问题；但如果他定价过高，他会认为自己搞砸
> 了他生命中唯一的事情，因为没人知道提价会带来什
> 么后果。所以对经理人而言，这就像是俄罗斯轮盘
> 赌。但对于公司首席执行官而言，他一生中可能经历
> 很多企业，情况并非如此。因此，我认为，在某些情
> 况下，应该由经验丰富、远离现场的人制定价格。"[49]

巴菲特对利普西大加赞扬，以下是他在 1986 年致股东信中
列举的例子：

> "该报的经营业绩真实地反映出斯坦福·利普西出
> 色的管理工作。连续三年，工时大幅下降，其他成本
> 也得到了严格控制。因此，我们的营业利润率在 1986
> 年有了实质性的提高，尽管我们的广告率增幅远低于
> 大多数主要报纸。虽然我们努力控制成本，但丝毫没
> 有减少我们对新闻的投入，我们继续提供 50% 的新闻
> 版面。"

利普西说，与巴菲特合作最大的好处在于，"他完全具有道

德和诚实的品质，你知道，当他和你说话时，他完全替你着想，他是可以接近的 ……我们在一起工作超过了三十年，从未有过分歧"。[50]

利普西对待同事的方式与他的老乡巴菲特完全一致："**你希望别人怎么对待你自己，你就怎么对待别人**，沃伦就是这么做的。你会为你身边重要的人着想，并且**努力地、创造性地思考如何让一个人快乐。**"[51]

利普西于 2010 年 12 月退休，巴菲特回顾了他的贡献。巴菲特写到，如果没有利普西的话，这份报纸可能早就不存在了。利普西对报纸业务了如指掌，"发行、出版、销售和编辑"，都是"非凡的"。在艰难的岁月里，利普西一直坚持不懈地与默里·莱特携手并肩，并在接下来的几年里造就了该报的辉煌表现。"无论作为朋友，还是作为经理人，利普西绝对都是最棒的。"[52]

最强者生存

1978 年到 1982 年期间，由于《水牛城新闻晚报》和《信使报》之间的激烈竞争，两家报纸都遭受了巨大损失，它们降低了价格，以大打价格战的方式，试图在供给过剩的市场上吸引读者和广告商，两者的前景都很暗淡，直到 1982 年 9 月 19 日，《信使报》的老板们宣布辞职，这让《水牛城新闻晚报》成为该市唯一的每天都发行的报纸。

《信使报》的老板们已经受够了，他们看到晚报的老板有足够的财力来支撑多年的亏损。蓝筹印花不仅有来自喜诗糖果和威斯科的现金流，其母公司伯克希尔－哈撒韦更可以轻而易举地注入资金，如此一来，与晚报撞得头破血流又有什么意义呢？

因此，最好的资源、最强壮的公司占了上风，布法罗从"一城两报"的城市变成了"一城一报"的城市。当初的投资终于见到了回报，这体现在流入伯克希尔－哈撒韦公司的税后利润以惊人的速度大幅增加。在《信使报》退出市场后，伯克希尔仅用三年左右的时间就收回了全部投资——1977 年投入的3 550 万美元。利润一直在增长，直到每年的回报几乎抵得上当年的投资。

1983 年，晚报招募了许多前《信使报》的编辑和新闻工作人员，创办了一份早报。此外，报纸名称也由《水牛城新闻晚报》改为更简单的《水牛城新闻报》。周日版的发行量很快翻了一番，超过了 36 万份，而周一到周五的平日发行量也大幅提高，达到了 32.3 万份。1983 年 1 月，《福布斯》杂志对这家报纸进行了评价，估值达到了 4 亿美元。图 2-1 为《水牛城新闻报》归属伯克希尔－哈撒韦的税后利润。

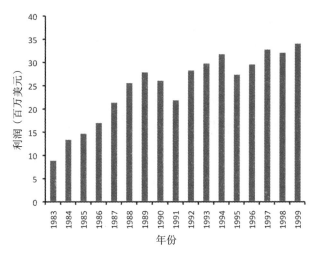

图 2-1 《水牛城新闻报》归属伯克希尔－哈撒韦的税后利润

资料来源：巴菲特致股东的信（不含 1999 年之后的数据）

下降，但不是跌落

到了 21 世纪头十年的中期，互联网改变了报业的经济状况，就像它改变了许多其他行业一样。巴菲特对此表示惋惜，他提到，报业的基本面正在被侵蚀，这导致《水牛城新闻报》的利润不断下降。他写道："当一个行业的基础渐渐崩溃时，管理层的才华横溢固然可以减缓衰退的速度，但不断被侵蚀的基本面终将压倒管理层的才华。"[53]

尽管情况恶化，巴菲特仍然发誓要维持报纸的运营：

> "除非我们面临不可逆转的现金流失，否则我们将
> 坚守《水牛城新闻报》……芒格和我都热爱报纸，我

们俩每天都会阅读五份报纸。我们相信充满活力的媒体是维持民主的关键因素。我们希望能够找到一种将传统印刷和网络相结合的方式，以避免传统报纸的经济末日，我们会在《水牛城新闻报》努力实践出一种可持续的商业模式。我想我们会成功的，但是报纸利润肥美的好日子已经一去不复返了。"[54]

在线新闻、网络广告和专业网站（如房屋销售网站）的出现，导致《水牛城新闻报》周日版的发行量在 21 世纪的前 15 年下跌了一半，跌到了 17.4 万份，平日的发行量跌到 11.1 万份。尽管如此，《水牛城新闻报》还是实现了营业利润，2015 年为 1 090 万美元，2016 年为 730 万美元，还有一些其他方面的收入，例如帮助印刷《纽约时报》。同时，公司的开支也得到了大幅削减。

《水牛城新闻报》至今仍然是伯克希尔 – 哈撒韦旗下的成员公司，是布法罗以及尼亚加拉地区的主要报纸，每天上午出版（它的下午版 2006 年停止发行）。但维持这一地位的战斗是艰难的，在 2018 年，为了控制成本，甚至连编辑这样的职位都开始裁员了。

学习要点

1. 你所看到的数字并不总是最重要的。

   一项好的投资通常是从战略地位的角度，考虑质量潜力来确定的，而不是通过观察最近的会计数字来确定的。《水牛城新闻晚报》有可能成为一个不受监管的收费桥梁（一个占主导地位的经济特许权），尽管眼前的经营很艰难，未来几年可能也无利可图。

2. 注重产品质量和管理者素质。

   在购买《水牛城新闻晚报》的时候，巴菲特和芒格对报纸很满意，他们非常尊重这家公司，报纸的编辑们也非常优秀。即便在最初痛苦的日子里，即便报纸每周都在赔钱，报纸的老板和编辑们也拒绝在质量上妥协。

3. 长期思维。

   巴菲特和芒格表示，他们持股的期限是"永远"。这样长期的前瞻眼光有助于正确看待眼下的损失。

4. 当你受到严重打击的时候，要坚持下去。

   歌曲《永不放弃》的歌词是这样的："当出现问题的时候，生活就像你看到的那样。当你艰难跋涉的时候，恰恰总是在上坡；当你资金吃紧的时候，恰恰负债累累；当你想微笑的时候，却不得不叹息。应该关心一点自己，休息一下吧！但你必须不放弃，生活就是如此奇妙，千折百回，就像我们每个人看到的那样，很多失败注定会发生，但坚持到底，你终究会赢。"

5. 储备充足。

当芒格承诺继续为《水牛城新闻晚报》而战时，他是有底气的，其掌控的蓝筹印花公司作为控股公司，多种收入来源和丰富的现金储备，足以令其言而有信。这肯定有助于增强自身队伍的凝聚力，反过来挫伤竞争对手《信使报》团队的士气。

6. 信任你的管理层并尽力帮助他们。

不是事无巨细、掌控一切。

案例 3

内布拉斯加家具城
(Nebraska Furniture Mart)

<table>
<tr><td rowspan="6">投资概要</td><td>投资对象</td><td>内布拉斯加家具城(英文缩写：NFM)</td></tr>
<tr><td>时间</td><td>1983 年至今</td></tr>
<tr><td>买入价</td><td>5 535 万美元</td></tr>
<tr><td>数量</td><td>90% 的股份</td></tr>
<tr><td>卖出价</td><td>如今是伯克希尔的一部分</td></tr>
<tr><td>获利</td><td>至少 10 倍</td></tr>
<tr><td>1983 年的伯克希尔情况</td><td>股价：775～1 345 美元
账面净资产：11.18 亿美元
每股账面净资产：975 美元</td></tr>
</table>

　　每年的 5 月，伯克希尔－哈撒韦公司的很多股东都会前往奥马哈，参加公司的股东大会。股东大会期间会举办很多传统活动，其中一个非常重要的就是大家相聚在内布拉斯加家具城（NFM），晚上一起听乡村音乐，享用烧烤。这是一个与其他股东聊天的机会，借此机会，股东们也可以看看 NFM 的规模，以及这项 1983 年投资所带来的光辉成就。

　　伯克希尔－哈撒韦收购 NFM 时，虽然它只有一个营业场地，但它是数百英里○范围内最大的家具店。自从巴菲特收购之

───────
　　○　1 英里 = 1.609 344 千米。

后，NFM 的规模变得更大了，现在营业面积达 168.9 万平方英尺[⊖]，占地 77 英亩[⊜]，距离巴菲特的家仅两英里的距离。它不仅卖家具，还经营包括电脑、电视、家用电器在内的超过 85 000 种商品。

就地理上的拓展而言，NFM 的增长速度并不快，它在堪萨斯城、达拉斯沃斯堡和得梅因先后开设了大型店面，就这样，NFM 发展了 40 年只开了三家新店。巴菲特和芒格对于投资原则的坚持一如既往，只有那些他们认为可以建立或提升竞争力，具备经济特许经营权的地方，他们才会投资。他们不会仅仅为了追求自己的野心而建立帝国，也不会主观假设在一个地方起作用的东西可以复制到其他地方，只有经过深思熟虑的计划才能抓住客户的兴趣，才能击败竞争对手，并获得良好的资本回报。

NFM 的创始人 B 夫人当年来美国时只有 24 岁，几乎身无分文，也不懂英语，从来没有在学校待过一天。如果你知道这些，那么 NFM 的成功则显得更加了不起。罗丝·布鲁姆金夫人，奥马哈熟悉她的人都称她为 B 夫人，她在俄国革命期间通过贿赂边防警卫的方式，从白俄罗斯逃出来。直到 1937 年，她才在地下室开了一家小店，带着四个孩子看着这家店铺。她的经营座右铭现在已经出了名：物美价廉说实话。曾经在最困难的时候，她甚至不得不卖掉自己家里的家具来还债。就这样，

⊖ 1 平方英尺 = 0.092 903 04 平方米。

⊜ 1 英亩 = 0.004 047 平方千米。

经过数十年的奋斗，NFM 取得了最终的成功，这家商店吸引了很多人，有人甚至千里迢迢赶来 NFM 购买特价商品。

在 B 夫人 89 岁的时候，巴菲特终于说服她将公司 90% 的股份卖给自己（后来减至 80%）。这笔交易是在微笑、握手的基础上完成的，他们签署的合同长度仅仅占到一页纸的 1/4，那是巴菲特亲手起草的，这次握手也被称为"奥马哈历史性的握手"。巴菲特觉得没必要检查库存或房地产产权，或做任何形式的尽职调查，事实上，这些账目都没有经过审计。巴菲特有比这更好的洞察力：他了解人性，他知道他们值得信任，他非常熟悉奥马哈民众在 NFM 的优质购物体验。

B 夫人非常热衷于家具城的工作，她一直干到了 103 岁，或许那时她的工作时间比以往每周 70 小时少了一些。巴菲特评价说，顶尖商学院的毕业生，或者那些经营大型企业的人未必是她的竞争对手，B 夫人比这些人厉害多了。巴菲特在收购 NFM 之后不久接受美国全国广播公司（NBC）采访时说：

> "如果我开始创业时，可以像在美国橄榄球联盟选拔球员那样，从全国顶尖商学院中挑选 25 名优秀毕业生，或从《财富》500 强公司的 CEO 们中挑选 25 个，或者我可以请 B 夫人来经营公司，那我就请 B 夫人好了，像她这样的人可不多。"[55]

在同一部采访纪录片中，B 夫人说："我不懂书本上的那些理论，我用的就是老办法：说真话，买的对，卖得便宜。"

巴菲特认为应该留住这个天赋异禀的创始人家族，以及他们所秉承的风格和团队精神。在伯克希尔－哈撒韦收购之后的很多年里，从 B 夫人到她的儿子路易，再到她的另外两个儿子罗纳德和欧文，家族一直经营这家公司，直到她 1998 年以 104 岁高龄离世。如今，罗纳德和欧文带领着家族的第四代人一起工作。

在谈论收购 NFM 的案例之前，我最好先补充一下 1977 年收购《水牛城新闻晚报》和 1983 年收购 NFM 之间的情况。如果不考虑巴菲特对于大都会公司股票的初步购买（这是下一章的主题），其实巴菲特之前并没有什么大规模的长期投资。但随着经济特许权的稳步建立以及一些出色的股票投资，对于未来如何管理越来越多的性质明显不同的企业，巴菲特和芒格进行了大量思考，他们以时代背景为画布，开启了自由挥洒的大时代。

收购 NFM 的前五年

除了自己经营业务之外，巴菲特和芒格对于获得公司的少数股权也非常感兴趣，因为这些公司可以在某种程度上，抵御高通胀带来的负面影响。1979 年，通货膨胀率达到了令人担忧的 15%。在这样的环境下，即使你购买的股票能带来 20% 的税前回报率，在扣税之后，你的钱年底时能买到的东西比年初还少。这样一来，那些至少能与通胀同步提升产品价格，并且不需要大量追加资本投入的公司备受青睐。

伯克希尔的营收在这五年中以惊人的速度增长，1977年，旗下运营的各个企业向巴菲特和芒格输送了3 920万美元，供他们配置在其他地方。到1981年，这一数字上升到6 260万美元，见表3-1。

表3-1　伯克希尔－哈撒韦旗下经营业务的税后净利润

（单位：百万美元）

	1978	1979	1980	1981	1982
承保业务	1.6	2.2	3.6	0.8	−11.3
保险投资（分红和利息）	16.4	20.1	25.6	32.4	35.3
已实现证券利得	9.2	6.8	9.9	23.1	14.9
多元零售	1.2	1.3	1.2	0.8	0.4
喜诗糖果	3.0	3.4	4.2	6.3	6.9
蓝筹印花	1.4	1.6	3.1	2.1	2.5
伊利诺伊国民银行	4.3	5.0	4.7	−	−
威斯科	3.7	4.2	3.0	3.1	3.7
其他	0.9	1.0	2.6	0.6	1.0
债务利息	−2.3	−2.9	−4.8	−6.7	−7.0
利润总计	39.2	42.8	53.1	62.6	46.4

资料来源：巴菲特致股东的信（1978～1982年）。

来自承保业务的利润没有大的波动，但是用保险浮存金投资所带来的分红和利息收入却增长得非常迅猛，从1978年的1 640万美元，到1982年达到了3 530万美元，难怪巴菲特和芒格可以跳着踢踏舞上班，因为他们有源源不断的现金流入，可以满足最新的投资想法。但是，这还不是关于保险浮存金（以及蓝筹印花浮存金）故事的全部，除了上述的好处之外，有时出售股票还会产生资本利得，这部分收入从 680 万美元到 2 310 万美元。

喜诗糖果在这五年中利润翻了一番，达到了 690 万美元。更厉害的是，在这个过程中，它不需要额外的资本投入。因此，这些现金被输送到巴菲特和芒格的投资链条中，用于资产配置。喜诗糖果的母公司蓝筹印花也创造了可观的现金流，主要来自其浮存金。

还有一些资金来自多元零售公司（ARS），但是金额数字并没有随着时间的推移而增加，而是呈现出下降的趋势。从几年前开始，巴菲特在服装店和伯克希尔纺织制造业之外进行了多元化经营，迈出的这一步效果不错。

总部位于罗克福德的伊利诺伊国民银行（Illinois National Bank）正在不断壮大，每年为巴菲特的再投资活动提供 400 万到 500 万美元的弹药。理想的情况是，这家优秀的公司被继续保留下来，但银行监管部门出于利益冲突的担心，不喜欢一家银行被非银行商业机构所拥有。所以，1980 年的最后一天，伯克希尔将自己持有的该银行股份转让给了伯克希尔的股东，完成了伊利诺伊国民银行与伯克希尔的剥离。

伯克希尔旗下的威斯科也是一路向前。20 世纪 70 年代后期，这家公司仍然通过储蓄和贷款业务赚钱，此外，该公司在上述储贷业务之外还拥有大量资产，通过债券利息、股票分红以及资本利得赚钱。1980 年 3 月，威斯科将储贷业务以合理的价格出售，这大大增强了投资的实力。这样，即便后来发生了全国储贷行业危机，威斯科依然能够继续盈利。

非控股企业

巴菲特在此期间购买了很多公司的股票，这份清单很长（见表3-2），但都不是长期持有的。到1987年底，它们或是被全部出售，或是留下相对不多的数量。投资这些非控股股份，主要的资金来源是那些控股（运营）的企业，以及旗下保险公司可供投资的浮存金，保险浮存金的均值在1977年到1982年期间，从1.39亿美元增长到了2.20亿美元。表3-3是1977～1982年伯克希尔持有的股票市值总计。

在此期间，巴菲特开始买入大都会/ABC公司的股票。20世纪70年代末，伯克希尔-哈撒韦公司股东人数为1 000人左右，到了1983年，股东人数从1 900人跃升至2 900人，增加的大多数股东来自伯克希尔以发行新股的方式收购的蓝筹印花公司。经历了这次收购，伯克希尔总股本达到1 146 099股，比1965年仅仅增长了1%多一点。这时，经过18年的努力，伯克希尔的股东们实际上拥有了一个由伟大公司构成的组合，这个组合包括全资拥有的国民赔偿保险公司、喜诗糖果、《水牛城新闻晚报》等公司，也包括一些伟大公司的股票，例如雷诺烟草、时代公司。伯克希尔-哈撒韦的股价也从不到20美元上升到超过了1 000美元。

表 3-2　1977～1982 年出售的持股，或截至 1987 年底不重要的持股

（单位：百万美元）

	支付金额
联合出版	3.5
美国铝业	25.6
阿美拉达·赫斯	2.9
阿卡塔	14.1
克利夫兰·克利夫斯钢铁公司	12.9
克拉姆 & 福斯特酒店	47.1
美国通用运输公司（Gatx）	17.1
通用食品	66.3
汉迪哈曼酒店	27.3
埃培智广告集团（Interpublic Group）	4.5
凯泽铝化工	20.6
凯泽实业	0.8
骑士武士报（Knight Ridder）	7.5
通用媒体	4.5
国民底特律	5.9
全国学生市场	5.1
奥美	3.7
平克顿	12.1
雷诺烟草	142.3
萨夫科	32.1
时代	45.3
时代镜报公司	4.4
F. W. 沃尔沃斯	15.5

资料来源：巴菲特致股东的信（1978～1982 年）。

表 3-3　1977～1982 年伯克希尔持有的股票市值总计

（单位：百万美元）

年度	成本	年底市值
1977	107	181
1978	134	221
1979	185	337
1980	325	530
1981	352	639
1982	424	945

资料来源：巴菲特致股东的信（1978～1982 年）。

巴菲特和芒格的原则

在各自解散了自己的投资合伙企业之后的十年里，巴菲特和芒格一直在考虑对于收购的公司和投资的股票如何进行管理，以及如何对待公司股东，这些理念最终成为构建伟大公司的基石。

在巴菲特 1983 年致股东的信中提到了一些基本原则，从中你可以发现，当他二十多岁还是个热血青年时，一些奥马哈家乡的亲朋好友将资金集中起来支持他，今天巴菲特对待公司股东的方式同他对待早期支持他的人一样。无论在法律层面他对股东有什么样的义务，巴菲特都决心更进一步，做的更多一点。除此之外，巴菲特还决心和旗下运营的各个公司管理层建立基于信任的友谊。

巴菲特写下的这些基本原则可以作为一个永恒的指南，无论是那些业务多元化的公司，还是多元化股票组合的管理者都可以从中得到启发，我现在将它们完整地记录如下：

◎ **虽然我们的组织形式是公司制，但我们对待大家的态度是伙伴关系。** 查理·芒格和我将公司股东视为伙伴、视为公司的主人，我们是管理合伙人（无论好坏，由于持股规模，我们还是控股合伙人），我们并不将公司视为我们商业资产的最终所有者，而是将公司视为股东拥有资产的渠道。

◎ **伯克希尔的董事都是公司的大股东，具有所有者导向思维。**他们中至少有 4/5 的人持有伯克希尔的股份，占到了家族净资产的 50% 以上，换言之，我们吃自己做的饭。

◎ **我们长期的经济目标（取决于后面提供的一些条件）是使每股内在价值的年化平均收益最大化。**我们并不以伯克希尔的规模来衡量其经济意义或业绩，而是以每股价值的增长来衡量。我们确信，未来每股增长的幅度会下降，资本基础会大大扩大，但如果我们的税率不超过美国大公司的平均税率，我们将会感到失望。

◎ **为了实现这一目标，我们倾向于直接全资拥有一批多元化的企业，这些企业能够产生现金并持续获得高于平均水平的资本回报。**我们的第二个选择是拥有部分类似的企业，主要手段是通过我们的保险子公司购买市场上可流通普通股。价格、目标公司以及保险资金的需求，这些因素决定了各个年度的资本配置情况。

◎ **由于对于企业所有权的双管齐下的做法，以及传统会计的局限性，合并报表所显示的财报收益对我们真实经济情况的披露可能相对存在不足。**芒格和我既作为所有者，又作为管理者，实际上并不看重这种合并数据。我们会向你们汇报每一个旗下控股的重要企业的利润情况，以及我们认为非常重要的数字。这些数字加上我们提供的每一家企业相关信息，可以帮助大家对这些企业进行判断。

◎ **会计结果不会影响我们的经营决策或资本配置决策。**当收购成本相似时，我们更倾向于购买根据标准会计原则不需要报告的 2 美元利润，而不是购买需要报告的 1 美元利润。这正是我们经常面临的选择，因为整体（其利润完全需要报告）的价格经常两倍于部分（其收益基本上不需要报告）的价格。总之，随着时间的推移，我们希望那些不需要报告的利润，能通过资本利得的形式充分反映在我们的内在价值中。

◎ **我们很少过度使用债务，当我们负债时，会力图在一个长期和固定利率的基础上使用它。**我们会拒绝一些有趣的机会，而不是过度使用我们的资产负债表。这种保守主义可能影响了我们的收益（巴菲特意指如果冒险或许会赚得更多），但是考虑到我们对于投保人、存款人、贷款人以及很多股东所肩负的信托义务，这样的安排是唯一让我们感到安心的方式，因为这些人将自己身家的很大一部分投到了我们这里。

◎ **（伯克希尔会继续进行收购活动和投资活动），但管理层"愿望清单"的成本不会让股东来出钱。**在收购整个企业以实现多元化时，我们不会以控股价格（意指高价）去买，不会以忽视股东长期经济前景的方式去买。在股票二级市场上买入时，**我们使用你们的钱就像用自己的钱一样**，会充分权衡通过多元化的投资组合所能获得的价值。

◎ **我们会定期根据结果反思我们的策略。**我们会考察留存在公司里的利润，长期而言，每留存 1 美元利润，至少应创造不少于 1 美元市值。迄今为止，这个"1 美元"原则经验证是成功的。我们会继续以五年为期滚动前行的方式进行观察，随着我们的资产日益增长，留存利润将越来越难以寻得运用的良机。

◎ **只有在物有所值的情况下，我们才会以发行新股的方式进行收购。**这一原则不仅仅运用在我们进行企业并购或股票投资上，而且还会运用在股债互换、股票期权、可转换证券等方面的投资上。发行新股实际上就是出售公司的一部分，我们出售公司部分股份的估值方式与我们对整体公司的估值方式并无二致。

◎ **你们应该注意到，芒格和我持有的一种态度不利于我们的财务表现：**无论价格如何，我们都没有兴趣卖掉伯克希尔所拥有的优质企业。对于（伯克希尔旗下）那些表现不尽如人意的企业，只要它们还能够产生哪怕微薄的现金流，只要管理层和劳资关系还不错，我们都不会考虑出售。有人建议对表现不佳的企业继续投入大量资金以助其东山再起，对于这样的建议，我们持有极为谨慎的态度。(虽然有些项目看起来前途光明,但是向糟糕行业投入大量的额外投资,最终就像在流沙里挣扎一样,毫无意义。)这种拉米牌游戏的玩法(每次出牌的机会来临,就抛弃那个最没有希望的企业)并不是我们的风格。我们宁愿整体上略微遭受不利的影响,也不愿意这么做。

◎ **在向股东报告评估企业价值的过程中,我们会坦诚如实汇报好和不好的地方。**我们的方针主要是采用换位思考的方式,如果我处在你们的位置上,希望了解哪些情况,我们不会隐瞒一丝一毫。此外,作为一个旗下拥有大型媒体的企业,在信息报道的准确、平衡、鲜明等方面,我们不会采用双重标准。我们始终认为真诚将令人受益,作为管理者也一样。那些在公众场合误导别人的CEO,最终在私下里也会误导自己。

◎ **虽然我们秉承开诚布公的态度,但我们只会在法规监管的范围内讨论我们在证券市场上的行为。**因为好的投资主意非常稀缺,所以非常宝贵,会引来竞争,就像优秀的产品或企业并购主意一样。同理,我们也不会讨论我们的投资活动或股票交易。甚至那些已经出售的证券,我们也不会讨论(因为我们可能会再买回来)。对那些传言中的投资,我们也不讨论,因为如果一会儿否认,一会儿说"无可奉告",那后者就被信以为真了。

玫瑰是如何绽放的：B 夫人成长史[⊖]

20 世纪初，在明斯克附近一个村庄的两间木屋里，一天晚上，年幼的罗丝醒来，发现妈妈已经在辛苦地做面包了。她告诉妈妈，自己无法忍受"必须如此辛劳地工作"，并说，当她长大之后，会去一个大城市，找一份工作赚钱，然后去美国。她母亲在经营杂货店的同时，还照顾着八个孩子。她父亲是一位犹太教神职人员。小罗丝 6 岁时就开始在母亲的店里工作，13 岁的时候，她觉得家里这么多兄弟姐妹，自己也有责任分担家庭负担，于是去一家又一家商店找工作。她的坚持得到了回报，16 岁的时候，尽管从未上过学，她已经成长为一个经理，手下管理着 6 名员工。

四年之后的 1914 年，20 岁的罗丝嫁给了一个卖鞋的小伙子伊萨多·布鲁姆金。她记得结婚那天，母亲带来了两磅大米和两磅饼干，"那是婚礼的盛宴"。战争来了，她丈夫为了躲避征兵，去了美国，他没能带罗丝一同去，因为他们没有足够的钱支持两个人一起去。

1916 年 12 月，身高 4 英尺 10 英寸[⊜]的罗丝搭上穿越西伯利亚的火车，她既没有车票，也没有护照。在边境，她告诉边防队员自己要去给军队买皮革，说回来时会给他带一大瓶斯力

⊖ B 夫人的名字是 Rose，音译为罗丝，意译为玫瑰。原著此标题，一语双关，既是玫瑰绽放史，也是 B 夫人的成长史。——译者注

⊜ 1 英寸 = 2.54 厘米。

伏维茨白兰地，于是成功穿越边境。她说："我学会了各种各样的小花招。"后来，她经过日本，再到了西雅图，她脖子上挂着一个牌子，上面写着："艾奥瓦州道奇堡"。

对于成功之后受到的热情相待，罗丝·布鲁姆金永远心存感激："出生在这里的人们对于身边的这些美好事物并不以为意，就像没有在黑暗中待过的人永远不知道光明的可贵一样。我从来到这里的那天起，就爱上了这里。"[56]

在艾奥瓦州道奇堡待了两年之后，这对年轻夫妇搬到了奥马哈。她丈夫开了一家二手服装店兼当铺，直到大女儿弗朗西斯上学后，罗丝才开始学习英语，她女儿每天教她自己在学校里学到的内容。

在罗丝的心里，一直惦记着将还在白俄罗斯的家人接来团聚。她努力卖衣服，每攒下50美元就寄回家，这个金额足以让家里的一个人来到美国。到1922年底，她以这种每次过来一个人的方式，终于和父母以及五个兄弟姐妹重聚。

之后，43岁的B夫人，带着四个孩子，以500美元起家，开始了自己的事业。1937年，她乘火车去了芝加哥，那是当时美国家具行业的批发集散地。在芝加哥她注意到了美国家具城这家公司，她对其布局整齐的巨大建筑和商业运作印象深刻，于是她决定将自己的店铺起名为"内布拉斯加家具城"。她在奥马哈市中心丈夫公司所在大楼的地下室里，为自己将要开张的家具店准备了2 000美元的货品。

　　在回家的路上，她一直在担心资金有限，因为她只有 500 美元，另外借了 1 500 美元。对于这样的负债，她实在有些坐卧不安，回到家后，她卖掉了家里的冰箱、家具，以便能按时还钱。

　　B 夫人面临的竞争非常激烈，竞争对手从大型百货公司到业内专业人士，地下室这个位置也非常不利。但是拿着 500 美元起步，她开始有了自己的想法："如果你拥有最低的价格，顾客就会发现你，无论你在哪个角落。[57]"她说的对，人们的确找到了她。

　　但 B 夫人打折的价格策略着实惹恼了地毯商和家具业的巨头。制造商和零售商达成了一项彼此都舒服的共识，如果他们都保持高价，那么每个环节都能得到很大的利润。B 夫人的竞争对手们首先说服制造商抵制她，作为应对，B 夫人从国内其他地方的供应商那里进货，或者让其他人悄悄替她购买地毯和其他物品。因此，B 夫人的商店得以继续进行低价营销。

　　B 夫人也曾被法庭传讯，不是一次，而是四次，罪名是"违反公平贸易法"。面对法官，她说："我进货地毯是 3 美元一码（合 3 英尺，或 0.914 4 米），布兰迪（主要竞争对手，现已倒闭）的卖价是 7.95 美元，我卖 3.95 美元。法官，我卖出的东西价格都比成本高 10%，这有什么问题？我可不会打劫顾客。"经过这样的辩论，法官不仅判她无罪，第二天还去 B 夫人那里买了价值 1 400 美元的地毯。更精彩的是，报纸竟然把这件事报道了出来，这极大地促进了 B 夫人的销售。

从伯克希尔－哈撒韦公司 2013 年年报（图 3-1）[58] 披露的信息中，你可以估算一下来自 1946 个账户的低利润率、高周转率的程度。B 夫人事业开始之时，仅有 57 460 美元净资产，在接下来的 12 个月，她实现了 575 096 美元的周转数量，对于这个行业而言，这是一个惊人的资产周转率。销售成本（主要是支付给供应商的费用）远高于通常对家具零售商预期的数字。销售成本为 472 891 美元，毛利为 102 206 美元，毛利率仅为 17.77%（不是她经常说的 10%）。但她的成本控制非常严格，从广告、工资、租金到油费等所有方面，这些加在一起支出仅为 81 521 美元，这使得运营利润达到 20 685 美元，加上一些额外收入，净利润达到 29 884 美元。

1945 年，NFM 从地下室搬到了奥马哈市中心法南大街 2205 号，开了一家面积更大的店铺。随着第二次世界大战的结束，她的儿子路易参战归来，加入了妈妈的团队（路易在二战中参加过诺曼底登陆、解放达豪集中营等军事行动，在巴格尔战役中赢得了紫心勋章）。路易继承了母亲的创业哲学，并在她建立的基础上成立了公司。母亲的常识和干劲加上儿子的智慧，甚至脾气秉性以及过人的技巧，这些因素推动公司业务在六七十年代突飞猛进。路易天生就有推销的禀赋，这很大程度上归功于他的母亲："即便我去上五所公立学校、四所大学，也比不上母亲给我的教育。[59]"

```
                    NEBRASKA FURNITURE MART
                STATEMENT OF ASSETS & LIABILITIES
                      DECEMBER 31, 1946

                           ASSETS

CURRENT ASSETS
  Cash on Hand                              $     50.00
  Accounts Receivable          $67,007.01
  Less-Reserve for Bad Debts     6,162.58       60,844.43
  Inventory                                      34,650.00    $ 95,544.43

FIXED ASSETS
  Furniture & Fixtures                     $     42.85
  Leasehold Improvements                      22,787.90
  Truck                                         1,565.35
                                            $24,396.10
  Less-Reserve for Depreciation                5,590.98    $ 18,805.12

OTHER ASSETS
  Loans Receivable - Simons Jewelry Co.                    $  2,000.00

        Total                                              $116,349.55
                                                          ============

                        LIABILITIES

CURRENT LIABILITIES
  First National Bank - Overdraft          $  9,730.54
  Accounts Payable                            20,612.55
  Accrued Taxes                                2,742.05
  Loans Payable -
    Cynthia Schneider        $ 3,000.00
    Norman Batt                2,000.00
    Ben Magzamin               2,000.00
    Omaha National Bank        4,000.00      $11,000.00    $ 44,085.14

PARTNERS' CAPITAL & UNDIVIDED PROFIT
  Balance, January 1, 1946                  $57,460.27
  Net Profit for Year 1946                    29,884.42
                                            $87,344.69
  Less - Withdrawals                          15,080.28
  Balance, December 31, 1946                               $ 72,264.41

        Total                                              $116,349.55
                                                          ============

                    NEBRASKA FURNITURE MART
                    PROFIT & LOSS STATEMENT
                   YEAR ENDED DECEMBER 31, 1946
                                                              %
NET SALES                                   $575,096.47   100.00%

COST OF SALES
  Inventory, beginning        $ 22,789.00
  Purchases                    457,834.81
  Freight                       17,186.27
  Fabrication & Installation      9,730.72
                              $507,540.80
```

图 3-1 1946 年内布拉斯加家具城账户

Inventory, ending	34,650.00		
Cost of Sales		$472,890.80	82.23%
Gross Profit		$102,205.67	17.77%
Less - EXPENSES			
Accounting & Legal	$ 548.29		.10%
Advertising	5,750.19		1.00
Provision for Bad Debts	3,777.63		.66
Bank Charges	40.43		.01
Car & Truck Expense	2,000.54		.35
Commissions	434.74		.08
Depreciation	3,770.36		.66
Donations	1,067.50		.19
Drayage	57.17		.01
Dues & Subscriptions	49.00		.01
Fuel	1,175.10		.20
General Expense	2,836.75		.49
Insurance	1,543.49		.27
Interest	630.52		.11
Light, Power, Water	1,384.09		.24
Maintenance & Repair	222.25		.04
Postage	256.83		.04
Rent	9,294.00		1.62
Salaries	40,288.00		7.00
Sign Rental	600.00		.10
Stationery & Supplies	659.57		.11
Taxes	1,062.60		.18
Payroll Taxes	1,042.78		.18
Telephone & Telegraph	1,141.25		.20
Travel	1,887.60		.32
Total Expenses		$ 81,520.68	14.17%
Operating Profit		$ 20,684.99	3.60%
Add - OTHER INCOME			
Purchase Discounts	$ 5,409.33		
Carrying Charges	3,790.10	$ 9,199.43	1.60%
Net Profit		$ 29,884.42	5.20%

图 3-1 （续）

资料来源：伯克希尔－哈撒韦公司 2013 年年报。

B 夫人脾气很大，经常大骂和解雇员工。她儿子路易却是个公认的绅士，待人非常友善，经常会重新雇用同样的人。他意识到母亲有批评到令人挂不住面子的习惯，所以他常常会采取一些事后的补救措施。虽然 B 夫人不能容忍员工太懒或太笨，但她在很多方面都很好，例如，她同情不富裕的人（因此她努力保持很低的利润率），她也同情受压迫者，她说："很多移民来自集中营，有些人需要工作，我雇了他们……这些是我们应该感谢的人。"[60]20 世纪中期，她雇用了很多新移民，她说："这里有个女孩，我让她卖家具，她干得非常出色，胜过任何一个美国大学毕业生。她工作时如春风化雨，让客人满意极了。"[61]

1970 年，在不断扩张的基础上，NFM 在市中心开了一家大型城乡仓储式商城。一切原本进展得很顺利，但 1975 年一场毁灭性的龙卷风席卷而来，造成了严重损失。但说也奇怪，从战略层面看，这被证明不是一件坏事。巨大的屋顶被掀翻了，自然，所有东西都被运到了剩下的尚未被摧毁的店铺里。接下来，商场发现，人们更喜欢在同一个巨大空间里集中购物，而且价格低廉。于是，他们准备四处出击，寻找价格便宜的进货渠道。奥马哈并不需要一个以上的大型商店出售地毯和家具，路易的儿子（即 B 夫人的孙子，现任 CEO）解释了这一点："我们发现，在同一个城市，我们开一家店获得的生意比开两家店加起来更多，这让我们有了建立一家大型商场的愿景，并最终关闭了我们在市中心的商店。"他最终选择 72 街作为新的店址，因为那里有一个巨大的停车场，而且可以扩建。到了20 世纪 80 年代，内布拉斯加家具城发展成为美国最大的家具商店。

与沃伦·巴菲特的交易

1970 年，财经作家乔治·古德曼收到一封来自本杰明·格雷厄姆的信，信中提到一位他从来没有听说过的住在奥马哈的投资者。格雷厄姆建议乔治去联系一下这个人并做些交流。有"华尔街院长"之称的格雷厄姆建议你认识一位天才投资者，乔治意识到如果不去奥马哈绝对会后悔。他与巴菲特相见之后，发现他是一位亲切和蔼的人，他们在一起相谈甚欢。

> "我们开车沿着奥马哈的一条街道行驶，在经过一家大型家具店时，巴菲特说了一番话，我实在记不住他话中的数字，所以只能在这里用字母替代一下。沃伦说：'看到那家商店了吗？那真是一家好企业。它有 a 平方英尺的营业面积，年销量达到 b，存货只有 c，资本周转率是 d。'我问：'你为什么不把它买下来？'沃伦说：'它没有上市啊。'我哦了一声。沃伦接着说：'反正迟早有一天，我会把它买下来。'
>
> '那真是一家好企业。'这句话我听过好几次，总是用于描述那些管理稳健、利基稳固、资本充足、投资回报可观的企业。"[62]

所以，结合作家的记录，我们将这些信息放在一起，就得到了这样的画面：在伯克希尔收购内布拉斯加家具城之前，巴菲特至少观察研究了它的商业模式长达 12 年之久，NFM 给他留下了深刻的印象。在他们开车兜风之后的十年中，内布拉斯加家具城不断扩大，占到了奥马哈家具销售量的 2/3。原有的竞争对手关门歇业，潜在的竞争对手远远躲开，担心遭遇 B 夫人的价格战。

巴菲特面临的问题是，NFM 由 B 夫人家族 100% 完全持有，他们没有表现出任何想要出售的迹象。所以，他只能远远欣赏，只是他暗下决心终有一天要买下它。由于苏珊·巴菲特与 B 夫人相处得很融洽，特别是与 B 夫人的儿媳菲兰很谈得来，所以他们之间的关系保持得很好。

到了 1983 年，B 夫人的三个孙子罗纳德、欧文、史蒂夫都已经在公司工作了多年。但他们与 B 夫人之间也出现过紧张的局面，因为老太太对家庭成员和周围的人同样严厉，这导致了一段时间的情绪化对立，彼此之间没有沟通。B 夫人抱怨自己被"孩子们"骑在头上。因此她想如果企业被出售，新来的股东将是老板，他会识别出谁是"懒蛋"。B 夫人的三个女儿（与女婿）各自持有该企业 20% 的股权，但她希望女儿们出售自己的持股，将企业交给儿子路易。最重要的是，她已经 89 岁了，她不想让家族成员为继承权而争吵。当然，还有遗产税方面的考虑。因此，她开始有了出售大部分资产的想法，将单一的非流动资产变为流动资金，可以分配给家庭成员，然后家庭成员可以有各自的安排。

巴菲特找路易讨论一个可以接受的价格。为了增加成功的机会，他指出，如果业务被出售给一家大型机构，那么他们迟早会派自己的经理人来经营，他们可能会进行杠杆操作，并会一有机会就将公司卖掉。另一方面，如果加入伯克希尔旗下，路易和他的儿子将保留公司的运营控制权，生意将长期运营，这使得员工、客户和奥马哈都受益。他们家族毕生所创造的东西，以及非凡的精神和文化会得以继续存在。

在路易同意之后，他们一起去店里见了 B 夫人。B 夫人很快就下定了决心，幸运的是，她喜欢并信任巴菲特，交易就在店里达成了。自那之后，B 夫人总会（开玩笑地）说，巴菲特通过乞求的方式让她报一个价格，诱惑她出售。当她这么做时，他立刻答应了。"他用现金支付，没有盘点清查。他告诉我，他对我的信任超过对英格兰银行的信任。他很聪明，捡了便宜。"[63]

对此，巴菲特是这样描述的："1983 年 8 月 30 日，那天是我的生日，我带了合同去见 B 夫人……她都没看合同，她儿子路易告诉她合同中的内容。我从来没有要求做盘点审计，只是问她是否有负债。我问她是不是这栋房屋的主人，她说是。然后成交，但并不是捡了便宜。"[64] 这份成交合同在 2013 年伯克希尔-哈撒韦公司的年报中有转载，你也可以在网上阅读。[65]

到底是哪一方占了便宜，他们似乎没有达成一致，但不管他们是否就此达成一致，双方都非常尊重彼此。B 夫人对巴菲特的评价是:"沃伦·巴菲特是个天才,我很尊重他,他非常诚实,非常质朴,他说的话就像金子一样珍贵。我想在这个城市里,再也没有一个人像他一样温和、善良、诚实、友好。"[66]

伯克希尔以 5 535 万美元买下了 NFM90% 的股份(我喜欢这种手写合同的方式),剩下的 10% 股份留给了路易和他的三个儿子,另外授予 10% 的期权给一些关键的家庭成员和经理层。因此,这项交易之后,伯克希尔 - 哈撒韦获得了 NFM80% 的股份。请注意,B 夫人的三个女儿在合同上也签了字。

B 夫人继续担任公司主席,经营地毯业务,路易继续担任公司 CEO,是公司业务的主要推动者。

特许经营权

为什么巴菲特给这项业务估值超过 6 000 万美元?让我们分析一下,1982~1983 年,该公司的周转营业额约为 1 亿美元,税前利润率约为 7%,税后利润中大约 450 万美元[67] 可作为股东收益供分配,这样计算下来,市盈率(PE)约为 13 倍。如果单独看这些数据,对于这项投资巴菲特谈不上是买得便宜,他评价说:"这项交易算不上是折扣价买入。[68]"

由此,我们发现定量的事实不足以证明价格合理,对于所有的投资,我们需要将定性和定量相结合。经过几十年对定性因素的观察,巴菲特留意到 NFM 的现金流不断增长具有坚实的基础。他说:"这是一项了不起的生意,这是一个很好的机会让我加入从未见过的良好家族。"[69]让我们进一步讨论这个问题，拥有 20 万平方英尺营业面积的 NFM，其家具、地毯和家电的销量高居全国首位。特许经营权的关键在于：

◎ 第一，他们可以在所有产品价格线上给客户提供广泛的选择；

◎ 第二，他们以低加价销售而闻名。当人们埋头买便宜货时，他们的销量就会非常大，这导致每平方英尺的销售额非常高，NFM 每平方英尺的销售金额可以达到 500 美元。

◎ 第三，高的销售周转率使得 NFM 具有巨大的购买力。

◎ 第四，NFM 的运营费用非常低，他们自己拥有物业，也没有任何债务，所以既没有租金压力，也没有负债压力。因此，每平方英尺的高销售额意味着较低的单位管理费用。

◎ 第五，上述因素形成了一个正反馈的回路，将低成本的很多好处传递给客户，从而吸引更多顾客，带来更大的交易量，进而扩大产品范围，提高公司声誉和购买力，降低成本。

特许经营权的优势见图 3-2。

在收购 NFM 之后不久，巴菲特写道："在评估一家企业时，我总是问自己一个问题，假设我有足够的资本和熟练的人才队伍，与之竞争结果会怎样。我思考的结果是，宁愿与灰熊摔跤，也不愿意与 B 夫人他们一家竞争。他们如此精明，以竞争对手做梦都想不到的成本进货，将节省下来的大部分成本让利给客户。它是建立在对客户具有卓越价值之上的理想生意，而这反过来又为股东带来了卓越的经济效益。"[70]

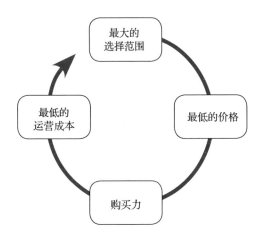

图 3-2　特许经营权的优势

查理·芒格凭借其跨学科思维将 NFM 这种商业模式评价为：

"极端成功可能是由以下因素的某种组合造成的：一个或两个变量的极端最大化或极端最小化，例如 Costco 或我们的 NFM，添加一些成功的要素，以更大的组合推动成功，这些通常表现为非线性的方式，就像物理学中所提到的断点和临界质量的概念。通常情况下，结果往往不是线性的，你添加了一点点东西，然后得到了一大堆结果。一个极端出色的表现基于很多因素，要抓住时机和驾驭趋势。"[71]

收购 NFM 19 个月之后，巴菲特惊讶于它超越竞争对手的优势，在致股东信中，他指出，莱维茨家具公司是美国最大的独立专业家具零售商，它以提供比大多数公司更低的价格为傲，但其毛利率仍达到 44.4%。

NFM 的毛利率仅为上述数字的一半左右，它做到低加价是可能的，因为其卓越的效率：运营费用（工资、入驻、广告等）约为销售额的 16%，而莱维茨家具的这个指标为 35.6%。通过这种无与伦比的效率和精明的批量采购，NFM 能够获得优异的资本回报，同时每年为客户节省至少 300 万美元，这基于他们购买相同商品的平均成本。这样的节约使 NFM 能够不断扩大其市场，从而获得远远超出奥马哈当地自然增长之外的增长。

值得注意的是，到 1990 年，人们竟然发现 NFM 被评为得梅因地区最受欢迎的家具店之一，这个最受欢迎的榜单一共列出了 20 名商家，NFM 名列第三。得梅因距离奥马哈 130 英里，顾客们却能开着汽车，绕开当地的家具店，直奔 NFM 而来，因为 NFM "有着诱人的价格和众多可供选择的商品种类，就像一块不可抗拒的磁石吸引着人们。"[72]

美好家庭

一个良好的经济特许权本身并不足以证明投资的合理性，负责的核心人物需要既有能力又诚实正直。

几十年来，巴菲特一直敬佩 B 夫人一家，这个家族以聪明且富有灵感的女族长和她的儿子路易为首。巴菲特说："路易被一致认为是美国最精明的家具和电器买家。[73] 路易的三个儿子都具有布鲁姆金家族的商业能力、职业道德，他们都很有个性。除此之外，最为重要的是，他们都是好人。我们很高兴与他们合作。"[74] 路易的三个儿子都上过最好的商学院，但他们都认为最好的商学院是 B 夫人和路易在奥马哈开办的商学院。

巴菲特和芒格的一个重要原则是明白自己的能力圈并守住能力圈。布鲁姆金家族明白自己在哪里有优势，他们在自己有优势的地方运作。他们在同一个地方持续耕耘家具和地毯业务，一个十年又一个十年。

当被问及布鲁姆金家族给他们带来了什么商业上的秘密时，巴菲特说：

> "第一，这个家庭的所有成员都以旺盛的热情和精力，全身心地投入工作，以至于本杰明·富兰克林和霍雷肖·阿尔杰看起来像是辍学生；
>
> 第二，以非常现实的态度明确自己所擅长的领域，并在能力圈内行事果断；

第三，对于其所擅长的圈外诱惑能够置之不理；

第四，慎终如始，与人为善，善待每一个与他们打交道的人。"[75]

巴菲特收购之后

首先，在相当长的时间里，NFM 董事会主席 B 夫人都没有退休的打算，巴菲特也不打算问。她的工资提高了，她依然按照惯例每周七天去上班卖地毯。当地报纸援引她的话说："我回家就是吃饭、睡觉，也没别的事情。我每天早晨都迫不及待等着天亮，这样我好去上班。"

巴菲特和芒格收购一家企业时，会寻找那些始终对经营企业保持热情的人，这些人即便卖出了大部分或全部公司股票，也依然对企业经营十分投入。他们收购 NFM 在这一点上无疑是幸运的，因为所有 B 夫人的后人：路易、罗纳德、欧文、史蒂夫以及其他孙子孙女，他们都对生意有极大的热情，在卖出公司之后也没有改变。他们对公司业务的巨大潜力感到兴奋，根据表 3-4 中的数字，我们可以得出结论，他们干得非常好。在收购之后的十年，公司的营业收入翻了一番，同时，利润也翻了一番。由此产生的大部分现金提供给巴菲特，用于投资在其他地方。

表 3-4 伯克希尔在 NFM 的税后利润和营收

（单位：百万美元）

	税后利润	营业收入
1983（仅 4 月）	年化 4.5	100
1984	5.9	115
1985	5.2	120
1986	7.2	132
1987	7.6	143
1988	9.1	n/a
1989	8.4	153
1990	8.5	159
1991	7.0	n/a
1992	8.1	n/a
1993	10.4	200
2011	2011 年的盈利记录是 1983 年的 10 倍多	

资料来源：巴菲特致股东的信（1984～2011 年）。

　　到 1993 年，NFM 的公开数据变得模糊，因为随着伯克希尔－哈撒韦收购了更多零售商，其年度报告仅仅显示 NFM 与其他同类公司收入和利润合并之后的数据，因此，我无法展示此后的利润增长。不过，巴菲特在 2011 年提到 NFM 的当年收入是 1983 年的 10 倍多。

　　我们可以做一个小小的推断：在得梅因（1993 年）、堪萨斯（2003 年）和得克萨斯（2016 年）陆续开店之后，NFM 的营业收入上升到 16 亿美元左右。从表 3-4 中我们可以看出，在 20 世纪 80 年代中期，它的收入增幅通常在 5%～8% 左右。通过做一个大的假设，我们可能会得出这样的结论：NFM现在每年的税后利润超过8 000万美元，但如果考虑到更大规模可以获得更高的效率，这个数字可能会更高。不管真实数字是多少，最有可能的结果是，现在一年赚的钱比1983年巴菲特购买NFM80%股份时所支付的总成本还要高出很多。

在伯克希尔收购NFM公司的前六年里，B夫人继续在销售上遥遥领先，巴菲特说："她在竞争中越战越勇，我非常清楚，她正处于加速度状态，很可能未来的五年或十年才会充分发挥出她的潜力。因此，我已经说服董事会取消了一百岁强制退休的政策（现在的确是应该考虑调整这项政策的时候了，因为随着时间的推移，这一政策在我看来越来越愚蠢）。"[76]

但是，1989年，B夫人和她的孙子们大吵了一架，因为他们想改造地毯部门，并对其业务进行调整，但老太太不同意，结果是她退出了NFM。她在家里待了一段时间，但很快就觉得难以忍受，因此，95岁时，她开始重操旧业，又开了一家新公司，继续销售地毯和家具。你猜猜，她的新店开在哪里？就在NFM的对面。于是，95岁高龄的B夫人与自家人展开了激烈的竞争，每周七天。

后来，直到他们达成充分和解，她才将自己的房屋和土地出售给NFM，这一次，B夫人慷慨地提出签署一份竞业禁止协议。

又过了四年，直到她103岁之前，B夫人一直经营着她的地毯生意。1998年8月，超过1 000人来参加她的葬礼，包括

她在 1920 年到 1922 年想方设法接到美国的三个兄弟姐妹、12
个孙子和 21 个曾孙。这一天，NFM 商店没有因为葬礼而关门
歇业，因为她的家人认为她不会同意因为葬礼而错失商机。

直到今天，B 夫人的孙子罗纳德和欧文依然在经营 NFM，
史蒂夫在加利福尼亚州经营着另一家店，他们都非常自豪能和
巴菲特合作。欧文谈到巴菲特的做法时说："他永远不会说你们
应该怎么做，但当他讲故事的时候，应该做什么已经非常清楚
了。他和我爸爸一样，是一个令人佩服的榜样。"[77]

最后，让我们重温一下 B 夫人的格言：

> "你奋斗、你努力、你希望，有时候梦想成真，有
> 时不能……我的梦想实现了。"[78]
>
> ——罗丝·布鲁姆金夫人

学习要点

1. 如果你发现了一家好企业，那么多年跟踪和观察或许是值得的。

   即便你因为价格太贵，或原有股东不愿出售而无法购买，那也是值得的。

2. 低成本生产商可能是一笔好投资。

   一旦公司在其领域（地理区域或产品领域）占据主导地位，低成本、低利润率加上广泛的业务覆盖范围，可以带来巨大的客户利益和高资本回报。

3. 在对一家公司进行估值时，眼光要超越眼前当年的收益。

   财报收益必须结合潜在利润成长和资本投资要求来看待，这反过来又取决于经济特许权是否存在保护性护城河，从而带来持久的竞争优势。此外还要考虑公司管理层是否称职和正直。

4. 珍惜与公司董事和高管们在一起的时光。

   当机会出现时，鼓励他们，表扬他们。

5. 不要妄想有一个成功的公式可以提供很高的资本回报，并且可以一直不断使用。

   这是不可能的，所以在地域扩张或产品线扩张时需要极为谨慎，NFM 在 40 年里仅仅开了三家店。

大都会 /ABC/ 迪士尼
（Capital Citier-ABC-Disney）

投资概要	投资对象	大都会 / ABC / 迪士尼
	时间	1986～2000 年
	买入价	5.175 亿美元
	数量	18% 的大都会 / ABC，以及后来 3.5% 的迪士尼
	卖出价	超过 38 亿美元
	获利	超过 600%
	1986 年的伯克希尔	股价范围：2 440～3 170 美元 账面净资产：20.73 亿美元 每股账面净资产：1 808 美元

这笔投资建立在一种关系之上，首先是友谊和敬重，然后是商业理性，这些被投资大都会所带来的巨大利润和资本回报所证实。曾几何时，对无法投资于具有高素质人才和高质量商业特许权的企业，巴菲特一直感到遗憾。直到 15 年后，巴菲特才最终找到了一条能为商业伙伴带来经济利益的途径（如果我们忽略 1977 年暂时投资亏损的话），为此，伯克希尔－哈撒韦进行了有史以来最大的一笔投资。20 年前，巴菲特刚刚控股伯克希尔时，公司规模仅有 2 200 万美元，到了 1986 年，此时的

伯克希尔一笔投资就可以达到 5.175 亿美元。

什么是耐心？什么是纪律？只要看看从巴菲特认定大都会是一家优秀公司那一刻起，到实际投入资金之间的那段时间的表现，你就会明白耐心和纪律的含义，因为这段时间长达 15 年。15 年才等到了有理由全心全意地投资一家著名的优秀公司。在那之前，这家公司实在太贵了。在这段时间里，巴菲特对这家企业的理解不断加深，他对其高管的信任和钦佩也在不断加深，他看到了他们身上既有能力，又具备正直的品质。

大都会投资案例是本章涉及的第一个交易，接下来发生的第二个案例与其紧密相连。1986 年，伯克希尔购买了大都会 18% 的新增发股份，为其提供了现金以便公司去完成收购，收购对象是美国广播公司（ABC），这是当时美国历史上第二大收购案，交易金额达 35 亿美元。这样一来，在短时间内，巴菲特收购了一家大型广播公司，并将第二家公司置于同一管理层之下。

接下来的第三笔交易是，1996 年迪士尼购买了大都会 /ABC 公司的全部股份，在这个交易中伯克希尔获得 12 亿股迪士尼股票，并获得了 13 亿美元现金，巴菲特可以将其投资于其他地方。这笔收益是伯克希尔早期出售大都会股票获得的最大一笔收益。

缘分的种子

巴菲特和汤姆·墨菲的关系始于 20 世纪 60 年代末，当时一位共同的朋友邀请两人在纽约共进午餐。两人一见如故，一拍即合，从那时起，巴菲特对墨菲这个"美国顶级管理者"的钦佩就开始了[79]。

墨菲是二战海军退伍军人，哈佛商学院毕业。1954 年，29 岁的墨菲在纽约州奥尔巴尼的一家名为哈德逊河谷广播公司的小公司工作。这家公司起步资金不多，仅有 150 万美元，只有一个电视台和一个调频电台。电视当时还处于起步阶段，通常是亏损的。墨菲被授予了首席运营官 COO 头衔，实际上，他是公司的第一名员工。

墨菲将他之后的成功，很大程度上归因于他在这家举步维艰的小公司学到的诀窍。这个紧密团结的团队在三年的亏损中，不得不应付严重的财务问题，有两次几乎破产，被迫向原始股东寻求援助。他们学会了在非必要的情况下，绝对不增加一个人或一件设备。

困难时期的坚持是值得的，随着电视走入普通家庭，电视机的普及进入迅猛发展的阶段。经营电视台有着固定数量的牌照，如果你拥有牌照，在某种程度上，可以免受竞争。此外，电视业务不是资本密集型的业务，政府参与程度很低，没有向广告商收费的价格管制。

奥尔巴尼的业务增加了收入，由于成本相对固定，一旦收入超过盈亏平衡点，利润就会迅速增长。在支付了工作室、摄像机和天线等费用后，该公司业务成本基本上是固定的，无论是为 30 万还是为 300 万家庭服务，成本都差不多。同时，随着观众数量的增加，广告商支付了更多的广告费。

墨菲和他的老板弗兰克·史密斯看到了这一商业领域鼓舞人心的经济潜力，其特点是销售增长后利润的超比例增长。其他电视台的所有者没有充分把握这样的盈利潜力，他们愿意以低价将其业务出售。在 1957 年进行首次收购之后，哈德逊河谷广播公司更名为大都会公司，接下来又进行了数十起收购。

这类生意的模式是，现金持续源源不断地流入，同时并不需要太多的资本支出。股东盈利与财报的税后利润大体一致，因为资本支出通常与折旧相同，且运营成本的增加微不足道。因此，财报报告的税后利润，比如有 800 万美元，就意味着这 800 万美元可供股东使用。公司可以把它作为股息派发给股东，或者，如果他们认为有不错的投资对象，这些资金可以用于投资，让管理层去购买更多的电台。他们做到了并且回报丰厚。

1964 年，墨菲被任命为公司总裁。1966 年，堪称良师益友的弗兰克·史密斯不幸离世（年仅 56 岁），之后墨菲被提升为董事长兼 CEO。当时，大都会公司旗下拥有五家电视台和六家广播电台。

管理风格

谈到自己的管理风格，墨菲说："我管理公司就像我自己拥有公司百分之百的股份一样，无论是好是坏，我们真正考虑的是股东。我们经营公司是为了尽最大努力为股东好好工作，我们从来没有为了做大而做大，如果可以的话，我们经营公司是为了给股东创造财富。"[80]

从这里，我们应该已经明白，为什么巴菲特和墨菲在那次决定性的首次会面中，能够相处融洽：

1. 墨菲知道成本控制的重要性，即便在业务增长的情况下。这是他的本能。

2. 墨菲认识到自己经营的企业可以取得很高的资本回报率，因为该行业的牌照管制使得销售额的增长带来利润的迅速增加。显然，他很好地把握了公司战略定位，明白自己所具有的护城河，并知道如何加深、加宽这条护城河。

3. 墨菲为股东的利润而经营，这符合他的性格。他觉得他是为那些把钱交给他的人服务的。

除此之外，还有第 4 点也是巴菲特所欣赏的，那就是，墨菲理解能力圈的概念，并确保自己能很好地融入其中。"我尽可能长时间地待在我们了解的行业里，比如电视和广播。"[81]

话虽如此，随着大都会公司的发展，不久之后公司就达到了监管机构所允许的最大数量的广播许可证。持牌达到上限之后，墨菲去其他地方寻找利润，并在一个相关的行业领域找到了，他对这个领域了解比较深刻。"当我们发展到美国联邦通信委员会（监管机构，简称FCC）允许的最大规模时，我跨入了另一个我能理解的行业，那就是报纸行业。从某种意义上说，它具有像商业广播业务一样的垄断性，也是广告商所喜欢支持的。"[82]墨菲在1968年收购了一家具有影响力的杂志出版商——Fairchild，它旗下拥有《女装》《每日交易记录》以及其他广受欢迎的杂志。

墨菲能够专注于战略，并找到新的公司加入其中，他有一位杰出的经理人丹·伯克负责运营，巴菲特对这对搭档称赞有加：

"多年以来，我一直在观察大都会的管理情况，我认为它是美国所有上市公司中最好的。汤姆·墨菲不仅仅是伟大的管理者，还是你希望将女儿嫁给他的那种人，与他交往是一种荣幸。"[83]

2015年，巴菲特又写道：

"这两人是最好的管理组合，无论是他们取得的成就，还是他们的做法，都是最好的。我和查理是历史的亲眼见证者。"[84]

1985年，巴菲特在一个更大的场合盛赞了墨菲和伯克的表现，这一次是在《财富》杂志的专访中：

"用巴菲特的赞美之词来说，墨菲和伯克是令人愉快的理性典范，他们知道如何激励管理者，而不是经常挥舞棍棒或设定具体的财务目标。他们低调的管理风格以及权力下放和成本控制的管理方式，体现出这样一种理念：每个管理者都被上级赋予信任，并有望充分发挥其潜力。"[85]

要是伯克希尔能拥有它就好了

大都会公司的增长潜力得到了股市的广泛认可，因此其股价持续在高位徘徊，见图4-1。事实上，自1957年大都会上市以来，其股价平均每年上涨20%以上，这种充分估值让巴菲特感到无从下手。

在他们第一次见面后不久，墨菲试图邀请巴菲特成为大都会的董事会成员。但巴菲特说："我不能成为你们公司的董事，因为你们的股价太高，而我打算持有一个大的仓位。"[86]与此同时，巴菲特希望受邀加入《华盛顿邮报》董事会，当时的媒体监管法规不允许一个人同时在电视广播行业出任两个公司的董事。

尽管从财务角度上说，巴菲特并未持有大都会公司的股份，但他承诺帮助自己的朋友。巴菲特告诉墨菲："如果我能为你提供任何帮助，请随时打电话给我。"[87]他们俩定期通电话，因此墨菲也成为巴菲特核心朋友圈的成员。每当有商业想法以及最新潜在交易时，墨菲都特别征询巴菲特的意见。他说："巴菲特是我最好的董事，尽管从技术上讲，他并不是董事会成员。每当我要做交易时，我都会打电话给巴菲特，和他讨论，他总是非常慷慨地付出自己的时间和给出建议。"[88]

图 4-1　大都会 / ABC 公司股价表现（拆股调整之后）

1977 年，股市出现了一个合适的窗口期，此时巴菲特判断大都会的股价合理，因此伯克希尔花了约 1 090 万美元买入了 22 万股（折合每股约 49.48 美元）。到 1977 年 12 月 31 日，股价达到了 59.20 美元，但最终，这是一笔糟糕的投资，因为巴菲特在 1978 年到 1980 年仅以 43 美元的价格卖出了这些股票。六年之后，巴菲特以更高的价格购买了 300 万股股票，他对自己犯过的错误进行了公开的检讨：

"当然，你们中的一些人可能想知道，为什么我们现在以每股 172.50 美元的价格买进大都会公司，因为你们的董事长在一次典型的冒傻气的行为中，在 1978～1980 年以每股 43 美元的价格卖出了同一家公司的股份。我已经预计到你们会关心这个问题，我花了 1985 年的大部分时间研究了一个能调和这些问题的简洁答案，请再多给我一点时间。"[89]

伯克希尔 – 哈撒韦公司从哪里得到那么多钱

在审视这项投资本身之前，想一想这 5.175 亿美元从何而来，这个问题是有意义的，伯克希尔 – 哈撒韦公司做了什么事情会有这么多钱？

起初，巴菲特并没有想到 20 世纪 80 年代会有这么多现金流入。从 1983 年 8 月收购内布拉斯加家具城（NFM）到 1985 年底，巴菲特一直在警告他的股东（或合伙人），大家必须习惯于比过去低得多的回报。在 1984 年致股东的信中，他坚定地表示：

"过去我曾经告诉过你们，快速增长的资本规模会压低回报率……我们的历史回报率达到了 22%（超过 22 年）。如果要在未来十年中获得年化 15% 的回报率……我们需要大约累计实现 39 亿美元的利润。要实现这一目标需要一些大的主意，那些小的想法无济于事。查理·芒格和我目前对于大的主意没有任何想法，但根据我们的经验，它们时不时会出现。"（这个战略规划如何？）

当然，我们现在都知道，巴菲特和芒格实际上已经远远超过了这个目标。20 世纪 80 年代中期伯克希尔的账面净值几乎翻了一番，这一时期市场的总体走势（见图 4-2）对其有所帮助，但还是无法解释全部。

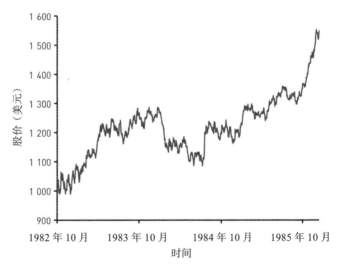

图 4-2 道琼斯工业平均指数（1982 年 10 月到 1985 年 12 月）

真正发挥重大作用的，是伯克希尔旗下保险子公司买卖股票所获得的巨大资本利得，以及大量相关股息收入和利息收入。

除此之外,《水牛城新闻报》、内布拉斯加家具城、喜诗糖果以
及威斯科金融带来的利润也不断上升（见表4-1）。

表4-1　伯克希尔–哈撒韦公司运营业务税后利润

（单位：百万美元）

	1983	1984	1985
保险承保	−18.4	−26.0	−23.6
保险投资收益（分红和利息）	39.1	62.1	79.7
已实现的资本利得	45.3	71.6	325.2
《水牛城新闻报》	8.8	13.3	14.6
内布拉斯加家具城	1.5	5.9	5.2
联合零售	0.4	−0.6	0.1
喜诗糖果	12.2	13.4	14.6
蓝筹印花	−0.4	−0.9	2.8
互惠储贷公司	1.9	3.2	4.0
威斯科金融	3.4	4.8	4.2
其他	27.2	11.3	18.4
债务利息	−7.3	−7.5	−7.3
伯克希尔股东慈善捐款	−1.7	−1.7	−2.2
利润总额	112.2	148.9	435.8

资料来源：巴菲特致股东的信（1984~1986年）。

总的来说，这三年产生了6.97亿美元的税后利润，其中大
部分来自1985年出售的通用食品公司，这些股份在1980年投
资时的价格"远低于我们认为的每股价值"[90]。该公司被出售给
菲利普·莫里斯，实现了3.38亿美元的税前收益。

巴菲特总结道："因此，我们受益于四个因素，一个低廉的
收购价格，一个具有良好经济基础的业务，一个专注于股东利

益的、有能力的管理层，以及一个愿意按照商业价值出全价的购买者。虽然最后一个因素是产生财报利润的唯一因素，但是我们认为前三个因素的鲜明突出，恰恰是为伯克希尔股东创造价值的关键。在选择普通股时，**我们关注的是有吸引力的买入，而不是有吸引力的卖出。**"[91]

另外，还有一个对于未来利润的提振因素，虽然不大，即在1985年7月至12月期间关闭了亏损的纺织业务。为了忠诚和辛勤工作的员工，纺织业务已经努力维持多年，但巴菲特最终得出结论，纺织业务可能带来"永无休止的亏损"[92]。

1965年，伯克希尔公司的所有220万美元净资产都在纺织业务上，但随着公司发展，首先是1967年进入保险业（国民赔偿公司），然后是一系列的其他业务，现在伯克希尔一年的税后利润就超过4亿美元。

对于纺织业务以及资源再配置的反思，巴菲特在1985年的致股东信中写道：

> "几年前，我写道：'**当一个声誉卓越的管理层去管理一个声名狼藉的企业时，通常后者的声誉会保持不变。**'迄今为止，我的这一观点没有任何改变。如果你发现自己身处一条一直漏水的船上，与其费工夫修补漏船，不如换其他的船。"

巴菲特和芒格遵循这一理念，并以高超的技巧将其付诸实践，在他们的朋友汤姆·墨菲进行有史以来最大规模的收购时，他们出资 5.172 亿美元支持，同时他们还持有一系列优秀的全资控股公司，以及一流的股票投资组合。

交易

20 世纪 80 年代是一个由垃圾债券支持的企业掠食者的时代，在投资银行家的怂恿下，有人大玩金融游戏，收购公司，然后转手出售，这通常会对企业运营以及忠诚的企业管理者造成巨大伤害。

美国广播公司（ABC）正是被这些掠食者盯上的对象，因此，将这家公司打造成最受尊敬的电视帝国的创始人莱纳德·戈登森对公司的未来忧心忡忡。已经 80 岁高龄的他，认为那些盘旋的秃鹫会撕碎他所创造的一切。他试图在公司内部寻找继任者，但没有找到任何适合担任领导的人选。

关于电视台所有权的新规已经生效，FCC 将一家公司可以拥有的 VHF 电视台的数量从 5 家放宽到 12 家。受此新规鼓舞，1985 年 1 月汤姆·墨菲与戈登森接洽，此时两家公司已经建立了紧密的联系，因为大都会旗下的电视台经常播放 ABC 制作的节目。墨菲说："其实我们是 ABC 最大的分支机构，只是不属于 ABC 而已。"[93]

戈登森认识墨菲多年，对他十分欣赏，因此对于讨论两家企业合并的想法持开放态度。墨菲回忆道："我去找他，我说，'莱纳德，我想看看我们是否能就合并达成协议。'我以为他会把我从 39 层赶出去，但他没有。事实上，我们很快就达成了协议。"[94]

但戈登森立即预见到了一个问题：那些讨厌的企业掠食者，凭借着高杠杆和短线思维，随时可能俯冲突袭，即便不是收购合并后的整个公司，也会收购大部分股份，这样会破坏墨菲及其团队在合并后建立的战略和企业文化，从而伤害公司的长期表现。

虽然戈登森相信墨菲会保持业务的正常运转并使其蓬勃发展，但他也确实担心地说过："汤姆，你需要一只 400 磅的大猩猩来阻止有人入侵并企图接管我们。"[95] 墨菲需要一个大股东来阻止任何外来的收购。"结果，我当然想到了老朋友沃伦·巴菲特，我认识他已经有 15 年了。当我给他打电话时，他是《华盛顿邮报》的董事。我告诉他：'我和莱纳德·戈登森有一笔交易，想听听你的建议。'"[96]

造王者

伯克希尔已经持有超过 4 600 万美元的 ABC 股票，巴菲特对这两家公司都非常感兴趣，他迅速意识到了这项交易的逻辑，包括潜在的、资源众多的协同效应，以及墨菲和伯克杰出的控制成本的天赋的价值。巴菲特还意识到，企业的管理层需要一个拒绝出售的大股东——无论华尔街的金融玩家提出了多么诱人的短期收益，这个大股东都能无动于衷，这样才能让管理层感到安心，持续经营企业，为股东创造长期财富。墨菲回忆道：

> "巴菲特第二天就来了，我们讨论了这个问题。我告诉巴菲特，如果他想和我达成协议，我真的非常愿意。他想了想，然后说：'好，这主意不错，我想这样……'然后他说：'我会投 5 个亿进去……'这笔交易总额是 35 亿美元，沃伦投 5 个亿（后来实际上是 5.175 亿美元）。我想或许巴菲特认为我有些鲁莽，因为 ABC 比大都会规模大得多，但我告诉巴菲特，大都会盈利可观，并且利润率很高，所以，我最终说服了他。"[97]

交易双方都明白，由于需要满足监管机构的要求，收购过程将花费数月时间，例如同意出售重叠的电视台和广播电台。巴菲特担心，在这段时间内股票价格会上升，因为市场会认为大都会的股票更值钱了。因此，他坚持到 1986 年之前，以每股 172.50 美元的价格锁定 300 万股，无论届时大都会的股价是否已经飙升。墨菲很快就同意了，因为伯克希尔的现金支持对两家合并交易的达成至关重要。合并总共需要支付 35 亿美元，其中大都会需要安排 21 亿美元的借款，如果再借更多的钱，那就有点过头了。在整个方案中，还包括一个计划筹集资金的方案——出售电视台筹集 9 亿美元。

一般在宣布公司合并的时候，市场的反应是目标方公司股票价格上涨，收购方股票价格下挫（因为市场通常认为收购方公司的高管过于乐观，最终会出价过高）。但这次不一样，在信息发布的一周内，两家公司的股价都出现了上涨，ABC 股价飙升了 42%，一周之内达到 106 美元，大都会的股价上涨了 22%，达到每股 215 美元。对此，《财富》杂志的一篇文章写道：

> "市场热烈的反应表明，面对这家合并后的新大都会公司，人们对它的管理层充满了崇敬之心。"[98]

信心和责任

还有两件事需要处理。首先，大都会在布法罗有一家电视台，遵照法规该电视台必须出售，因为巴菲特不被允许同时拥有电视台和报纸。墨菲同意了。

其次，如果巴菲特打算成为大都会公司的董事，他必须辞去《华盛顿邮报》董事会的职务。毕竟，他仍然可以在没有席位的情况下为凯瑟琳·格雷厄姆提供建议。

为了显示他对墨菲和伯克的信心和信任，巴菲特更进一步，他将伯克希尔－哈撒韦公司持有大都会股票的投票权授予墨菲，并同时移交了决定是否出售这些股份的权利。

> "发生了一件有趣的事，沃伦把他在公司 18% 的股份交给我两年。我从来没有想过向他索要这些，但

他让我代表他的股份投票表决，他这是让我控制了公司。他对我和我的合伙人丹·伯克表现出了极大的信任。这是一场精彩的胜利。我们经营 ABC 这么多年一直保持着良好的关系。毫无疑问，沃伦·巴菲特给了我很大的安全感。可以说，他就是我期待的那只 400磅的大猩猩。"[99]

衡量墨菲和伯克的管理才干有一个指标：1957 年，大都会的股票在股票市场上以 0.72 美元的价格交易（已经进行了拆股调整）。到 1985 年 12 月，股价为 224.5 美元，也就是说该公司 28 年来的年化复合回报率为 22.8%。除此之外，在此期间还有股息分红。（1993 年该公司曾进行过 10：1 的拆股，即一股分拆为十股，因此股价图表显示每股仅为 22.45 美元，但代表的价格为 1993 年之前的 224.5 美元。这也就意味着，该公司在被迪士尼收购之前，股价已经上涨超过了每股 1 000 美元。）

为什么与 ABC 的交易物有所值

1986 年 3 月，在写给伯克希尔股东的信中，巴菲特说：1 月份购买了 300 万股大都会的股票，使其能够收购 ABC 公司，这将导致"接下来几年的公司经济状况可能不那么令人兴奋"，这当然不是伯克希尔股东想要听到的，但巴菲特提供了一点安慰，"这对我们来说一点都不会造成困扰，我们会非常有耐心。（无论有多大的天赋或努力，有些事情就是需要时间。）"

因此，回报不会来得很快，但他确信这是一项不错的投资，尽管他在接受报纸采访时表示，自己的导师本杰明·格雷厄姆不会在这一起交易中为他鼓掌。

> "我们对于大都会的收购是以全价进行的，这充分反映了近年来市场发展起来的、对媒体股票和媒体资源类股高涨的热情（在一些资源收购案中，这种热情已接近狂热）。这里已不是一个可以讨价还价的领域，然而，我们投资大都会是希望将资源和人才结合在一起，并且，我们希望有大规模参与的机会。"[100]

在两家公司合并之前，1985年初，大都会公司和ABC公司的市值都在22亿美元左右。尽管ABC的营收（37亿美元）远高于大都会（不到10亿美元），但二者利润不相伯仲（见表4-2）。

表4-2　大都会公司和ABC公司税后净利润

年度	大都会		ABC	
	总额（百万美元）	每股（美元）	总额（百万美元）	每股（美元）
1982			160	5.54
1983	114	8.53	160	5.45
1984	143	10.98	195	6.71
1985	142	10.87		

大都会公司以35亿美元收购了ABC公司流通在外的2 910万股，折合每股收购价为118美元，外加1/10的认股权证（大

约相当于 3 美元）。该认股权证赋予持有人在两家公司合并之后的两年半时间内，以 250 美元 / 股的价格买进股票的权利。获得一份认股权证需要 10 股 ABC 的股票。

价格对价值

回到 1985 年，我们从价格与价值的角度来做一个回顾，假设合并后的新公司将产生 3 亿～3.5 亿美元的利润，这是通过大致估算这两家公司作为独立公司时的利润得出的结论。

但不要忘了这家公司背负的超过 20 亿美元的巨额债务。1986 年，公司债券产生了至少 9% 的利息，因此这家公司背负的利息超过 1.8 亿美元，每年的利润不到 2 亿美元。这对于一家市值 36 亿美元（= 1 608 万股 ×224.5 美元）的公司而言，股价可不算低。（在伯克希尔购入 300 万增发的新股之前，公司总股本为 1 308 万股。）

但是，上述分析还没有考虑到该公司的业务特许经营权的潜力（在不断扩大的媒体市场中），其卓越的管理以及一些巨大的协同效应。

第一，看公司持有的资产

当年那些日子，大多数观众通过电视台收看三大电视网提供的节目，当时，有线电视已经普及，但规模还不大。ABC 的

网络几乎覆盖了每一个美国人。除了有线网络之外，大都会 /
ABC 公司旗下拥有 8 家电视台，每家电视台在当地市场的排名
中都数一数二。随着时间的推移，广告商每年要花更多的钱来
争夺电视台的广告播放时段，以吸引更多的客户。

　　ABC 广播网拥有超过 2 000 家分支机构以及 17 家广播电
台，还拥有其他纸质出版物，包括《机构投资者》和《堪萨斯
之星时报》。此外，还拥有一个电影工作室。

　　ABC 持股 80% 的 ESPN 经营体育有线电视业务，它是一
块被埋没的宝石。在 20 世纪 80 年代，ESPN 的数据看起来非
常糟糕，但是到了 20 世纪 90 年代它引起了迪士尼的极大兴趣。
墨菲回忆说，戈登森告诉他，终有一天 ESPN 会非常值钱：

> "ESPN 取得了难以置信的成功，当我们在 1985
> 年买下它时，它每年亏损 4 000 万美元。莱纳德·戈
> 登森对我说：'汤姆，总有一天，它的价值会和你的任
> 何一家大型电视台一样高。'…… 大都会购买 ABC 是
> 因为我们认为我们有能力经营电视台，赚更多的钱，
> 我们的确做到了。但事实上，ESPN 的持续成长还是给
> 我们带来了巨大的突破，它从每年亏损 4 000 万美元，
> 到亏损 2 000 万美元，到盈亏平衡，再到扭亏为盈，
> 每年大赚 5 000 万美元，到赚 1 亿美元。现在，它像
> 是地球的同温层，为我们提供强有力的保护。"[101]

第二，看股本回报率

由于 20 世纪 80 年代的媒体企业在增加客户时，只需要花费少量的额外资本，这两家公司在各自经营时，股本回报率通常会在 15%～22%，有充分的理由预计，这一水平会持续下去。

第三，看成本控制能力

墨菲的管理风格是去中心化，将经营决策权下放到地方一级，各级高管被告知要像长期拥有企业那样经营公司。经理人必须注重成本，那些长期在墨菲手下工作的人都知道他们必须做什么。一些刚刚被收购的公司不得不认识到评级的重要性，因为只有在获得高评级的情况下，它们才不会沦为重整的对象。如果它们实现的利润不理想，墨菲就会介入其中。一共有超过1 500 人被裁员，其他奢侈的花费诸如 6 万美元的花店账单、乘坐豪华轿车等杂项开支也被叫停，公司位于黄金地段的建筑物也被出售。

墨菲在 2000 年的一次采访中解释了他的方法。他认为，公司的责任不仅延伸到员工、听众（观众）和股东，还延伸到它所服务的社群。

"……我们告诉员工，我们雇用的是我们可以找到的最聪明的人，而且我们不需要多余的人手。我们还告诉他们，我们将高度去中心化，并赋予他们很多责任。对于大多数员工，我们会给他们一张'赛马票'，这意味着我们会给他们选择权。我们告诉员工，他们唯一不能做的事，就是任何会让公司难堪的事。他们不能做任何不恰当或不道德的事情，因为**没有下不为例。**"[102]

墨菲相信，如果公司在社群和员工方面干得不错，那么股东也会受益。

第四，看公司偿还债务的能力

墨菲通过卖出手中多余的电视台筹集了 12 亿美元。

在完成收购之后的五六年时间里，公司在满足资本投资和增加运营资本所需之外，积累的现金超过了 20 亿美元。

尽管在 20 世纪六七十年代通过一系列收购建立了大都会公司，但在 20 世纪 80 年代后期，墨菲遍观市场上可以收购的对象，认为价格都已太高。这样，他将企业运营产生的现金用于减少公司债务和建立现金储备。到 1991 年，公司债务和手中的现金持有量大致持平。1992 年，现金持有量实际上超过了债务，当时债务已经降到 10 亿美元以下。

利润飙升

不久，大都会/ABC 公司的税后利润就超过了 4 亿美元（见表 4-3）。伯克希尔在这些利润中所占的相应份额为 18%，介于

6 700 万美元到 8 700 万美元之间。诚然，并非所有这些利润都
以股息的形式支付，因为留存大部分利润投入到业务中以壮大
公司更有意义。

表 4-3　大都会 /ABC 公司税后利润（1986～1992 年）

（单位：百万美元）

1986	181.9
1987	279.1
1988	387.1
1989	485.7
1990	477.8
1991	374.7
1992	389.3

资料来源：罗伯特·哈格斯特朗《巴菲特之道》。

上述数年期间，大都会 /ABC 公司回购了一些股票，因为
墨菲认为公司股票相对于其他有吸引力的公司而言价格偏低。
1993 年 12 月，伯克希尔以每股 630 美元的价格将其持有的 1/3
的股票参与回购，税后获利 2.97 亿美元。完成此举之后，伯克
希尔持有 13% 的大都会 /ABC 的股份。

第二年，大都会 /ABC 进行了 10∶1 的股份分拆，这样一
来，伯克希尔持有的股份从 200 万股变成了 2 000 万股，市值
总计为 17 亿美元。

透视盈余

巴菲特在其致股东的信中提到了"透视盈余"（见表 4-4）这

个概念，透视盈余包括：

◎ 支付给伯克希尔的现金分红。

◎ 根据美国一般公认会计准则（GAAP）的规定，被投资公司中属于伯克希尔，但留存在公司内部的未分配利润。

◎ 如果对上述留存利润进行分配，伯克希尔收到的分红将会产生税务支出。

表 4-4　伯克希尔－哈撒韦公司（1990～1994 年）持有的大都会股份应得利润　　　　　　　　　（单位：百万美元）

年度	分红	归属伯克希尔的未分配利润	税负	透视盈余
1990	0.5	85	−11.0	75
1991	0.5	61	−8.0	54
1992	0.5	70	−9.9	61
1993	0.5	83	−11.5	72
1994	0.5	85	−11.7	74

资料来源：巴菲特致股东的信（1991～1994 年）。

如此以来，这笔最初 5.175 亿美元的投资，每年产生的透视盈余为 5 400 万美元到 7 500 万美元，这是一个完全可以接受的水平。之后的发展还远不止这些，通过在 1993 年出售 1/3 的持股，巴菲特的投资成本降低到了 3.45 亿美元，之后，大都会 / ABC 公司继续每年为伯克希尔创造超过 7 000 万美元的透视盈余，这是一个非常了不起的成绩。

巴菲特给投资者的建议

巴菲特建议所有投资者计算其投资组合的股东盈利，这要求投资者确定其投资组合中所持有股份的潜在收益，并对其进行合计。每个投资者的目标应该是构建一个投资组合（实际上就像一家公司），该投资组合将在十年内提供尽可能高的预期收益。

> "这种方法将迫使投资者考虑长期业务前景，而不是短期股市前景。当然，从长远来看，投资决策的记分牌是市场价格。价格将由未来收益决定，在投资中，就像在棒球比赛中一样，要在记分牌上得分，必须盯着赛场，而不是盯着记分牌。"[103]

巨大的回报——迪士尼的资本估值

在收购大都会时，巴菲特希望向墨菲和伯克保证，他不会轻易抛弃他们。他说，移交投票控制权，以及决定何时出售伯克希尔持有的股票，是为了激励高管层为股东长期利益尽最大努力。在巴菲特自我施加限制的情况下：

> "与我们站在同一个战壕里的一流管理者，他们完全可以将精力集中在经营业务以及为股东实现长期价值最大化上。很明显，这比让他们和那些'旋转门资本家'一起'表演'要好得多……我们可不希望那些我们喜欢的、欣赏的管理层晚上睡不好觉，他们不会

因为我们拥有大量股份而受到惊吓。"[104]

巴菲特在两家公司合并后更进一步，宣布大都会是伯克希尔持有的三家永久性投资之一。"即使这些股票的价格被明显高估，我们也不会出售它们，就像如果有人提供的价格远远高于企业的价值，我们也不会出售喜诗糖果或《水牛城新闻报》一样。"[105]

在 1987 年写给股东的信中，巴菲特承认，他和芒格长期持有的决心对华尔街的一些人来说似乎有些古怪。他声称他们两人都同意大卫·奥格威的建议："在年轻的时候培养你的一些古怪举止，这样，当你变老的时候，人们就不会认为你古怪了。"

"无论如何，我们的态度与我们的个性、我们想要的生活方式相一致。我们宁愿与非常喜欢、欣赏的人打交道，获得 X 倍的回报，也不愿意与无趣或令人反感的人打交道来实现 1.1 倍 X 的回报。我们永远也找不到比这三家永久持股的公司的管理者更令人喜欢和欣赏的人了。"

在表 4-5 中，你可以看到 20 世纪 80 年代中期投资组合的集中度，巴菲特发现以低价购买少数股东权益的机会很少，他还承诺不出售《华盛顿邮报》、盖可保险、大都会 /ABC，在伯克希尔的投资组合中仅大都会 /ABC 就占到了 43% 的比例。

表 4-5　伯克希尔 – 哈撒韦持有的普通股（1986～1988 年）

（单位：百万美元）

	股数	成本	1986 年 12 月市值	1987 年 12 月市值	1988 年 12 月市值
大都会 /ABC	1986 年为 2.99 以后为 3.00	1986 年为 515.8，1987 年 及以后为 517.5	801.7	1 035.0	1 086.8
盖可保险	6.85	45.7	674.7	756.9	849.4
汉迪哈曼酒店	2.38	27.3	47.0	n/a	n/a
利尔西格勒	0.49	44.1	44.6	n/a	n/a
《华盛顿邮报》	1.73	9.7	269.5	323.1	364.1
可口可乐	14.17	1988 年 592.5	n/a	n/a	632.4
联邦住宅贷款抵 押公司优先股	2.40	1988 年 71.7	n/a	n/a	121.2
其他普通股持股		1986 年 12.8	36.5	n/a	n/a
全部普通股			1 874.0	n/a	n/a

资料来源：巴菲特致股东的信（1986～1988 年）。

巴菲特抱怨说，在 1987～1988 年期间，自己无法以当时的高价投资于股票市场，他和芒格这几年在股市里无事可做。因此，在 1987 年底，伯克希尔除了三个永久性持股公司的股票（以及一些细微的对冲仓位）之外，主要将资金放在中期债券（9亿美元），并购买了 7 亿美元所罗门公司年息 9% 的优先股。

从特许经营到普通型企业

对旧媒体公司来说，20 世纪 90 年代早期是一个捉摸不定

的时代，新技术威胁到了它们相对成本收取高价的能力，广告
商发现了吸引大量注意力的替代方法。

巴菲特在 1991 年致股东的信中表示，电视、报纸和杂志资
产在经济行为上已开始更像普通型企业而不是特许经营权。

他将特许经营定义为提供一种产品或服务：需要或期望；
客户认为没有替代品；不受价格管制。这些条件使一家公司能
够积极地为其产品或服务定价，从而产生较高的资本回报。

他说，特许经营可以容忍一段时间的管理不善，糟糕的管
理者可能会降低特许经营权的盈利能力，但不会从根本上严重
损害商业模式。

与具有特许经营权的企业相对的，是普通型企业。如果这
种企业只能在价格和销量上击败竞争对手，或者在产品或服务
供应商有限的情况下，才能获得不错的利润。高级管理层可
以将这些条件维持更长的时间，但最终，这两个因素都容易
受到竞争的影响。然而，管理不善随时可能扼杀一家普通型
企业。

巴菲特认为，媒体产业已经失去了特许经营的实力，客户
现在有了更多的选择。"不幸的是，需求并不会随着这种新的供
应而扩大，整个美国也只有 5 亿只眼睛和一天 24 小时的时间，
结果就是竞争加剧，市场四分五裂的碎片化，媒体行业已经失
去了一些地盘，尽管还远远没有达到失去所有的地步。"[106]

巴菲特举例说明了从特许经营转向普通商业对公司价值观

的影响，例如具有特许经营权的公司今年财报显示有 100 万美元的利润，但由于其提价能力，预计未来每年可以增加 6%，增长率对估值有很大的影响。

如果我们假设要求的回报率为 10%，公司利润增长率为 6%，那么现值（内在价值）将为 100 万美元 ÷（0.10−0.06）= 2 500 万美元。

然而，如果特许经营权已经消失，因此预期收益将是零增长，那么现值（内在价值）将仅仅是 1 000 万美元，即 100 万美元 ÷（0.10−0）=1 000 万美元。

巴菲特表示，大都会 /ABC 公司（以及《水牛城新闻报》和《华盛顿邮报》）的内在价值"由于该行业正在经历长期转型而大幅下滑"，但他并不打算出售自己的核心媒体资产，因为《水牛城新闻报》、大都会和《华盛顿邮报》的优秀管理层已经减缓了内在价值的损失；它们的债务很低，而且"仍然比普通美国企业拥有的经济特征要好得多，但是刀枪不入的特许经营权时代和聚宝盆经济时代已经一去不复返了"。[107]

迪士尼的突袭

20 世纪 90 年代，很多分析师在《华尔街日报》上讨论将世界第一的内容提供商和世界第一的发行公司合并的逻辑，在美国以外的国家和地区，尤其是在体育和动画娱乐领域，它们的产品有着巨大的扩展潜力。

尽管进行了谈判，但汤姆·墨菲和迪士尼的迈克尔·艾斯纳未能达成协议。艾斯纳愿意慷慨地为大都会/ABC公司提供现金，但他不愿意用迪士尼的股份进行交换，他坚持用现金收购，但现金收购有两个问题。

首先，资本利得税必须分摊到股东头上（包括伯克希尔），由股东承担。其次，大都会/ABC公司现有的股东无法分享合并之后企业未来的成功。因此，墨菲拒绝了这个方案。

每年7月，世界各地的媒体大亨和很多有影响力的人都会聚集在太阳谷（由赫伯·艾伦组织），大家在那里达成了一项协议。在致股东的信中，巴菲特讲述了一次偶然会面是如何促成交易的。

1995年7月14日，会议结束后，巴菲特被邀请到艾伦家共进午餐，之后离开去和汤姆·墨菲打高尔夫球，在路上他碰到了迈克尔·艾斯纳。

巴菲特祝贺艾斯纳在当天上午的会议上做了出色的演讲，他们开始闲聊，并讨论了两家公司的合并问题。这不是第一次讨论合并问题，但从未取得任何进展，部分原因是迪士尼坚持以现金交易，而大都会方面则希望以股票的方式交易。

墨菲抵达后，他们三人进行了简短的交谈，艾斯纳和墨菲都表示，他们可能准备在交易的组合方式上达成一致。几周内，双方达成了协议，并在三天内起草了一份合同。

"迪士尼 / 大都会的交易非常有意义，我相信如果没有在太阳谷的那次偶遇，它可能也会发生，但那天我遇到艾斯纳时……他正朝他的飞机走去，因此，如果没有那次意外的会面，交易肯定不会在那个时候发生，我相信迪士尼和大都会都将受益于那天我们的偶遇。" [108]

艾斯纳提供的方案是对于每 1 股大都会 /ABC 股票，换 1 股迪士尼股票加 65 美元现金。股东可以自由选择，可以全部要股份，或全部要现金。

1996 年 3 月 5 日，巴菲特拿了两个信封给曼哈顿的银行家们处理这笔交易。第一个信封里有大都会 /ABC（2 000 万股）价值 25 亿美元的股票，交给迪士尼。第二个信封是密封的，上面写着："不要打开，直到 3 月 7 日下午 4:30。" [109] 直到这个时点之前，他既没有告诉墨菲、也没有告诉艾斯纳，他想要现金还是股票。当信封打开后，上面写着，伯克希尔不要现金，只要股票。

那是不可能的。如此多的大都会 /ABC 公司的股东希望获得迪士尼的股票，以至于他们不得不妥协并接受混合方案。艾斯纳坚持要求一半现金、一半股票。因此，伯克希尔最终获得了 12 亿美元现金和 13 亿美元的迪士尼股票。对于一项 10 年前 3.45 亿美元的投资而言，这样的结果还不错。

接下来发生的事

起初，巴菲特对迪士尼非常感兴趣，伯克希尔甚至还增持了迪士尼的股票，持股达到了 2 100 万股。巴菲特特别看好米老鼠，与那些明星演员不同，它没有经纪人，一个动画角色不会要求电影票房高比例分成，因为这些动画角色本身就 100% 属于迪士尼。

但随着 1998～2000 年的股市泡沫，巴菲特乘机抛售了迪士尼股票，此举在扣税之前获得了 20 亿美元现金（这个数字需要谨慎对待，确切的数字没有公布，我不得不从零星的数据中拼凑信息推断得出）。那个时候，互联网、卫星电视和有线电视的竞争越来越明显，迪士尼股票的市盈率超过了 40 倍。

总而言之，对大都会 /ABC 的投资，伯克希尔－哈撒韦一共投资了 5.175 亿美元。到 1993 年出售了 1/3 持股，税前所得为 6.3 亿美元。到 1996 年，伯克希尔一共收到 12 亿美元（税前）现金加上迪士尼股份。从 1998 年到 2000 年底，出售迪士尼股票，大约收到了 20 亿美元。

当时已经 70 岁高龄的汤姆·墨菲继续在迪士尼工作了一段时间，直到 2003 年，78 岁的墨菲加入了伯克希尔董事会，90 多岁时依然在董事会为巴菲特和芒格提供咨询。

1995～2003 年迪士尼的股价变化见图 4-3。

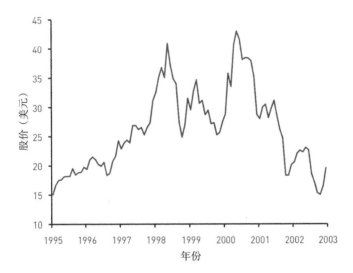

图 4-3 迪士尼的股价（1995～2003 年）

学习要点

1. 投资企业，了解经营企业的人非常重要。

   在案例4中，因为巴菲特非常相信墨菲能够管理好公司，而且以股东利益为导向，所以他在之后的日子里发现机会进行了投资。

2. 耐心和纪律。

   追随一流的公司是明智的，了解企业和管理者是必要的，但只有当其中内在价值和市场价格之间存在良好的安全边际时，才应该出手。

3. 对于特许经营权的投资能造就伟大的投资，但前提是价格不要过高。

   具有特许经营权企业的特征是：①其产品或服务被需要或被期待；②没有类似的替代品；③不受价格管制。

4. 紧紧守住能力圈。

   作为商界经理层，必须认识到自己的能力所在，并保持在其能力范围内行动。

5. 待在正确的商业航船上。

   如果发现不对，要把精力放在更换航船上，而不是修补漏船。

6. 忠诚且不对抗。

   如果投资者与管理层保持忠诚且不对抗的关系，且管理层值得被如此对待，那么投资者可以收获丰厚的分红。与贪婪且短视的华尔街掠食者相比，巴菲特是一位有能力的"白衣护卫"[110]。

7. 透视盈余思维提供了一个有价值的视角。

就投资组合的组成部分而言，计算可归属于你所持股票的基本收益，不论这些金额是作为股息支付还是保留。从现在开始，以 10 年后的最高收入为目标。

8. 要把比分记在记分牌上，就必须关注赛场（商业表现），而非记分牌（股市）。

斯科特·费泽
（Scott Fetzer）

	投资对象	斯科特·费泽
	时间	1986 年至今
	买入价	3.152 亿美元
	数量	100% 股权
投资概要	卖出价	依然持有
	获利	20 亿美元并依然在增加
	1986 年的伯克希尔	股价范围：2 440～3 170 美元 账面净资产：20.73 亿美元 每股账面净资产：1 808 美元

对于斯科特·费泽公司的收购非常引人注目，首先，是因为它是一家企业集团。在此之前，巴菲特和芒格关注的都是某一行业里的一家公司，而这一行业预计在未来几十年会持续发展，例如喜诗糖果会继续生产和销售糖果，伊利诺伊国家银行会继续在一个不大的地区开展银行业务，国民赔偿保险公司和盖可保险公司会继续保险业务，甚至大都会/ABC 公司的各种业务也会继续与娱乐有关。

　　但是斯科特·费泽旗下有 20 多家企业，它们几乎没有共同点，其最大的子公司挨家挨户销售百科全书（每套 600 美元），其真空吸尘器也是上门销售，每台机器售价高达 900 美元，但其他方面则完全没有共同点。斯科特·费泽旗下的子公司还生产和销售压缩机、电动机和拖车挂接装置等产品。

　　这项投资引起大家的关注，还因为公司的领导人在几个月前刚刚对公司进行了管理层杠杆收购，这使得他成为公司无可争议的老板。公司本身的规模足以跻身"《财富》500 强"的队伍，此时此刻，它就在那里，接受巴菲特和芒格的召唤。

　　管理团队在出售给伯克希尔-哈撒韦后一定表现出了难以置信的热情，因为他们继续提供了高得出奇的回报，回报率超过 50% 是常态。由于斯科特·费泽不需要在资本项目和营运资本方面进行太多额外投资，巴菲特和芒格获得了高额分红，可以投资于其他公司。仅在收购之后的头 15 年，斯科特·费泽输送给奥马哈总部的现金就达到了 10.3 亿美元，而当初买下这家公司一共才花了 3.152 亿美元。

　　这个案例研究对于解释巴菲特计算股东盈余的方法非常有用，在他 1986 年致股东的信的附录中，巴菲特列出了对斯科特·费泽股东盈余进行估值所需的要素，他还进一步解释了为什么这是评估公司价值的最佳方法，这是他唯一一次公开展示这个最重要的方法。

历史简介

1914 年，乔治·斯科特和卡尔·费泽在俄亥俄州的克利夫兰开了一家机械厂。1922 年，他们与克利夫兰当地的吉姆·寇比合作，后者发明了一种新型真空吸尘器。这家企业经营得有声有色，非常成功，直到 20 世纪 60 年代，公司几乎完全专注于既有业务。凭借着现金优势，该公司进行了大规模收购，到了 1973 年公司旗下一共拥有了 37 项业务。

20 世纪 70 年代中期，拉尔夫·斯凯被任命为董事长兼首席执行官，他着手将这家庞大的企业集团缩减为 20 个部门，但仍然保留了那些在消费市场拥有良好口碑的部门。

在经历了 1973～1975 年的经济衰退后，斯凯认为消费品牌在未来的任何衰退中都会有更强的恢复力，而且，这也和高层管理人员的技能相匹配，他们大多是营销人员而非生产人员。

于是拉尔夫·斯凯着手扩大消费产品的范围，1978 年，他收购了维恩家居设备，这是一家石油和天然气燃烧器、空间加热器、锅炉泵以及水泵的生产商。之后，更大的交易是他收购了百科全书市场上领先的直销商《世界百科全书》公司，该公司在寡头垄断的情况下运作，其旗下的产品《大英百科全书》的市场占有率遥遥领先。在互联网出现之前的日子里，《世界百科全书》是美国中产阶级家庭生活中不可或缺的，年销量为 20 万～30 万套。尽管买一套百科全书需要数百美元，但家长们认为这项投资是值得的。[111] 百科全书通常是赊销的，所以，斯科特·费泽通过提供资金获得了丰厚的利润。

并购热潮——斯科特·费泽面临威胁

还记得电影《华尔街》（1987 年）吗？ 20 世纪 80 年代是一个私募股权基金四处疯狂出击的年代，其中很多资金来自德崇证券，这些资金的来源是不断发行的垃圾债券。以垃圾债券融资导致公司在高杠杆债务边缘摇摇欲坠，一个错误的行动就可能导致公司跌落悬崖，进而导致员工失业和城镇经济受损。

伊万·博斯基（Ivan Boesky）是一位掌管 20 亿美元基金的并购专家，他于 1984 年春开始买进斯科特·费泽的股票（据悉，电影《华尔街》里戈登·盖科的原型就是博斯基，4 年后博斯基因内幕交易被判处入狱 3 年）。1984 年 4 月 26 日，博斯基提出以每股 60 美元的价格收购斯科特·费泽，公司整体估值折合 4.2 亿美元。但正如《纽约时报》所指出的那样，"该公司的主要吸引力被认为是手中握有近 1 亿美元现金"[112]，因此实际的收购成本大大降低。

拉尔夫·斯凯预计掠食者迟早会来到自家门口，在博斯基采取行动的前几天，拉尔夫宣布他已经通过管理层收购（MBO）的方式提出了自己的报价，出价为每股 50 美元（公司整体估值为 3.6 亿美元）。随后，拉尔夫感觉到他的出价过高，而且，在筹集资金方面遇到了问题，所以他撤回了报价。

但博斯基这边只持有约 5% 的股份，因此，如果他想收购成功，他需要做很多说服工作，特别是考虑到该要约出价的市盈率较低，仅有 12.5 倍（= 60 美元 / 4.80 美元），显然，市场对于博斯基能否成功仍然持怀疑态度，所以，股价仅仅上升到57.50 美元。

5 月 8 日，公司董事会拒绝了博斯基提出的要约，理由是"该要约具有巨大的不确定性和条件限制"。[113] 拉尔夫对此持坚决反对的态度，他担心朋友和同行会受到负面影响。"我觉得有义务确保我们的员工得到尽可能公平的待遇。我不希望任何员工……突然发现自己身处一个没有人想要的境地。"[114]

要约收购的事情一直存在一些反复，直到 1985 年 8 月，博斯基认输并开始出售手中的股票。当初打算实施的管理层收购计划已经再度启动，现在公司的估值为每股 62 美元，也就是整个公司估值为 4.4 亿美元。但此时面临一个重要问题：收购资金的很大一部分来自于斯科特·费泽的员工持股计划（ESOP）。为了进行收购，大家出资 1.82 亿美元成立了一个新公司，员工持股计划持有这家新公司 41% 的股份（公司高管仅投入 900 万美元，持有 29% 的股份）。

但政府驳回了 ESOP 只持有 41% 股份的计划，尤其是考虑到公司高管可以利用税收优惠向 ESOP 额外注入 2 500 万美元的情况，于是，交易计划破裂。9 月，拉尔夫终止了该计划，宣称斯科特·费泽现在"不再受征集新提案的限制，并将会考虑其他可能的交易"。[115] 受到这个消息的影响，公司股价下跌至 55.50 美元。10 月，公司吸引来了另一对掠食者，瑞尔斯（Rales）兄弟（斯蒂文和米切尔）提出收购，出价每股 60 美元。他们也有使用垃圾债券进行收购的习惯。

交易

沃伦·巴菲特在媒体上关注了斯科特·费泽的传奇故事，并认为可能值得给拉尔夫写封信，看看他是否有兴趣加入伯克希尔的大家庭之中，凡是成为伯克希尔一员的企业都被赋予高度的自主管理权，并鼓励专注于长远发展。

1991 年春季，巴菲特在向圣母大学（Notre Dame Faculty）MBA 师生的演讲中，讲述了这笔交易是如何达成的[116]：

"我从未见过拉尔夫……我（10 月）给他写了一封信说'亲爱的拉尔夫先生，我们就是这样的……'我寄给他一份我们公司的年报，说'如果你想和一个可以随时兑现支票并且不会打扰你的人做生意，这就是天赐良机'。我也坦诚地说明了我们所有的不足之处，写了满满一张纸……我说'如果你愿意了解更多，我们可以见个面；如果你不愿意，就把信扔掉吧'。于是他给我打了电话，我们约在 10 月 22 日，那是一个星期天，在芝加哥见了面，当晚达成了协议，一周后，协议就完成了。那是五六年前的事情了，我去过克利夫兰两次（不是因为我一定要去）。拉尔夫经营公司就像经营自家的一样。"

1988 年，拉尔夫告诉《财富》杂志，巴菲特的速度和尽职调查的过程说明与他共事不会有官僚主义。"如果我自己不能拥有斯科特·费泽，那么选择与巴菲特合作就是下一件最好的事情。"[117] 他补充说，这甚至比经营一家上市公司还要好，因为那样他会受到大量机构投资者的质疑和批评。拉尔夫对原先的董事会在批准重大举措时过于谨慎而感到失望。"眼下（1988 年）的例子是，他打算将一直以来植根于芝加哥商业大厦里的《世界百科全书》公司去中心化。原先的董事会可能会抵制这种重新安排所带来的风险，而巴菲特会表示支持。"[118]

在芝加哥会面之后，斯科特·费泽公司的董事会批准了这笔交易。这个消息宣布的第二天（1985 年 10 月 29 日），《纽约时报》描述该公司的吸引力在于其稳定的产生现金的能力以及持有的大量现金。然而，一位分析师表示，这是一家"温和"成长的公司，但好处在于波动较小[119]。1984 年公司财报显示盈利4 060 万美元（合每股 6.01 美元），相较于 1983 年 3 220 万美元的盈利（合每股 4.80 美元）上升了 26%。公司 1984 年的营业收入为 6.954 亿美元。

巴菲特所看到的远不止《纽约时报》作者写的这些，他看到的是一系列具有强大经济特许经营权，拥有护城河的强大企业。他特别喜欢《世界百科全书》，认为它"非常特别"。在1985 年写给伯克希尔股东的信中，巴菲特表达了许多人对《世界百科全书》的依恋之情：

> "芒格和我对《世界百科全书》的运作特别感兴趣，因为我们认为它很特别。25 年来，我一直是它的书迷和用户，现在我的孙子孙女们也像我的子女们一样在阅读它。"

他补充说，《世界百科全书》经常被老师、图书馆和消费者购买指南评为最有用的百科全书，而且它的售价远远低于任何主要竞争对手。他说，产品特殊和价格适中这两个要素的结合，有助于说服客户支付斯科特·费泽开出的价格，尽管直销行业中的很多公司业绩都有所下降。

巴菲特和芒格认为该公司作为一个整体"容易理解、规模庞大、管理良好、收入丰厚…… 其很多业务在各自领域中都处于领导地位"[120]，其中最有利的是，"它的投资资本回报率在绝大多数企业中堪称优秀"。[121]

1986 年 1 月，伯克希尔以每股 60 美元，总计 3.152 亿美元的价格收购了斯科特·费泽，这已经考虑了公司内部的剩余现金（收购之后，可以转移到伯克希尔）。拉尔夫愿意继续担任首席执行官一职，这很重要：

"拉尔夫上任时，该公司拥有 31 个业务，这是 20 世纪 90 年代疯狂收购的结果。他叫停了很多不合适或利润潜力有限的业务，但他对于所谓专注的理解并没有到死板的地步，所以在 1978 年一旦机会出现，他就出手拿下了《世界百科全书》公司。拉尔夫的运营和资本配置记录非常出色，我们很高兴能与他合作。"[122]

谁需要一个战略规划部门

巴菲特对公司战略定位问题有着令人难以置信的理解，对业务素质有着高度的直觉，他说："对斯科特·费泽的收购说明了我们收购的方式有些随机，我们没有什么公司战略，也没有什么战略规划人向我们提供关于社会经济趋势的看法，没有工作人员调查发起人和中间人提出的大量想法。相反，我们只是希望在一些明显的事情发生时，当机会出现时，我们会采取行动。"[123]

然而，与高薪聘请投资银行家出谋划策相比，这种方法似乎更为合适，正如巴菲特在 1999 年致股东的信中所提到的：

"1985 年，一家大型投行承诺为出售斯科特·费泽提供全方位的服务，但没有成功。不幸的是，斯科特·费泽与该银行签订的委托书约定，在出售成交时支付其 250 万美元手续费，即便买家自己找上门来也一样需要支付。我猜是投行一定认为应该为到手的手续费做些什么，因此很有礼貌地给了我们一本他们准备的关于斯科特·费泽公司的调研报告，芒格以他一贯的机智回答说：'我情愿给你 250 万美元也不愿看这本报告'。"[124]

巴菲特说，伯克希尔的收购策略就是等待电话铃声响起。之所以是这样，是因为一位过去以这种方式卖给他们公司的企业家，向一位朋友推荐了同样的方式。

回报丰厚

斯科特·费泽是巴菲特所做过的投资中最为伟大的投资之一，以 3.152 亿美元的投资，伯克希尔收购了一家首年就可以提供 3 560 万美元税后利润的公司。而且，该公司一直保持增长势头，到 1990 年利润超过了 5 650 万美元，到 2002 年超过 8 300 万美元（见图 5-1）。此后，我们缺乏公开的信息，但有理由推测，尽管《世界百科全书》公司的发展速度有所放缓，但至少目前表现良好，你可以在本案例末尾看到斯科特·费泽旗下公司的列表。

我在上一段中用了"超过"一词，因为在最上面一行显示的数字，有一家盈利的斯科特·费泽金融集团，这是一家同时

持有《世界百科全书》和寇比应收账款的信贷公司。伯克希尔 –
哈撒韦将该部分的利润包含在另外单独的类别之中。最初，这
个类别还包括了信用储贷社，但随着伯克希尔收购的公司越来
越多，其他金融板块也被列入了这一类别。

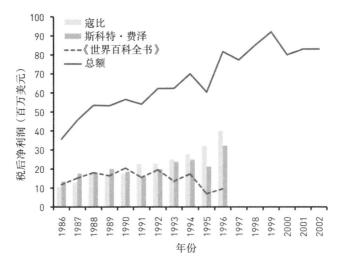

图 5-1　伯克希尔在斯科特·费泽所占份额中获得的税后净
　　　利润

资料来源：伯克希尔 – 哈撒韦年报（1986～2002 年）。

1990 年，巴菲特从斯科特·费泽的金融业务中获得了
1 220 万美元的税前利润。这样一来，1990 年从斯科特·费泽
一共获得的税后利润是 6 460 万美元（= 5 650 万美元 + 810 万
美元）。结合其他数据，我们可以看到 20 世纪 80 年代后期，斯
科特·费泽的金融业务产生了 300 万～400 万美元的税后利润，

到了 20 世纪 90 年代初期达到了 800 万～1 000 万美元。（见表 5-1）

表 5-1 斯科特·费泽的净资产、净利润、分红（1986～1994 年）

（单位：百万美元）

年度	账面价值（年初）	税后利润	税后利润/账面价值	给伯克希尔的分红
1986	172.6	40.3	23%	125.0
1987	87.9	48.6	55%	41.0
1988	95.5	58.0	61%	35.0
1989	118.6	58.5	49%	71.5
1990	105.5	61.3	58%	33.5
1991	133.3	61.4	46%	74.0
1992	120.7	70.5	58%	80.0
1993	111.2	77.5	70%	98.0
1994	90.7	79.3	87%	76.0
总计		555.4		634.0

资料来源：巴菲特致股东的信（1986～1994 年）。从本表中的利润数字与之前图片中利润数字之间的差距，你可以了解斯科特·费泽金融服务方面的利润情况。金融业在前几年的税后利润为 300 万～400 万美元，在之后的几年为 800 万～1 000 万美元。

从图 5-1 中可以看出，除了《世界百科全书》、寇比和金融业务之外的其他业务，组成了斯科特·费泽的制造板块，这期间，旗下既没有增加新公司，也没有解散原有公司。到 20 世纪 80 年代后期，公司在拉尔夫的领导下贡献了伯克希尔非保险业务盈利的 40% 左右。

《世界百科全书》的发展

20 世纪 80 年代,《世界百科全书》真的是一颗璀璨的宝石。1982～1986 年,销售数量增长了 45%。1986 年,为伯克希尔公司赚取的利润达到 1 170 万美元,并且迅速增长,到了 1990 年近乎翻了一番。接下来还有 4 年更好的光景,但随之而来的互联网摧毁性的技术发展,以及其免费信息产生了越来越大的影响。起初,该公司试图利用 CD 技术进行竞争,但很快就被取代了。到了 20 世纪 90 年代中期,公司利润下降到不足 1 000 万美元,此后,该公司一直努力在这个信息近乎无穷的大时代寻找自己合适的位置。

如今,《世界百科全书》几乎完全专注于向学校和图书馆出售其全套为 22 卷的纸质书,它还提供一系列百科全书在线订阅(以每月付款的形式)。它与一般互联网卖点的区别在于,这些材料准确、可信,并根据年龄和等级量身定制。它还成为学校和图书馆的一般非小说类图书的供应商,提供的图书从地图集到色彩丰富的动物类儿童知识手册。

寇比的发展

寇比真空吸尘器被誉为清洁行业的凯迪拉克,它性能卓越,并且使用寿命长达数十年之久。尽管价格便宜,但在 1982～1986 年,公司的单位销量依然增长了 1/3。1986 年公司的税后利润达到了令人印象深刻的 1 050 万美元，但更好的还在后面，在接下来的 11 年里，它的利润翻了两番。

对伯克希尔来说，寇比比《世界百科全书》更重要，它每年销售的真空吸尘器大约 50 万部，一部售价达 1 300 美元或更高，行销 50 个国家，在不同的家庭中演示、销售。寇比的销售人员以坚韧著称，入户演示通常需要 3 个小时或更长时间。

资本回报率

斯科特·费泽的利润数字令人印象深刻，但更重要的是资本回报率。例如，1992 年公司仅仅动用了 1.207 亿美元的权益资本，产生的税后利润就超过 7 050 万美元（见表 5-1）。更令人惊讶的是，它实现了这一目标"只需要少量的借款"（除了它在其金融子公司中适当使用的债务）[125]。请记住，它将库存和固定资产都减少到比伯克希尔收购时还低的水平，结果是，在截至 1992 年底前的 7 年中，它向奥马哈输送的资金已经超过其利润的 100%。它不但做到了这一点，而且每年利润还在增加，这的确是非常惊人的。

伯克希尔-哈撒韦的合并资产负债表显示，尽管斯科特·费泽的账面净资产仅为 1.726 亿美元，但伯克希尔收购该公司支付了 3.152 亿美元。尽管收购后的第 1 年斯科特·费泽只赚了 4 030 万美元，但斯科特·费泽加上手里的现金一口气派发了 1.25 亿美元的股息。更了不起的是，这样的表现，是在没有增加债务、没有出售工厂再回租、没有转售应收账款的前提下实现的，实实在在就是在现有资产负债表上完成的。巴菲特表扬道："在我们拥有斯科特·费泽的这么多年里，它一直是一家资金保守、流动性非常强的企业。"[126]

巴菲特指出，如果斯科特·费泽作为一家独立公司被列入《财富》500强名单，其股本回报率将有资格排在第四的位置，但这还不是全部，因为排名在它前面的那些公司都是困境反转型公司，它们的大部分所谓利润来自债务豁免，因此，斯科特·费泽实际上应该在500强公司中排名第一。

然而，巴菲特并没有将公司的成功归因于周期性的盈利高峰、垄断地位或杠杆作用，而是清楚地认识到首席执行官拉尔夫的管理专长是公司成功的关键所在：

> "拉尔夫成功的原因并不复杂，45年前，本杰明·格雷厄姆告诉我，在投资中，没有必要为了获得非凡的结果而做非凡之事。在以后的生活中，我惊讶地发现这一点在企业管理中也同样适用。经理人必须处理好基础问题，而不是分心他顾，这正是拉尔夫成功的秘诀。他确立了正确的目标，从不忘记自己从一开始要做的事情。在个人方面，与拉尔夫共事是一种快乐，他直面问题，自信但不自大。"[127]

在考虑图表中的回报数字时，需要注意的是，收购之后，

伯克希尔在 1986 年开始执行 GAAP，GAAP 要求伯克希尔重新
计算斯科特·费泽资产负债表中某些资产和负债的现值。因此，
公司存货价值增加了 3 730 万美元（它们被"后进先出"会计记
账方式扭曲了）。此外，资产部分的固定资产增加了 6 800 万美
元，负债项目的递延所得税 1 300 万美元也被剔除了。这些调整
和其他调整意味着斯科特·费泽的管理层正在处理大约 2.8 亿美
元的有形资产净值（如果使用当时的现值进行衡量）。如果将这
个数字作为分母，而不是 1.726 亿美元，则资本回报率会有所下
降，但依然非常高，高得足以在收购之后的头 15 年支付给伯克
希尔 10 亿美元的分红。

如何设计补偿方案

资本回报率异常高的一个重要原因是，通过薪酬交易，拉
尔夫受到激励，专注于资本回报率而非利润总额。像往常一样，
巴菲特起草了一份简单的合同，将管理层的利益与伯克希尔股
东的利益结合在一起，合同至关重要。

**第一，确保薪酬基于斯科特·费泽公司的运营结果，不是
伯克希尔整体的结果。**巴菲特在致股东的信中写道：

> "既然他负责一项业务，不负责其他项业务，那么
> 和其他业务绩效挂钩有什么意义呢？如果给拉尔夫的

现金红利或股票期权等奖励，与伯克希尔的整体表现相挂钩，那么拉尔夫的付出与所得很可能就无法一致，例如，他可能在斯科特·费泽层面干得不错，但芒格和我在伯克希尔层面干得不好，如果采取这种方式就会否定他的努力。相反，如果伯克希尔其他部分表现得不错，但斯科特·费泽却落后了，为什么要给予拉尔夫期权或奖金呢？"[128]

第二，确保出色表现的奖励是丰厚的。"在设定薪酬时，我们喜欢兑现承诺的奖励，并确保与管控领域的结果直接挂钩。"[129]

第三，通过授权资本使用费来惩罚低资本回报率，奖励高回报率，并对向总部输送资本的经理人进行奖励：

"当投资于一项业务的资本数额很大时，我们都会对经理们所动用的增量资本收取较高的使用费，并对他们释放出的资本予以同样高的费率予以奖励。斯科特·费泽绝对可以看作这种非免费方式使用资本的产物。如果拉尔夫能够充分使用增量资金，带来良好的回报，那么这样做就是值得的。当额外资本的收益超过使用费用时，他的奖金就会增加。但我们对奖金的计算是对等的，如果增量投资产生的回报低于标准，那么其间差额对拉尔夫和伯克希尔双方而言都是昂贵的。这种双向安排的结果是，如果拉尔夫将生意中无法充分利用的现金输送给奥马哈，这对他也是非常有利的。"[130]

遵循这些简单的原则，并以这些原则为基础签订了仅仅一页纸的合同，巴菲特就从他的经理们那里获得了一流的业绩，并将资金分配到伯克希尔 – 哈撒韦最具优势的地方。

正如巴菲特所说，其他公司采取更为复杂但效率较低的方式：

"在上市公司中，将几乎每一项薪酬计划都描述为使管理层的利益与股东利益相一致，这样的做法已经成为一种时尚。在我们这里，一致性意味着在两个方向上成为合作伙伴，而不仅仅停留在利益方面。许多一致性的计划都未能通过这一基本的测验，它们就像是抛硬币，是此赢彼输的游戏。

一种常见的错位形式出现在典型的股票期权安排中，该安排不会定期提高期权价格，以补偿留存收益正在积累公司财富的事实。事实上，十年期期权、低股息支付和复利的组合可以为一个只做了垫底工作的经理带来丰厚的收益……

我们与拉尔夫的薪酬补偿安排在购买斯科特·费泽后，花了5分钟就完成了，没有律师或赔偿顾问的出谋划策。我们与所有其他部门经理的薪酬安排也同样简单，当然每个协议的条款都有所不同，以适应相关业务的经济特点。"[131]

在斯科特·费泽的演讲中，巴菲特解释了他所说的股东盈利是什么意思，股东盈利是衡量股东收入的最佳指标，也是内在价值评估的关键一项。

股东盈利

（a）财报盈利，加上（b）折旧、损耗、摊销以及其他非现金费用，减去（c）为保持该业务长期竞争地位和产品销量所需的、工厂和设备等资本化支出的平均年度开支。如果该业务需要额外的营运资本来维持其竞争地位和产品销量，则增量也应该包含在（c）中（见表5-2）。[132]

表5-2　巴菲特对斯科特·费泽公司股东盈利的估计（1986年）

（单位：百万美元）

财报盈利	40.2
加上（b）折旧、损耗、摊销以及其他非现金费用	+8.3
减去（c）为保持该业务长期竞争地位和产品销量所需的、工厂和设备等资本化支出的平均年度开支	-8.3
股东盈利	40.2

他马上补充说，这个公式未必会得出精确的数字，"因为（c）一定是一个猜测，有时很难得出"。然而，股东盈利仍然是

确定股票和整个公司估值的关键。他引用约翰·梅纳德·凯恩斯的话说:"我宁愿要模糊的正确,也不要精确的错误。"[133]

当谈到斯科特·费泽时,芒格和巴菲特判断公式中的要素(c)非常接近830万美元。在这种特殊情况下,这与该公司1986年正式账目中扣除的厂房和设备折旧,即方程式中的要素(b)完全相等。换句话说,资本项目(有形和无形)的使用大致与新资本项目所需的支出相匹配,以维持产品销量和竞争地位。他们大致判断,在这种情况下,没有必要逐年增加与运营资本相关的金额。

巴菲特警告说,大多数管理者需要在(c)项下花费比(b)项下更多的钱,仅仅是为了维持其竞争地位和产品销量。在这些情况下,报告的收益往往会夸大股东盈利。

喜诗糖果具有不同的投资需求

巴菲特在1986年致股东的信中,用喜诗糖果的例子说明了考虑资本项目支出和增量运营资本的问题。以喜诗糖果为例,如果公司只是打算在运营中稳固现有竞争地位,那么每年在(c)项下的支出,只比(b)项下的折旧和摊销支出,多花50万~100万美元。

公布的现金流不是股东盈利

我们还必须质疑公司和分析师提供的"现金流"数据,它们通常包括（a）项与（b）项之和，但不减去（c）项。

> "……如果所有美国的公司都能通过我们杰出的银行家们同时出售，并且如果描述公司的销售手册是可信的话，那么政府对国家厂房和设备支出的预测将不得不削减90%……平心而论，企业可能在某一年可以推迟资本支出，但在5年、10年的时间里，必须进行投资，否则业务会衰退。"[134]

为什么公司的卖家和股票的卖家会推销这些现金流数据？巴菲特对这种不合理的现象嗤之以鼻，即"试图证明不合理的东西是合理的（从而出售原本滞销的东西）"。[135]当财报盈利看起来不足以偿还垃圾债券的债务，或证明不合理的股价是合理的时候，这些数据对见风使舵的人而言是有用的：

> "公司或投资者认为，企业的偿还能力或股权估值可以通过（a）和（b）相加，再减去（c）的方式来衡量，这会导致一定的麻烦……会计数字……是我们评估自己和他人业务的起点。然而，经理人和股东需要记住的是，会计只是商业思维的一种辅助手段，而不是它的替代品。"[136]

内在价值

内在价值是指在企业存续期间，可以产生的现金的贴现价值。这一数字必然是高度主观的，因为，估价师被迫估计股东盈利，即股东在不损害竞争地位或产品销量的情况下可获得的年度金额。估计永远不会精确，这将是模糊的。尽管如此，巴菲特还是建议我们这样做，因为这是"评估投资和业务相对吸引力的唯一合乎逻辑的方法"。[137]

以大学教育为例看内在价值

为了帮助我们理解账面价值并不等同于价值，巴菲特用大学教育做了一个类比：教育成本就是账面价值（理想情况下，这应该包括上大学的机会成本，例如工作收入损失）。

对于内在价值，用纯粹的经济术语来描述（我们忽略了教育在审美、社会、心理等方面的好处），我们估计毕业生一生的收入，并扣除他不上大学而去工作可以获得的收入。这些年度额外收入数字以适当的贴现率折为现值，以计算出教育的内在经济价值。

一些毕业生发现账面价值超过了内在价值，但在很多情况下，内在价值远远超过了账面价值，这证明了在大学课程开始时资本的明智配置。最重要的经验是，账面价值与内在价值不是一回事。

斯科特·费泽的内在价值

如果我们想将这一原则应用于斯科特·费泽，这其中重要的事实是支付了 3.152 亿美元进行收购，而斯科特·费泽公司的账面价值仅为 1.726 亿美元。巴菲特说："我们多支付了 1.426 亿美元作为溢价，这表明我们相信公司的内在价值接近其账面价值的两倍。"[138]

在他的信中，巴菲特用 1986～1994 年的账面价值下降，但税后利润和分红上升来说明这一差异（见表 5-3）。显然，内在价值在增加（如果稳固的战略定位和管理质量可以持续，由此推之，未来的利润也会不错）。

表 5-3　斯科特·费泽公司的账面价值和利润比对（1986～1994 年）

（单位：百万美元）

年度	账面价值（年初）	税后利润	伯克希尔－哈撒韦的分红
1986	172.6	40.3	125.0
1987	87.9	48.6	41.0
1988	95.5	58.0	35.0
1989	118.6	58.5	71.5
1990	105.5	61.3	33.5
1991	133.3	61.4	74.0
1992	120.7	70.5	80.0
1993	111.2	77.5	98.0
1994	90.7	79.3	76.0

资料来源：巴菲特致股东的信（1994 年）。

当伯克希尔收购斯科特·费泽时，后者手中有大量富余现金，因此，在收购之后的第 1 年就向母公司支付了 1.25 亿美元分红，比股东盈利还多 8 480 万美元。

"很明显，该公司的内在价值一直在增长……斯科特·费泽的内在价值与其目前在伯克希尔财报上所显示的账面价值，二者的差异是十分巨大的。" [139]

尝试使用股东盈利进行估值

巴菲特没有向我们提供他在 1985 年对于内在价值的估算过程，没有展示如何用未来股东盈利进行价值贴现。事实上，他没有公布公司的任何数据。我推测，最有可能的是，他根据一系列价值来考虑，这些价值是基于他对下一年股东盈利为 4 020 万美元的预期。

或许，他一开始是非常保守的，先是估计 4 020 万美元的盈利数字不再增长。此时，他或许会问自己，如果是这样，他投资 3.152 亿美元会满意吗？

考虑到 1986 年通货膨胀率低于 2% 的情况，一个每年能提供 12.8% 的永久性回报率的投资（= 0.402 亿美元 ÷3.152 亿美元）依然是一个不错的选择。我们将以此为基础，推断出一些巴菲特可能考虑过的其他场景。

适度增长场景

巴菲特可能想到了一个更为乐观的场景，在这个场景中，股东盈利是增长的，比如说 1986 年盈利会与美国经济名义 GDP 增长 3.5% 保持同步，并且假设未来也会保持这个速度。

这种假设的转变对未来股东盈利的现值有很大的影响。1986年美国10年期国债平均利率为7.7%，如果他将此作为贴现率，并假设股东盈利以3.5%的速度增长，则估值大约是10亿美元。

内在价值＝下一年度股东盈利÷（要求回报率－增长率）

内在价值＝（0.402亿美元×1.035）÷（0.077－0.035）＝9.91亿美元

（在此，我们不考虑派发给伯克希尔－哈撒韦的8 470万美元分红，我们将伯克希尔收购斯科特·费泽的净成本按照3.152亿美元考虑。）

使用风险贴现率的场景

如果我们考虑到额外的风险，因为斯科特·费泽股票比10年期国债的风险更高，我们可以在要求的回报率上增加风险溢价，比如说7%，因此，贴现率为14.7%（＝7.7%+7%）。

如果巴菲特遵循当时的金融教科书（虽然不太可能，但也许），那么在这种情况下，风险溢价可能会如此之高：

内在价值＝（0.402亿美元×1.035）÷（0.147－0.035）＝3.71亿美元

快速增长场景

或许巴菲特曾尝试设想过这样的一种场景，即他预计股东盈利增长率将与接下来的9年实际情况一致，例如，每年增长8.8%（即股东盈利未来9年内几乎翻了一番）。

内在价值＝（0.402亿美元×1.088）÷（0.147－0.088）＝7.41亿美元

当然，我们可以继续尝试用各种场景来构建可能发生的情况，例如，使用前 5 年（而不是最近一年）的平均股东盈利来估计下一年的股东盈利，但估值过程的本质已经得到了说明。

无论何时进行内在价值分析，都应该记住一点，本杰明・格雷厄姆提醒我们在判断合理的内在价值场景与出价之间的差异时，要留有一个良好的安全边际。

巴菲特没有展示其内在价值计算细节，因此我们只能猜测他是如何选择贴现率的，或许他考虑的是未来几年的盈利增长，甚至查理・芒格也不知道细节，他说："我们都是只掰手指头计算的人，巴菲特总是谈论那些折扣现金流（股东盈利）的观点，但我们从来没有见过他如何计算这些。"巴菲特打趣道："有些事情，你只能私下进行。"[140]

巴菲特的心算非常快，原因可能在于他可以在脑子里点击一下，就可以计算。更有可能的解释是，这一切没必要那么精确——只需要一个大概的数字。否则，你可能会迷失在细节中，从而造成细节正确而整体错误。正如巴菲特所说："如果计算某家公司要用上纸笔，那么安全边际也太小了点，那种一目了然到好像在向你大叫的机会，才算有安全边际。"[141]

内在价值与资本配置

尽管存在模糊性，但内在价值概念不仅对投资者，而且对公司高管而言都极其重要，他们也必须理解它，正如巴菲特在1994 年致股东的信中所写的：

"当管理层做出资本配置决策（包括回购股份的决策）时，他们必须以增加每股内在价值为己任。这一原则似乎显而易见，但我们经常看到它被违背。当发生错误配置时，股东会受到伤害。"

巴菲特认为，在考虑企业并购时，许多管理者倾向于关注交易是否会立即稀释或反稀释每股收益。他警告说，这种强调会带来极大的危险。他以一名 25 岁的 MBA 一年级学生为例，考虑将自己未来的经济利益与一名 25 岁普通打工者结合在一起。这个 MBA 学生当前是一名无收入者，他会发现通过这种合并极大地提升了他短期的获利能力。但是，令人震惊的是长期结果或许完全相反，这名 MBA 学生潜在的长期收入将远远超过这名打工者。

巴菲特说，伯克希尔拒绝了许多收购的机会，这些机会可能会提高当前或近期的收益，但会降低每股的内在价值。

"与此相反，我们的做法是遵循韦恩·格雷茨基的建议，'去冰球要去的地方，而不是去它所在的地方'。这样做的结果就是，我们股东现在拥有的财富，要比我们执行死板模式多数十亿美元。"

在伯克希尔，管理层在寻找，将他们的利润有利地运用到自己业务中的方法。如果有富余的资金，他们会把这些资金交给巴菲特和芒格，以提升每股内在价值的方式使用。

斯科特·费泽旗下的企业

拉尔夫·斯凯于 2000 年退休，这让巴菲特和芒格深感遗憾，当时他 76 岁。2011 年拉尔夫去世，巴菲特说："他是一个了不起的商人，我对斯科特·费泽的管理没有什么可以补充的。真正让我印象深刻的是，他对旗下每一家公司的情况都了如指掌，他认知的广度与深度足以让他经营其中的任何一家或每一家。"[142] 斯科特·费泽旗下公司具体见表 5-4。

拉尔夫曾经评价巴菲特说："他是一个非常独特的人，你很少能找到像他一样的人，很少有人能像他那样运用自如，或者像他那样影响别人。他让你想做得好，部分是为了你自己，但也同样是因为你知道这会让他感到骄傲，你也想让他感到骄傲。这是一件非常罕见的事情。"[143]

表 5-4 斯科特·费泽旗下的公司

公 司	业 务	2017 年员工人数
阿达利特	防爆和隔爆外壳；危险和非危险环境市场配件	164
阿尔塔基普	为空气压缩机、发电机、喷漆机、草坪和花园设备以及电锯等电力设备制造商提供维修服务	166
坎贝尔·豪斯费尔德（2015 年从斯科特·费泽剥离出来，成为伯克希尔旗下马蒙公司的一部分）	美国领先的中小型空气压缩机生产商	未知

（续）

公 司	业 务	2017 年员工人数
无忧科罗拉多	休闲车和海运业的舒适、便利产品（如大篷车和房车的遮阳篷）	336
克利夫兰木材制品（CWP）	真空吸尘器刷滚、商用清洁刷、地板护理产品，以及用于吸尘器、食品和军事的缝合袋	39
道格拉斯／奎库特／金苏	金苏刀具面向家庭、美食和专业市场；电动和手动钓鱼刀具	38
法兰西	电灯	95
哈莱克斯	提供电气行业配件，如金属外壳	72
寇比	吸尘器	344
斯塔尔	卡车、自卸车、多用途货车和起重机的车身、工具箱；卡车和起重机配件	134
联合消费金融服务	直销商产品的融资，包括家庭护理系统、火灾报警系统、空气和水净化系统，厨具和宠物护理产品	197
韦恩水系统公司	污水坑和公用泵，提供全系列的污水泵、水井泵、草坪泵、游泳池泵和池塘泵	101
西方企业	为医疗和特种气体市场提供高压气体控制、储存和传输	232
《世界百科全书》	家庭和学校的百科全书、参考资料和数字产品	138
斯科特·费泽金融公司	向寇比的客户以及其他消费者提供信贷	未知
斯科特·费泽旗下其他企业	Arbortech——生产用于线路清理和树木护理的切屑和多用途树木车辆 Merlam 流程科技——提供检测液体或气体压力和流量的设备 Powerfex——为医疗、实验室和工业环境提供压缩空气和真空系统 Scot 实验室——提供地毯、地板、汽车和家庭用清洁产品	320

（续）

公　司	业　务	2017 年员工人数
斯科特·费泽旗下其他企业	Scott 护理——提供心血管病患遥测监测、诊断和康复系统 斯科特·费泽电气集团——提供电力产品 韦恩燃烧系统——为热水器、锅炉、熔炉提供燃油加热器，提供比萨饼烤箱、面包师烤箱、洗碗机和家用燃气灶中使用的燃气燃烧器	320

资料来源：伯克希尔－哈撒韦年报（2017 年）。

学习要点

1. 并非所有的企业集团都是一团糟。

   优秀的高管层能够处理复杂事务。

2. 作为一个体面、正直、聪明、敏感的企业拥有者，你会具有一种优势，那就是说服原有高管或股东团队将公司出售给你，并继续努力工作。

   巴菲特和芒格带来的未来前景，远比那些声名狼藉的企业掠食者要好得多，后者带来了高杠杆、无情、干涉以及只顾眼前的短视。

3. 股东盈利是最有用的利润衡量指标，股东盈利贴现法是估算内在价值的最佳方法。

   股东盈利是常规的税后盈利加上非现金项目，并扣除必要的资本项目投资和运营资本。"必要"是指为充分维持企业的长期竞争优势及其产品销量所必需的。

4. 激励管理层创造高资本回报率。

   只需要一份简单的一页纸的合同，其中包括易于理解的资本回报目标、对达成高回报的管理者的巨额奖励、对低回报的惩罚，以及将多余资本输送母公司进行其他投资的激励措施。

5. 把平凡的事情做好。

   无论是投资还是经营企业，都没有必要为了获得非凡的结果而做非凡的事情。

案例 6

费希海默兄弟
（Fechheimer Brothers）

投资概要	投资对象	费希海默兄弟
	时间	1986 年至今
	买入价	4 620 万美元
	数量	84% 的股权
	卖出价	如今依然持有
	获利	没有公开信息，但是在收购 7 年之后，为伯克希尔带来的利润就已经超过了收购价
	1986 年的伯克希尔	股价范围：2 440～3 170 美元 账面净资产：20.73 亿美元 每股账面净资产：1 808 美元

费希海默兄弟（简称费希海默）的故事很不寻常，因为巴菲特和芒格是从私募股权卖家手中买下了这家公司控股权的，这些私募股权卖家是在此 5 年之前，通过杠杆收购的方式获得了该公司的股份，这些聪明的家伙兑现了利润，获利不菲。虽然私募股权公司通常有很好的理由出售股份，比如筹集资金以投资于其他高风险、高回报的对象；或者需要履行义务，将资金返还给投资者，但从他们手中接手的人都需要问这样两个问题：

首先，作为一家卓越的公司，他们为什么愿意放弃自己认为不错的东西？其次，他们是否通过一些手段使公司粉饰了近两年的销售数字？这些手段例如：暂停必要的研发、营销、管理培训等，或通过无理由的涨价来惹怒客户，从而损害公司的特许经营权等。

为了消除这些干扰，巴菲特和芒格寻求并找到了一种保证，即该公司的业务依然强劲，所要求的出售价格相对于其盈利能力而言并不过高。是的，这种保证部分来自会计数字，但更重要的是来自经营公司的赫尔德曼家族的品格和承诺，这个家族自从 1941 年以来一直经营着这家公司，他们拥有巴菲特所追求的品质，例如"才华横溢、高品位、热爱自己的工作"[144]。在公司归入伯克希尔旗下之后，他们仍然持有公司剩余 16% 的股份，因此，董事会和股东利益一致性的问题得到了保证。

收购广告

到 1982 年，巴菲特每年致股东信的读者数以千计，伯克希尔－哈撒韦的许多股东都是商界知名人士，总之，他们对美国各地的经济情况了如指掌。巴菲特认为，在寻找值得购买的新商业目标时，这些人可能愿意充当他的眼睛和耳朵。

因此，从 1982 年起，他在致股东的信中刊登了一则广告，

要求股东留意符合以下条件的机会:

◎ 收购大型企业(税后利润至少为 500 万美元);

◎ 具有持续盈利能力(我们对未来的预测不感兴趣,对扭
亏为盈的情况也不感兴趣);

◎ 具有良好的资本回报率,很少或没有负债;

◎ 具有管理层(我们无法提供);

◎ 业务简单(如果牵涉很多技术,我们无法搞懂);

◎ 提供报价(我们不想在价格未知的情况下,浪费我们或
卖方的时间,即便是初步讨论交易,也是如此)。

"我们不会进行敌意收购,我们可以承诺在 5 分钟
内,对可能的交易做出完全保密和非常迅速的答复。
收购的方式以现金为优先考虑,但当我们考虑使用股
票进行收购时,可以在前一节描述的基础上进行(通
常,我们不会发行股票用于收购,除非我们获得的内
在价值与我们所给予的一样多)。"[145]

1985 年,上面广告中提到的税后利润 500 万美元的标准提
高到了 1 000 万美元,伯克希尔需要发现更大的企业以提升整体
利润。此后的几十年里,这一标准被逐步提高。如今,巴菲特谈
到要狩猎大象才行,如果收购不能带来数十亿美元的利润,那么,
对一家规模达 5 000 亿美元的公司而言,其影响将无足轻重。

来自罗伯特的反馈

事情开始于 1986 年 1 月，伯克希尔的长期股东、费希海默兄弟公司的董事长罗伯特·赫尔德曼写信给巴菲特介绍说，他家族打算持有 16% 股份的公司符合巴菲特的标准。我不确定巴菲特是否一开始就被说服，因为董事长罗伯特·赫尔德曼告诉我们说，在得到反馈之前，他"写了好几次信"给巴菲特，说明自家公司的优点（巴菲特此前从来没有听说过这家公司）。

1986 年春天，他们在奥马哈会面，这给了赫尔德曼一个介绍业务的机会。自 1842 年以来，该公司一直向公共服务组织和军队提供制服。在南北战争和两次世界大战的推动下，到 20 世纪 80 年代，它成为美国海军服装的可靠供应商，并给全美各地的警察部队，以及消防部门、邮政部门和公共交通部门的员工队伍提供制服。它还为棒球裁判员提供专门设计的制服。

费希海默拥有一个由三十多家店面组成的销售网络，并与数十家独立经销商达成合作协议。实体商业店面的存在提供了与客户面对面交流的机会，可以建立长期关系，以及提供竞争对手所缺乏的便利性。

费希海默销售的商品中，只有不到一半是在工厂生产的，但这一部分非常重要，因为这是一个非常关键的区别：

◎ 第一，根据法律，军服和邮政制服必须在美国本土生产。此外，一些警察部门有仅限购买国内产品的政策。

◎ 第二，费希海默的专业制造知识使其能够为客户找到定制的解决方案。

◎ 第三，其"飞十字"品牌在许多公共服务组织中得到了认可和尊重，这个标志体现了质量上乘和服务出色的传统。

◎ 第四，它是市场领导者，因此，比对手具有更好的规模经济和更大的产品范围。

任何有志进入该行业的人都需要花费大量资金来建立这样的知名度，并获得所需的经营效率，这些进入壁垒表明其竞争优势具有一定的可持续性。

诚然，存在便宜制服的供应商，但对于许多人来说，它们看起来过于廉价，州、县和武装部队团体通常不会接受任何看起来二流的、可能缺乏耐用性的东西。

交易

在没有参观费希海默位于辛辛那提的办公室和工厂的情况下，巴菲特和芒格同意与赫尔德曼及其团队会面。进行谈判的地点位于爱达荷州，由于没有直航，双方以及他们的律师搭飞机先飞到博伊西，然后再搭一架更小的飞机去斯内克河的中福克。

这笔交易于 1986 年 6 月 3 日完成，伯克希尔 - 哈撒韦动用了约 2% 的净资产，按照整个公司 5 500 万美元的估值收购了该公司 84% 的股票。收购的情况与购买 NFM 的情况相似，巴菲特说：

> "……（完成收购之后，公司）大部分股份由希望将资金有效运用的人持有，原有家族几代人都积极投身于这项事业，那些喜欢经营企业的家族成员希望继续担任管理者，继续提供管理。而管理层家族希望有一位买家，这位买家无论遇见什么样的出价，都不会再出售公司股份，并让企业在未来像过去一样运营。如此一来，费希海默和 NFM 都适合我们，我们也适合它们。"[146]

赫尔德曼兄弟二人当时都已经六十多岁，但巴菲特认为，"按照我们的标准，他们还是小孩子"。他喜欢让尽可能多的有能力、值得信赖的七旬老人继续经营他的生意，当然，前提是他们有对事业的热爱和动力。此外，这时的巴菲特已经 56 岁了，芒格 60 岁出头。罗伯特和兄弟乔治也得到了下一代赫尔德曼家族三名成员的支持——加里、罗杰和费雷德，这使他们能够保证公司经营的连续性。

巴菲特唯一不太满意的地方是，该公司的规模相对于伯克希尔而言太小：

> "作为收购的对象，费希海默有一个缺点：规模。我们希望下一次收购的规模至少要大上几倍，但在其他方面都是一模一样。"[147]

交易之后发生的事情

巴菲特和芒格都坚信，公司应该保持在自己的能力范围内，而不是试图通过涉足其他产品领域来扩张自己。对于通过投入宝贵的资金来吸引其他地方的客户，以及尝试在其他地方复制过去的成功，应该非常谨慎。

巴菲特和芒格也喜欢简单易懂的企业，无论是技术发生变化还是社会发生变化，这些企业占据的利基市场几乎没有变化。巴菲特在1987年致股东的信中表达得很好：

> "（环境）剧烈的变化和卓越的回报通常不会同时出现。但大多数投资者的行为似乎正好相反。也就是说，他们通常会将最高的市盈率赋予那些标新立异的企业，这些企业承诺进行狂热的变革。这种前景让投资者对未来的盈利能力产生幻想，而不是面对当今的商业现实。对于这些投资梦幻者而言，任何相亲都比与邻家女孩约会更令人向往，不管那位邻家女孩有多迷人。"

巴菲特的经验表明，最好的商业回报通常是由那些现在做着和5年或10年前差不多的事情的公司实现的。这不是管理层自满的借口，企业总是有机会改进服务、产品线和制造技术等，而这些都是人们应该抓住的机遇，经常遇到重大变化的企业，面临更大的战略失误风险。

"此外，不断剧烈转变的经济环境，缺乏建立护城
河式的特许经营权的基础，而特许经营权往往是持续
获得高回报的关键。"

30 年后，制服的生产和销售方式与现在基本相同。当然，
织物和工厂极其可能有所改进，互联网也影响了营销和销售的
形式，但基本面相同。

巴菲特向我们提到了伯克希尔以外的证据，以支持他的观
点，即那些不断改进、业务明确的公司，在技术快速更迭的市场
中通常会表现得更好。他说，《财富》杂志的一项研究表明，从
1977 年到 1986 年的 10 年间，他们追踪的 1 000 家公司中只有
25 家公司平均股本回报率超过 20%，并且没有一年低于 15%。
在这 10 年中，其中的 24 家公司股价表现优于标准普尔指数。

这些公司在两个方面有类似之处。首先，其中的大多数公
司负债很少，几乎没有债务压力。巴菲特认为，真正优秀的企
业通常不需要借款。其次，除了一家高科技公司和其他几家生
产药品的公司外，它们都是看似平淡无奇的企业。大多数公司
的产品或服务并不吸引人，与 10 年前也大致相同（尽管数量更
多，或价格更高，或两者兼而有之）。这 25 家公司的记录向巴
菲特证明，充分利用已有的强大商业特许经营权，或专注于一
个成功的商业主题，通常会产生非凡的经济效益。

"伯克希尔的经验也非常相似。我们公司的高管们

通过不断做好一些非常普通的事情，取得了非凡的成
果。公司管理者们注重成本控制，用心维护公司的特
许经营权，在现有优势的基础上研发新产品和开拓新
市场。他们工作出色，不会被转移注意力，对自己的
业务细节非常关注。"[148]

巴菲特还赞扬了赫尔德曼家族三代人的专注精神，以及不
断创造的销售额和利润：

"制服行业并没有什么神奇之处，唯一的神奇之处
是赫尔德曼家族。罗伯特、乔治、加里、罗杰和费雷
德对这项业务了如指掌，他们经营得很开心，我们很
幸运能与他们合作。"[149]

伯克希尔收回全部投资之后还有更多

我们可以查到伯克希尔控股费希海默兄弟公司之后十年半
的数据，在那之后，这家相对规模较小的公司在巴菲特致股东
的信中被归入伯克希尔资产的"合并记录"类别，不再单独列
示。记录显示，伯克希尔仅仅在 7 年的时间里，就收回了在费
希海默的全部投资（见表 6-1），这些资金汇集到伯克希尔总部
之后，供巴菲特用于投资其他投资对象。

表 6-1 费希海默给伯克希尔提供了快速回报

	伯克希尔在费希海默获得的净利润（扣税以及少数股东权益，单位：百万美元）
1986（6个月）	3.8
1987	6.6
1988	7.7
1989	6.8
1990	6.6
1991	6.8
1992	7.3
1993	6.9
1994	7.1
1995	8.8
1996	9.3

资料来源：巴菲特致股东的信（1986～1996 年）。

但有趣的是，该公司低速的收入增长，并没有给巴菲特和芒格带来太多的困扰，因为他们知道真正重要的是资本回报率，而不是快速增长。巴菲特说，费希海默的投资资本回报"依然非常出色"（1989 年巴菲特致股东的信）。

似乎资本支出和再配置都受到了严格的控制，因此，费希海默只在具有良好回报的地方投资，例如，公司在 20 世纪 80年代员工人数超过 1 000 人，但到 2010 年员工人数减少到 600人以下，这使得巴菲特使用资本的效率更高了。

七圣徒——良好商务能力的一课

1987 年，巴菲特将伯克希尔旗下七家最大的非金融类企业称为"七圣徒"，它们分别是：

◎《水牛城新闻报》

◎ 费希海默

◎ 寇比

◎ 内布拉斯加家具城

◎ 斯科特·费泽制造集团

◎ 喜诗糖果

◎《世界百科全书》

撇开伯克希尔的保险子公司及其股票二级市场的投资不谈，仅这七家公司扣除利息和税负之前的营业利润就已达到了1.8亿美元。但这并不是最令人兴奋的地方，最令人兴奋的是，这个团体仅用了1.75亿美元的净资产就成功创造了1.8亿美元的营业利润。而且，因为债务极少，利息一共仅200万美元，剩下1.78亿美元的净利润。

如果将七圣徒视为一家公司，那么这家公司1987年的税后利润约为1亿美元，净资产回报率为57%（见表6-2）。

为了让大家了解这一点有多了不起，巴菲特翻阅了《财富》杂志关于1 000家公司的数据（500家最大的实业公司和500家最大的服务业公司），发现在截至1987年的10年期间，仅有六家公司的平均净资产回报率超过30%，没有一家能达到57%这样的高度，最好的一家是40.2%。

表 6-2　来自七圣徒的利润

年度	税前利润（百万美元）	伯克希尔净利润（不含税负和少数股东权益）外加 200 万美元在费希海默和 NFM 的少数股东权益收益	税后利润率
1987	180	100	57%
1988	191	117	67%
1989	195	119	68%
1990	203	123	70%
1991	191	117	67%
1992	218	133	76%
1993	224	136	78%
1994	240	148	85%

资料来源：巴菲特致股东的信（1987～1994 年）。

　　可以合理地推理，在这段时间内，七圣徒公司使用的资本并未远超 1987 年的 1.75 亿美元（因为巴菲特通常坚持将旗下公司的富余现金输送给伯克希尔总部，以便于他配置到其他地方），更重要的是，资产负债表上 1.75 亿美元是有形资产净值，而不是伯克希尔为收购这些公司而支付的金额。实际上，伯克希尔 - 哈撒韦一共支付的价格为 2.22 亿美元。

　　但是，正如巴菲特所说，评判这些经理人不应该根据伯克希尔支付的价格，而应该根据他们管理的资产规模，即有形资产净值，"我们为一家企业支付的价格并不影响其管理者掌握的资产规模"（1997 年巴菲特致股东的信）。巴菲特惊诧于七圣徒的赚钱能力，这些公司使用如此少的资本驱动公司成长，并且几乎可以将所获利润全数提供给巴菲特以便投资于新的机会。

这一成功很大程度上归功于这些"真正的杰出管理者"。B夫人家族、赫尔德曼家族、查克·哈金斯家族、斯坦福·利普西家族和拉尔夫·斯凯家族都将自己"非凡的才能、精力和性格结合起来,实现了卓越的财务结果"。

> "有充分理由相信,当我们与这些管理者共事时,我们有很高的期望。然而,无论以任何标准来衡量,我们的收获都大大超出了这些期望。我们得到的远远超过了我们所期望的,但我们愿意接受这种不平等(就像杰克·本尼在获得表演大奖时所表达的观点,'或许我不配得到这个大奖,但是,我也得了关节炎,我原本也不配得关节炎')。"[150]

在谈到他对七圣徒公司的管理风格时,巴菲特说他和芒格的主要工作就是鼓掌。这种鼓掌不是盲目的,而是几十年来观察管理行为和业务表现后发自内心的掌声。

> "芒格和我在商界看到了如此多的凡物,因而,我们发自内心地感谢大师级的表演。对于管理层在1987年的运营表现,只有一种回应是恰当的:持续的、震耳欲聋的掌声。"(1987年巴菲特致股东的信)

一个不同寻常的例子:在1988年伯克希尔-哈撒韦年度股东大会上,巴菲特开玩笑说,赫尔德曼家族掌握着他们业务的全部细节，当一名囚犯进入圣昆廷时，罗伯特和乔治可能知道他的囚服尺码。在美国各地，他们都了解并理解他们的客户，而且，也了解行业的竞争状况。

换岗

仅仅两年之后，69 岁的乔治决定退休。巴菲特并不想让他离开，但从对罗伯特、费雷德、加里和罗杰的持续关注中得到了安慰。巴菲特说："乔治给我们留下了丰富的管理人才。"[151] 之后罗伯特也病倒了，不得不离开公司，因此，巴菲特在短时间内失去了两位非常有能力的经理。罗伯特的儿子接手了公司，但正如巴菲特的朋友兼知己卡萝尔·卢米斯在《财富》杂志上报道的那样，他"未能达到要求，被赶下台了"[152]。接下来的几年里，公司没有指派 CEO。

1997 年，帕特里克·伯恩被任命为费希海默的首席执行官，他的父亲正是盖可保险前 CEO 杰克·伯恩。可想而知，他在保险界具有丰富的经验，同时他还经营过一家模具公司。伯恩曾经被问及为巴菲特工作是什么样的感觉，他说："就像从消防水管里喝水……我生命中的一大亮点就是能够打电话给他，请教各种各样的商务问题……几年前物理学家理查德·费曼去世，另一位物理学家对他的评价说，世界上有两种天才，一种是如果我们足够聪明的话，你和我可能有机会成为的那种天才；另一种是无论我们多么聪明，我们永远都不会成为的那种天才。这种天赋异禀的天才的确存在，巴菲特就是这样的人。"[153]

帕特里克·伯恩于 1999 年离职，去一家小型互联网公司担任 CEO，他投资了 700 万美元，持有该公司 60% 的股份。公司后来更名为 overstock.com，侧重于场外交易，现在市值为 4.2 亿美元，伯恩依然是该公司的 CEO。

2000 年，巴菲特觉得有必要聘请他信任的保险业务副手布拉德·金斯特勒接手费希海默兄弟公司的管理，布拉德不负所望，他很快就让公司的一切回到了正轨。布拉德一直干到 2006 年，当时需要他去接替喜诗糖果中查克·哈金斯退休留下来的职务，在那个位置上，他一直待到今天。布拉德评价巴菲特的做法：

> "巴菲特着眼于长期的前景，因为他没有让我们处于压力之下，没有强求在任何经济环境中，都要保持公司收入和利润持续增长，这样，我们可以着眼于长期……他知道道路有时会崎岖不平，当发生问题时，他知道最好的策略是解决问题，采取行动继续前进，但他希望这些问题可以得到根治，而不是重复发生。（伯克希尔高层赋予的自主权）给了我们信心和激情，让我们能够像管理自己的公司一样进行管理。"[154]

2007 年，鲍勃·杰托接任了公司总裁兼首席执行官的位置。现在他已经 60 多岁了，目前还担任着公司的资深副总裁，这一切得到了费雷德·赫尔德曼的有力协助。

学习要点

1. 经营资本产生的回报率是关键指标，而不是销售和收益的增长。

    一直在寻找增长型公司的投资者可能会错过一些不错的投资对象，这些公司的规模不应该超过它们当前的规模（或许应该缩小）。因为重要的是，一个企业能够在工厂、知识产权、营销等方面，增量投资的回报率是多少？

2. 事在人为。

    费希海默公司的竞争优势使其具备了产生良好回报的能力，其关键因素是优秀的管理人才。正如巴菲特在 1987 年致股东信中所说的："制服行业并没有什么神奇之处，唯一的神奇之处在于赫尔德曼家族。罗伯特、乔治、加里、罗杰和费雷德对这项业务了如指掌，他们经营得很开心。我们很幸运能与他们合作。"在 1988 年致股东的信中，巴菲特谈到七圣徒："在大多数情况下，这些公司的卓越表现，部分是由于其拥有特殊的特许经营权。在任何情况下，卓越的管理都是一个至关重要的因素。芒格和我所做的贡献就是让这些经理安心地处理工作事务。"

案例 7

所罗门兄弟公司
（Salomon Brothers）

	投资对象	所罗门兄弟公司
投资概要	时间	1987 年，可转换优先股 1993～1994 年，普通股 持有直到 1997 年（除了 1995 年赎回了 1.4 亿美元优先股）
	买入价	投资优先股 7 亿美元 投资普通股 3.24 亿美元
	数量	最多时拥有所罗门兄弟 20% 投票权
	卖出价	优先股加普通股一共 18 亿美元，外加 1.4 亿美元优先股赎回，以及超过 5.92 亿美元的分红
	获利	15.08 亿美元
	1987 年的伯克希尔－哈撒韦	股价范围：2 675～4 250 美元 账面净资产：28.4 亿美元 每股账面净资产：2 477 美元

之所以研究所罗门兄弟公司（简称"所罗门公司"）这个投资案例，是因为这可能是沃伦·巴菲特职业生涯中最重大的失败案例。这并不是说他没有从中赚到钱，但赚到钱并不表示不存在失败。这次失败是对他所接受的文化分析的失败，巴菲特投资了一个自己长期以来批评的行业，他批评这个行业挥霍无

度，批评那些毫无用处的游戏和激励政策，正是这些弊端使得
诚信受到排挤。在这个投资案例中，巴菲特将伯克希尔公司 1/4
的净资产投入了所罗门公司，这主要是基于他对所罗门公司的
评估，这项交易呈现给伯克希尔公司股东的是一项低风险交易，
可以提供稳定的收入流。此外，如果这家公司的投资银行家们
表现良好，伯克希尔有可能分享股价上涨的收益。

在这次事件中，巴菲特几乎失去了投入其中的一切，这不仅
仅是钱的问题。巴菲特在社会上享有很高的声誉，但在这个投资
期间，由于所罗门公司的不道德行为，他不得不站出来，四处奔
波，试图挽救一家以自己名义支持的企业，他让自己落入了与所
罗门公司密切关联的陷阱，结果却在所罗门公司的围墙内发现了
道德败坏的交易，它在华尔街的一些交易员的行为至少是高度可
疑的，最坏的情况是完全非法的。在公开披露高层控制松懈，以及
交易撮合人贪赃枉法之后，所罗门公司发现自己的业务正在逐渐消
失，因为客户担心自己可能无法在丑闻中幸存下来，干脆避开它。

巴菲特和芒格的初衷是购买证券，让自己在市场动荡时期
晚上能睡个好觉。结果他们两人都严重失眠，担心第二天会有
什么事情发生。

手握巨资，何处安放

20 世纪 80 年代中期，伯克希尔旗下的各公司以及证券投

资为巴菲特和芒格带来了数亿美元的回报（见表 7-1）。

表 7-1　伯克希尔 – 哈撒韦旗下公司税后净利润

（单位：百万美元）

	1985	1986	1987
承保利润	−23.6	−29.9	−20.7
保险投资收入（含分红及利息）	79.7	96.4	136.7
已实现的证券利得	325.2	150.9	19.8
《水牛城新闻报》	14.6	16.9	21.3
费希海默	–	3.8	6.6
寇比	–	10.5	12.9
内布拉斯加家具城	5.2	7.2	7.6
斯科特·费泽制造集团	0	13.4	17.6
喜诗糖果	14.6	15.2	17.4
威斯科（不含保险业务）	9.7	5.6	5.0
世界百科全书	–	11.7	15.1
其他	19.9	−4.9	4.3
债务利息	−7.3	−12.2	−5.9
伯克希尔股东慈善捐助	−2.2	−2.2	−3.0
利润总额	435.8	282.4	234.6

资料来源：巴菲特致股东的信（1986～1987 年）。

但当时所有价值投资者都面临着一个问题：股票市场一直在飞速发展，道琼斯工业平均指数在 20 世纪 80 年代初仅为 800 点，在 5 年内增长了 2 倍多，1987 年 8 月达到了 2 709 点（见图 7-1）。

1980 年、1981 年期间，投资者非常悲观，他们给美国股票的平均定价仅为 7～9 倍静态市盈率。之后，随着经济衰退结束，公司和股东的信心逐渐增强，市盈率上升到两位数（见图 7-2）。

图 7-1　道琼斯工业平均指数（1980 年 1 月～1987 年 8 月）

图 7-2　标普 500 指数市盈率（1980～1990 年）

到 1986 年，情况开始失控，第二年更是继续上升势头。到 1987 年 8 月，美国股票的平均市盈率超过 20 倍，许多股市宠儿的市盈率比这还要高得多。

当市场先生忙得不亦乐乎、忘乎所以的时候，巴菲特和芒格想以合理的价格找到投资对象已经非常困难。事实上，1986 年巴菲特甚至表示："我们在有价证券领域没有什么新投资打算。"[155] 他满怀深情地回忆起那些"我们可以以合理的价格在优秀企业里投入大笔资金"的日子。[156]

这段时期的主要行动枯燥且令人沮丧，就是"偿还债务和储备资金"。[157]1986 年，保险公司购买了 7 亿美元的期限为 8 年到 12 年的免税债券。对此，巴菲特闷闷不乐，他评价说："你可能会认为这一行为，表示我们对债券有相当大的热情。不幸的是，事实并非如此，充其量这些债券也只能算是平庸的投资。在我们购买它们的时候，它们似乎仅仅是最不令人讨厌的选择，现在看来仍然如此。（目前，我既不喜欢股票，也不喜欢债券，我发现自己与梅·韦斯特的观点正好相反，因为她宣称：我只喜欢两种男人——外国男人和国内男人。）"[158]

1987 年 2 月，巴菲特认为只要人们对股市的热情持续，市场前景就不会转向有利的一面："在目前的股市条件下，我们几乎没有指望为我们的保险公司找到什么可以投资的股票。"[159]

表 7-2 显示了巴菲特不愿意在令人恼火的牛市中购买普通股——大规模持股的数量从 1982 年的 11 家公司下降到 1987 年

的 3 家。他一直忙着出售股票，直到只留下 3 家永久性持股的公司——盖可保险、大都会 /ABC、《华盛顿邮报》，以及一些小规模的套利仓位。

这 3 家永久性持股公司的市值上升，让人觉得似乎巴菲特是在 1987 年时购买的它们，但实际上，伯克希尔所持有的股票数量并没有变化（除了小幅增持大都会），而所持有股票的市值从 1986 年 12 月的 18.38 亿美元[⊖]上升到 1987 年的 21.15 亿美元。这一年的价值大跃升，主要是因为投资大都会股票，投资金额为 5.175 亿美元。

无论遭遇任何困难，都要坚持原则

自从 19 岁成为本杰明·格雷厄姆的学生（1950～1951 年）以来，巴菲特就知道自己在投资过程中，在面临不合适的价格时（市场充满兴奋和非理性的年份），不得不进行长期的等待。出于同样的原因，他也知道非理性的繁荣终将过去，以合理的价格买入的机会将会再现。同时，铁的纪律意味着不要冲动。詹姆斯·麦金托什爵士（和温斯顿·丘吉尔）用一个特定的词来描绘这种状态："无为。"这当然不是说什么都不做，事实上，查理·芒格建议投资者采取 4 项行动：

⊖ 原书此处为 17.46 亿美元，疑似有误。——译者注

表 7-2　伯克希尔－哈撒韦持有的股票

	1982	1983	1984	1985	1986	1987
持有公司数量	11	10	10	7	5	3
持股市值（百万美元）	912	1 288	1 232	1 170	1 838	2 115
包括小型投资在内的持股市值（百万美元）	946	1 306	1 269	1 198	1 874	①
持有公司名称						
联合出版	✓	✓	✓	✓		
美国广播公司			✓	✓		
比阿特里斯				✓		
大都会 /ABC					✓	✓
克拉姆 & 福斯特	✓					
Exxon			✓			
通用食品	✓	✓	✓			
盖可保险	✓	✓	✓	✓	✓	✓
汉迪哈曼酒店	✓	✓	✓	✓	✓	
埃培智广告集团	✓	✓				
利尔西格勒					✓	
通用媒体	✓	✓				
西北印第安纳			✓			
奥美	✓	✓				
雷诺烟草	✓	✓				
时代	✓	✓	✓	✓		
《华盛顿邮报》	✓	✓	✓	✓	✓	✓

①在 1987 年巴菲特致股东的信中，他写道："1987 年底，除了永久性持股和一些套利仓位之外，我们再没有成规模的普通股投资（5 000 万美元以上的股票投资）。"

资料来源：巴菲特致股东的信（1982～1987 年）

1. 准备。

2. 纪律。

3. 耐心。

4. 果断。

在买入或卖出股票或公司的实际行为中，真正发挥作用的决定性因素不到 1/4。在采取行动之前，往往需要经过数周的艰苦准备，例如，每年调研一家又一家公司，才得以发现一颗或两颗宝石，彼得·林奇将这称为在石头下面找到宝石："如果你翻起十块石头，你很可能会发现一个；如果你翻起二十块石头，你可能会发现两个。"[160] 1986～1987 年，巴菲特和芒格翻起了数以百计的石头，但依然没有发现任何宝石。不过，工作还是要继续。寻找过程的本身就是有价值的，即使一家好公司在分析的时候市价过高，不适宜买入，也可以继续追踪，等到有朝一日股价回落到合理水平，在内在价值高于市场价格的情况下，就有了舒适的安全边际。

坚持正确的投资理念需要自律，尤其当你周围的人看起来赚钱很容易的时候，做到这一点尤其困难。当很多消息灵通、见多识广的投机者聚集身边，在狂热中跃跃欲试、活蹦乱跳的时候，你的内心也开始动摇：你是否应该加入他们，追随当前的潮流？

有时候，遵循明智投资原则意味着，你在几个月，甚至几年的时间里业绩不佳，或根本没法投资，这些时候需要极大的耐心，等待市场潮流的转变。

芒格还建议我们"投入更多的时间来学习和思考，而不是去行动""成功的唯一途径是工作、工作、工作、工作，并希望拥有为数不多的洞见"。从这里，你可以了解为什么巴菲特认为芒格是一个伟大的助手，因为他帮助你保持在一条笔直专注的道路上。

有了这样的认知基础，巴菲特对自己所处环境的态度是，属于自己击球的机会终将再次到来。但是，那年春天，巴菲特和芒格在市场上找不到什么有价值的投资目标。巴菲特告诉股东，他们不知道市场何时会转变，但一定会转变。在投资界，恐惧和贪婪这两种顽疾将永远存在，但它们发作的时间无法预测，它们造成的市场扭曲程度也无法预测。因此，他们不会试图预测什么时候会发生。

> "我们的目标不大：我们只是试图在别人贪婪时恐惧，在别人恐惧时贪婪。"[161]

巴菲特把钱放在哪里

伯克希尔公司的大量现金投在了长期债券上，尽管长期债券的年利率通常超过10%，但这还是令人有些担忧，因为巴菲特担心通货膨胀率可能达到两位数，进而导致债券价格下跌。

他还对股票的短期套利购买感兴趣，这种机会通常发生在公司进行收购兼并期间。"我们严格将这种交易限于公开信息的大型交易，并不押注于交易结果。因此，我们的潜在利润往往很小，但是，如果幸运的话，我们也不会太失望。"[162] 表 7-2 所显示的对利尔西格勒公司的投资就属于这类临时持股的一个案例。

> "套利投资是国债投资的一种替代品，是短期资金停泊地，这种选择回报会高一些，同时，风险也会高一些。迄今为止，我们用在套利上的资金回报比原来打算放在国债上的回报高出很多倍。尽管如此，一次糟糕的投资经历足以显著地改变投资业绩。"[163]

可转换优先股是一种投资工具，如果公司的表现不符合预期，它可以提供类似债券的回报，而如果公司表现不错，投资者也可以通过转换为普通股参与其成功。当投资所罗门公司的机会出现时，巴菲特坚称，考虑到公司的情况，他不会购买风险太大的普通股，但他会购买固定股息较高的优先股。巴菲特在所罗门公司的这笔交易开启了优先股投资模式的先河。

所罗门公司的 1987

所罗门兄弟公司是现代华尔街的产物，反过来又促成了现代华尔街。事实上，它是如此典型，其风格在 20 世纪 80 年代占据了主导地位，以至于如果好莱坞想要拍摄一个加班加点、紧张交易的场景，需要场景中有宇宙的主宰，有冷血的交易撮合者，那么所罗门公司就是一个好去处。

所罗门公司一直是一个交易撮合者，但早期它更多是在构建长期稳定关系和维护诚信声誉。在第一次世界大战之前，它的业务规模不大，主要是为华尔街的证券经纪人安排贷款，为金融机构安排债券交易。所罗门公司业务的重大突破发生在战争期间，当时政府邀请所罗门公司将其正在出售的大量债券推向市场。

所罗门公司的债券承销业务在 20 世纪 60 年代突飞猛进，因为只要它承诺帮助企业进行融资，它宁可自己承担重大风险也会确保兑现承诺，因此名声大噪。1976 年它冒着极端风险，为一家小型保险公司承销 7 600 万美元的可转换优先股，这家公司就是盖可保险公司。当时，已有 8 家华尔街机构将盖可拒之门外，认为它注定会彻底失败（详情参见投资案例 1 ）。尽管没有其他投资银行愿意参与这项融资方案，但是所罗门公司的二把手、巴菲特的好友约翰·古特弗雷德力排众议，愿意用公司的声誉和资金确保盖可保险可以足额完成 7 600 万美元的融资，巴菲特对此欣赏有加。这项融资计划的最终方案是无论集资多少，余额由伯克希尔全部吃下，但这并不一定发生，因为有了巴菲特和所罗门公司的背书，其他投资者信心大增，纷纷加入认购。最终，伯克希尔自己仅获得 25% 的份额。

随着信心的增长，20 世纪 70 年代所罗门公司展开了兼并、收购，并将业务扩展到伦敦、香港等地。当 1978 年约翰·古特弗雷德接任 CEO 时，所罗门公司已经是美国第二大承销商和最大私人经纪公司。它朝着新的方向发展，例如在 20 世纪 80 年代杠杆收购的热潮中，它赢得了热情参与者的声誉。所罗门公司甚至是一些金融业务的开创先驱，例如它购买住房抵押贷款[164]、出售抵押贷款支持证券（MBS），以及将其重新包装成可在华尔街交易的债券。

1987 年，所罗门公司提供了广泛的投资银行服务，从公司债券做市和外汇交易，到兼并咨询和股权融资。据《商业周刊》杂志封面报道，站在这个巨人的肩上，约翰·古特弗雷德已经成为"华尔街之王"。[165]

交易

在处理盖可保险的融资交易时，巴菲特和古特弗雷德在并肩战斗中建立了友谊。随后的几年中，遇见紧迫的问题，他们会定期通过电话以及见面的方式进行讨论。即便是投资银行的巨头也需要一个自己可以信赖的人，帮助自己迅速抓住问题的关键并畅所欲言。通过交往，巴菲特注意到，古特弗雷德给自己客户公司的建议通常是出于客户利益最大化的考虑，而不是优先考虑所罗门公司可能获得多少收入。古特弗雷德在华尔街以专横的硬汉形象深入人心，但巴菲特觉得在某种程度上，他诚实、精力充沛以及具备自己所欣赏的能力。也许，要经营一家充满进取心的投资银行，向各个方向发展，你需要有人能够诱导和驾驭人群中的佼佼者，以维护秩序。

1987 年中，英美资源集团（Anglo American）和南非戴比尔斯集团（De Beers Group of South Africa）的海外投资子公司米诺科（Minorco）向约翰·古特弗雷德明确表示，他们希望出售手中持有的 14% 的所罗门公司股份，约合 7 亿美元。

他们在华尔街四处兜售，直到激进的企业掠食者罗纳德·佩雷尔曼（Ron Perelman）表现出兴趣。他说，如果自己买下这 14% 的股份，就会要求得到所罗门公司董事会的两个席位。这让古特弗雷德和他的高管们感到不安，这位华尔街之王决定问问他的老朋友沃伦·巴菲特，问他是否愿意扮演白衣护卫，也就是一个对公司高管友好的大股东。提出的方案是巴菲特向所罗门公司注资，然后所罗门公司可以从米诺科公司手中回购自己的股份，从而使佩雷尔曼难以获得大量股份。

巴菲特认为如果直接购买所罗门公司的普通股对伯克希尔而言风险太大，但如果该公司在未来几年表现良好，他也希望能从中获益。因此，最终的方案是，巴菲特同意购买所罗门公司的优先股，该优先股允许他可以在交易完成的 3 年后，如 1990 年 10 月，将这些优先股转换为普通股（数量大致占所罗门公司普通股的 12%），在转换之前，优先股的股息收益率高达 9%。按照 7 亿美元投资额计算，这意味着伯克希尔每年可以收到 6 300 万美元。

总的来说，他认为伯克希尔每年可以获得令人满意的 15%

的回报，前提是普通股的价格在这几年中从较低的 30 美元上升到 50~60 美元。如果结果证明普通股的价格没有超过 38 美元的可转换价格，伯克希尔公司可以一直持有优先股并收取股息。所罗门公司也同意，在 1995 年 10 月 31 日至 2000 年 10 月 30 日期间，每年回购价值 1.4 亿美元的优先股。[166]

巴菲特在 1987 年致股东的信中表示，他无法预测所罗门公司未来的利润，因此选择可转换优先股而非普通股的原因如下：

> "当然，对于投资银行业的发展方向或未来盈利能力，我们没有什么特别的看法。就其性质而言，预测该行业经济前景的难度远高于我们曾经参与过的大多数其他行业，这种不可预测性是我们采取可转换优先股形式参与的原因之一。"[167]

他数月前在《华盛顿邮报》上表达了观点[168]，认为华尔街是一个"急功近利"的地方，在那里，聪明的名校毕业生怂恿客户进行过度活跃的交易：

> "华尔街的收入取决于改变处方的频率，而不是药物的疗效。就像对赌场老板而言，有利的是，每一笔交易他都会咬下一口，但这对顾客来说是毒药。从投资者变成投机者，顾客在财务上遭受的负面影响，就像在肯塔基赛马会上每年下注一次，转化为在赌博比赛上每天下注。华尔街喜欢把疯狂金融游戏的泛滥描

述为一种复杂的、亲社会的活动，促进复杂经济的微调……我总是会想象，一艘载有 25 名经纪人的船遭遇了海难，他们奋力挣扎着游上了一个荒岛，那里没有救援。他们面临的问题是需要发展出一个经济体，一个能使消费和快乐都最大化的经济体。如此一来，我想知道，他们会不会指定其中的 20 个人生产食物、衣服、居所等，与此同时，指定另外的 5 个人为那 20 人未来产出的东西进行大量的期权交易。"

古特弗雷德对那些华尔街的掠食者心存戒备，为了确保安全，他不仅为可转换优先股提供了非常丰厚的收益率，并且给出的转换价格仅比当时普通股价格略高一点点。此外，还为巴菲特和芒格留出了两个董事会席位。所罗门公司及其股东团体内部有人抱怨，认为巴菲特受到了非常特殊的待遇，但古特弗雷德坚持认为，为了获得巴菲特的保护，这是值得的，这使得公司免遭那些垃圾债券助长的企业掠食者的侵袭。

巴菲特拿出了伯克希尔公司 1/4 的净资产投资于所罗门公司，这是他迄今为止最大的一笔投资，这样的决策基于他对约翰·古特弗雷德品行的评估：

> "他是那种芒格和我喜欢、欣赏和信任的人。我们第一次见面是在 1976 年，当时他在盖可保险摆脱濒临破产的困境中发挥了关键作用。此后，我们多次看到

他引导客户远离那些不明智的交易，依照惯例，那些
交易原本可以给公司带来大笔收入，但古特弗雷德的
客户们显然希望得到这样的建议，尽管这样做不会给
所罗门公司带来任何收入。这种自觉的超越自我的服
务在华尔街极为少见。"[169]

1987 年 10 月大崩盘

就在 1987 年 10 月的股市大崩盘之前一个月，巴菲特购买
了所罗门公司的优先股，可以说，巴菲特是坐在前排近距离观
看了股市的崩盘。崩盘前，所罗门公司热心的数学爱好者告诉
他，他们已经掌握了成功投资的"科学"，他们可以从分析市场
走势和大量宏观数据及公司数据中，看出哪里是可以下注的地
方，他们用计算机程序挑选股票。为了在下跌时起到保护作用，
他们还编写了程序代码，指示计算机在市场下跌超过一定比例
的时候自动抛售股票以及股票期货合约，因此，他们认为自己
不会受到任何下跌的不利影响。

但是，巴菲特和芒格以前也见过这种过度自信的人，这些
人根本没有琢磨过本杰明·格雷厄姆对于投资的定义，即：

①对公司的透彻了解；

②安全边际；

③对于回报的合理预期。

恰恰相反，他们只会从事令人不寒而栗的投机活动，我们可以在图 7-3 中看到这种投机的结果，仅仅几天时间，市场就从峰值下跌了 36%。

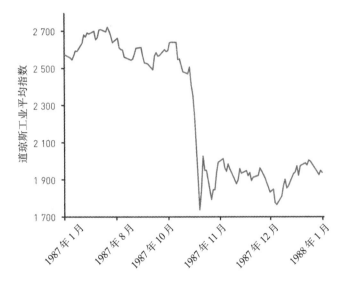

图 7-3　道琼斯工业平均指数（1987 年 1 月～1988 年 1 月）

巴菲特之怒

巴菲特将此次崩盘事故归咎于管理数十亿美元资产的所谓"专业"投资者，谴责他们的短期主义行为。许多著名的基金经理并不关注他们所投资企业的业务质量，他们关注的是其他基金经理在未来的日子里干些什么。对于这些人而言，股票已经成为游戏中的代币。

巴菲特也抨击了投资组合保险（Portfolio Insurance），这是一种 1986～1987 年流行的资金管理策略。这种策略的思路是，随着股价的下跌，股票投资组合中比例不断增加的部分将被抛售（类似于小投资者的止损策略）。在这个过程中，股价的变动是唯一的关键因素，设定的下行点位将触发卖出指令。《布雷迪报告》指出，1987 年 10 月中旬股市上有 600 亿到 900 亿美元的股票就处于这种一触即发的状态。

因此，一家公司的股票价格越低，遭到抛售的力度就越大。巴菲特说，这种疯狂的逻辑推论就是在说，一旦股价大幅反弹，就应该买回这些股票。

在如此反复无常的市场中，很多评论员得出结论：小投资者几乎没有成功的机会。对此，巴菲特说：

"这个结论是完全错误的，这样的市场对任何投资者（无论规模大小）而言都是一样的，只要他坚持自己的投资理念。由手握重金的投机型基金经理引起的非理性波动，会为真正投资者提供更多可以做出明智投资决策的机会。只有在心理压力迫使其在不利时刻抛售股票的情况下，他才会受到这种波动的伤害。"[170]

1929 年的股市大跌以及其他许多崩盘之后都发生了严重的经济事件，但 1987 年的股市崩盘明显不一样，甚至有些奇怪，因为实体经济的发展一如既往，喜诗糖果依然销量巨大，寇比真空吸尘器的销量也没有什么变化，这场崩盘看起来几乎纯粹是一场金融泡沫，正如伯克希尔 – 哈撒韦公司的股价走势所反映的那样，从年初略低于 3 000 美元到年末略高于 3 000 美元，但这中间股价坐了一回过山车，最高涨幅一度达到 40%，这个走势与整个市场走势非常相似。参见图 7-4。

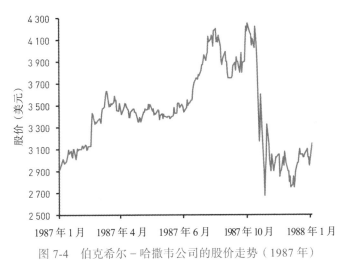

图 7-4　伯克希尔 – 哈撒韦公司的股价走势（1987 年）

资料来源：雅虎财经。

忽略巴菲特和芒格

虽然 1987 年华尔街的恶作剧对实体经济影响甚微，但的确在华尔街创造了众多赢家和输家。作为一个在许多风险领域都富有进取精神的玩家，所罗门公司受到的影响比大多数公司都大。10 月，它的税后损失约为 7 500 万美元。这一年它的利润比 1985 年的历史峰值 5.57 亿美元下降了 80% 左右。1988 年 1 月，古特弗雷德宣布自己在 1987 年不领取任何奖金。然而，他并不想完全两手空空，取而代之的是，他将获得 30 万股所罗门公司的股票期权，期权的行权价格为 18.125 美元。当时，所罗门公司的股价刚从数周之前的 30 美元大跌了不少。如果股价回升至 38.125 美元，这些期权的内在价值将达到 600 万美元。

尽管公司在他的领导之下出现了严重失误，但古特弗雷德在 1988 年仍然掌舵。所罗门公司的一位高管说："约翰·古特弗雷德是一位威风凛凛的人物，他极度自信、极其聪明、不惧激烈竞争，是华尔街合伙制盛行时代的样板，那时一个人的个性可以影响一家公司。这里有很多人，我指的是公司里的高层，他们以古特弗雷德是否微笑来给自己的工作打分。"[171]

在恢复利润的决心中，古特弗雷德选择解雇了 800 人（公司一共 6 800 人），在这个过程中，他关闭了帮助州政府、市政府销售债券的部门，以及负责商业票据（几天或几周的短期借款）销售的部门。

怎么会这样

新上任的董事会成员巴菲特和芒格对此感到惊讶，在经历了利润和股价暴跌的一年后，高管团队的反应是降低员工股票期权的行权价格，这样一来对员工更有利，从而使得他们在股东遭受巨大损失的时候更容易获得丰厚奖金。自然地，巴菲特和芒格反对这种做法，并认为这种做法在道德上是有问题的。但是华尔街文化影响的结果是，这两个外来者的抗议无人理会，得到的只是耸耸肩而已的回应。

巴菲特没有具体说明，他说所罗门公司还有很多其他的问题困扰着他，"一件接着一件的麻烦事出现，我认为这简直是疯了，但他们不想让我说什么"。[172] 从董事会辞职也很难，因为这会向市场发出负面信号，可能会压低股价，从而给伯克希尔的股东带来损失。但除此之外，他仍然钦佩并信任所罗门公司的掌门人古特弗雷德。

20 世纪 80 年代后期，虽然古特弗雷德看起来很强势，但所罗门公司内部各个部门已经越来越分散成各个山头，成为一个个由海盗式的霸道人物统治的领地。古特弗雷德正在失去对公司高管的控制，当他试图削减那些表现不佳的部门时，他想要保留的人才往往会跳槽到竞争对手那里，公司内部的高管也会威胁说要离开。他们以此相威胁，以便从古特弗雷德那里获得更多的奖金和更大的自主权。古特弗雷德对此束手无策，只能越来越默许这种风气的滋长。

许多高管进行了大量不透明的衍生品交易，这些交易头寸的实际价值很难确定，因为大多数头寸都不是在交易所里完成的，因此数学模型往往只能根据一些变量，例如基础资产两年前标准差的变动来进行估价。值得注意的是，使用这些极具可塑性模型进行计算的人，往往正是那些最初进行衍生品交易的人，如果模型显示从一个时期到下一个时期价值出现增长，他们便可以获得巨额奖金。作为审计委员会的一员，芒格对此提出抗议，但影响甚微。所罗门公司的普通股价格多年来毫无起色，就是因为奖金猛增，一些顶级的交易员一年收到的奖金超过 2 000 万美元，超过 100 名交易员人均获得的年度奖金超过了 100 万美元。

一直需要的信用

所罗门公司里的高管们专注于自己的奖金，因此致力于增加交易量，但这为公司制造了一个可怕的弱点。越来越多的人倾向于通过融资来购买金融资产（债券、股票、利率衍生品头寸等），通过出售金融票据进行融资，票据的纸片上会写着："自发行之日起的 7 日，由所罗门公司以 10 亿美元赎回。"出资人提供给所罗门公司的资金金额略低于 10 亿美元，从而给商业票据的买方提供了有效利率。

这种模式一直运行得不错：

1. 如果涉及的金额相对于公司净值很小，所罗门公司的净资产约为 30 亿～40 亿美元，相应的负债超过 1 000 亿美元。

2. 如果所罗门公司真的用募集的资金购买了流动性相对较差的资产，那么商业票据市场的信心依然可以维持，从而使其能够定期展期短期债务。但是，如果在 7 天之内，没有人想接手这 10 亿美元的商业票据，所罗门公司可能会被迫出售长期资产以偿债，而匆忙的抛售可能会导致资产价格偏低。

濒临死亡的所罗门

1991 年夏天，所罗门公司的普通股价格达到了 38 美元的水平。在这个水平上，将优先股转换为普通股非常有利。看起来巴菲特最终能获得比区区 9% 的回报率更高的回报，因为他可以享受转换带来的股价上升的好处。

但是，灾难突然降临！1991 年 8 月 8 日，星期四，巴菲特在内华达州的太浩湖畔收到一条信息，说古特弗雷德急着要找他。那个傍晚，古特弗雷德刚刚从伦敦飞过来，所罗门公司的律师希望他来律所。巴菲特认为，也许这是个好消息，也许所罗门公司将被出售，而伯克希尔可以获得丰厚的利润。

但这个消息令人震惊，所罗门公司负责竞购政府国债的董事总经理保罗·莫泽尔多次违反规定。按理说，成为政府票据以及债券的一级交易商是一种莫大的特权，这意味着所罗门公司是能够代表自己或其他投资者购买大量证券、被指定的少数机构之一。在所罗门公司获得价格优惠之后，这些证券可以出售给最终投资者。一级交易商的地位具有极高的信任度。

由于一级交易商如此之少，因此一个或一批一级交易商有可能通过购买全部或大部分债券来垄断市场，然后，比方说，通过控制公开市场债券供给数量以推高二级市场价格。针对这种情况，美国财政部引入了一项规定，即一级交易商不得在政府国债拍卖中购买超过 35% 的份额。这样一来，买家的数量就会扩大，避免垄断后的二级市场也会健康发展。

但所罗门公司负责竞购政府国债的保罗·莫泽尔选择绕过这一规定，他代表所罗门公司公开竞购最高上限35%的债券，然后，在没有征求客户意见的情况下，代表他们竞购更多的债券。这些债券随后迅速从客户的账户转移到所罗门公司的账户，而其客户并不知道自己的账户是以这种方式被使用的。由于莫泽尔持有相当大比例的债券，因此他能够操纵市场，从那些无法参与竞争、但想要债券的热心买家那里获得更高的价格。

掩盖导致情况更糟

巴菲特站在内华达州的付费电话旁，被告知莫泽尔已被停职，不久将发布新闻稿。就像经常发生的背信和丑闻事件一样，最具破坏性的并不是最初的行为，所罗门公司可能会将这一非法行为归咎于一个违规交易员的个人行为，支付罚款，失去一些生意，但除此之外，公司还会继续存在。但是，由于没有向政府和监管机构坦陈，公司的老板们知道的内情以及何时知道，这使得犯罪情形更加严重。

在这通1991年8月来电的4个月前，莫泽尔向他的顶头上司坦白了自己所做的一切（在收到财政部的一封愤怒的来函之后）。他的老板把这件事报告给了古特弗雷德和其他高层，他们的结论是，为了保持财政部和金融监管机构对公司的信任，他们必须报告纽约联邦储备委员会。但是，他们拖了4个月，什么都没做。当然，他们否认所罗门公司董事会的大多数董事知道这一违规行为。5 月，莫泽尔再次照旧操作，竞拍下了政府债券的绝大部分。

在 8 月 9 日的新闻稿中，古特弗雷德和他的执行团队没有承认隐瞒真相 4 个月，而是选择忽略这一点。律师芒格大发雷霆，因为他被告知，如果他们胆敢全面披露他们之前的模糊行为，那么该公司可能会失去当局的信任，以及向它借款的人的信心，尤其是那些短期商业票据的买家。或许数日内，所罗门公司可能会流失数十亿美元，对此只能干瞪眼，因为放款人担心所罗门公司会受到美国政府的严厉制裁，从而失去包括在重要财政拍卖中的投标资格，而这些拍卖曾经使所罗门公司声名远扬，并赚取了可观的利润。所罗门公司的高管们认为可以私下向当局汇报，但他们没有早点坦白，结果搞砸了。在新闻稿中省略这一点，以避免引起紧张的贷款人和衍生品交易对手的风吹草动。

8 月 14 日，所罗门公司董事会召开电话会议，坚持要求公司公开承认掩盖事实。但是在这件事的推进过程中，古特弗雷德又犯了错误。会议前一天，他收到了纽约联邦储备银行发来的一封信，信中指出，由于今年早些时候所罗门公司没有披露莫泽尔的行为以及执行董事对此事知情的信息，所罗门公司与美联储的"持续业务关系"现在受到质疑。监管当局给了所罗门公司 10 天时间提交一份全面的报告，列出他们所知道的一切。监管者非常明确地期望将这封信传达给所有董事会成员，以便他们能够做出回应，其中可能包括解雇公司高管的行动，但古特弗雷德选择不让其他董事会成员知道美联储的这封信。

董事们依旧被蒙在鼓里，所以并没有像监管者期望的那样行事，纽约联邦储备银行总裁杰拉尔德·科里根的预期落空了，他认为这是一种傲慢和蔑视的行为。巴菲特后来说："可以理解的是，美联储在这一点上觉得董事会和管理层一起朝他们的脸上吐口水。"[173] 现在，愤怒的官员们就像要砸向所罗门的一吨砖头一样。

8月14日在发布了更为详细的新闻稿后，所罗门公司的股价下跌到了27美元以下，但这仅仅是开始，正式宣布的消息加上市场流传的谣言，使债权人的信心遭到了双重打击。到那年夏天，所罗门公司的债务为1 500亿美元，大多是商业票据和中期票据形式的短期贷款。这样的坏消息只要透出一丝丝麻烦的迹象，这些放款机构就不再接电话，而是把资金放在其他地方。它们开始挤兑所罗门公司。

所罗门公司担任许多公司债券的做市商，包括它自己公司发行的产品。通常情况下，所罗门公司的债券交易量很小。但8月15日，抛售的指令单大量涌现。起初，做市商通过降低购买价格来应对，但最终，它们不得不做了一件令人担忧的事情——拒绝交易，这发出了一个非常糟糕的信号。现在，持有所罗门公司债务的买家们非常紧张，因为没有人愿意购买他们所谓的"可交易"资产，所有其他的做市商也都随之停止了交易。

巴菲特和芒格出手相救

第二天早上 6 点 45 分，古特弗雷德给在奥马哈家中的巴菲特打电话，告诉他自己即将辞职的消息。大约 1 个小时后，当巴菲特到达他在基威特大厦的办公室时，他们进行了另一次谈话，二人达成一致意见，巴菲特将介入所罗门公司的事务，试图解开僵局。

巴菲特的好友、《财富》杂志撰稿人、40 年来无偿帮助巴菲特编辑致股东的信的卡萝尔·卢米斯称，巴菲特接手拯救所罗门公司这一异常艰难的任务的动机是：首先，他想挽救伯克希尔已投下的 7 亿美元，但他也觉得，作为一家陷入困境的公司的董事，提供尽可能的帮助也是他的责任。他试图寻找另一位候选人，但很明显，他是最合适的人选。巴菲特在当年的信中半开玩笑地告诉伯克希尔的股东，他在伯克希尔的工作并不繁重，因此他可以去纽约溜达溜达：

> "伯克希尔旗下的运营经理们都干得非常出色，我相信我可以大大缩短在公司的时间，公司的发展会继续一往无前……我的工作只是正确对待他们，并正确分配他们所产生的资金，即便我在所罗门公司工作，也不会妨碍这两项工作。此外，你应该注意到，我的所罗门公司头衔中所含的'过渡期'。伯克希尔是我的初恋，也是一个永远不会褪色的人。去年在哈佛商学

院，一个学生问我打算什么时候退休。我回答，'大约
在我死后 5～10 年'。"[174]

如何选择经理人

在 1991 年 8 月那个决定性的星期五，巴菲特的关键任务是
重新赢得监管当局的信任。首先，这意味着他应该在奥马哈等
待纽约联邦储备银行总裁杰拉尔德·科里根的电话。当终于等
到这通电话的时候，科里根提到假设巴菲特和其他董事都知道
这件事情的来龙去脉，他需要一份关于所发生事情的真实报告。
巴菲特一脸茫然地想：这是什么要求？当晚，当他们在纽约会
面时，科里根没有心情表示友好，他警告巴菲特要做好"可能
发生任何事"的准备，这话出自监管者之口是一种非常具有威
胁性的语言，因为这意味着所罗门公司可能被吊销业务许可。

周六，巴菲特的任务是找到一位新 CEO。他为此设计了一
个简单而巧妙的计划，该公司最高阶层的 12 名高管被邀请与巴
菲特分别进行 10～15 分钟的谈话。巴菲特提出的关键问题是，
他们认为谁应该成为他们的老板。大家以压倒多数的投票支持
英国人德里克·莫恩，他曾是远离混乱华尔街的东京办事处的
负责人。莫恩是一个习惯于在信任基础上发展长期业务关系的
企业金融家，他被认为是一个正直而有能力的人，他所拥有的
优势不是来自所罗门公司肮脏的交易方。

后来在一次哥伦比亚商学院的谈话中，巴菲特讲述了他的
想法：

> "单独会面就像一起进入散兵坑，他们可以像用枪
> 指着我的头一样开出价码，或者可以说从高盛或同行
> 得到了一份录用通知，给出的报价是他们现在收入的
> 两倍，或是提出诉讼要求特殊的个人赔偿。总之，情
> 况很复杂，这些人可能会有一百万种不同的情况。"[175]

巴菲特向同学们提出了一个问题：假如他们中了彩票，而
奖品是挑选一个同学，他们一辈子可以获得这个同学终生收入
的 10%，他们会选择谁？巴菲特大胆地推测，他们最终会选择
一个自己可以信赖的人，这个人不会妨碍他们的职业发展，这
个人乐于为别人的好想法添砖加瓦，这个人总是表现出色，而
不是自我炫耀。巴菲特接着说，他面前的每个学生都可以选择
这些品质，但这些品质中的大部分是习惯。接下来他说：

> "德里克·莫恩表现得很好……他没有放弃自己的独
> 立性、独立思考的能力或任何这些品质……德里克在接
> 受这份工作两三个月后，从来没有问过我他可以拿到多
> 少薪水，更不用说有律师帮他谈判了……（他）有一个
> 想法，那就是把这个公司完全保持下来，然后建立一个
> 符合他理想形象的企业……他每天工作 18 个小时。他
> 本来可以在其他地方赚更多的钱……选择那种你想让

自己的儿子或女儿与其结婚的人为你工作，你是不会
错的。"[176]

星期六的《纽约时报》报道了巴菲特被任命为所罗门公司
主席的消息，提到他以"卓越的投资和对华尔街弱点的刻薄态
度而闻名……巴菲特多年的投资使他在华尔街赢得了'清白先
生'的声誉，所罗门公司投入巴菲特的怀抱，这表明了公司丑
闻的严重性以及对其声誉的威胁"。

巴菲特对董事们表示，他将非常开放，努力挽救该公司的
地位及其在遵守规则方面的声誉，他认为市场上的主导力量有
违诚实的标签可能会损害美国市场在全球的信誉。"一位有美国
国债市场背景的华尔街高管说，我们之所以形成这样的业务运
作方式就是因为每个人都是完全诚实的。我向你保证，你在一
个电话里可以转移数十亿美元。但这些人在撒谎。"[177]

周日无休

星期天上午 10 点，美国财政部打来电话，表示几分钟后将
宣布取消所罗门公司参与财政部债券拍卖的资格，无论是自己竞
购还是为客户竞购均不被许可，这足以毁掉整个公司。这样做的
直接影响并不大，因为那个时候，所罗门公司在政府债券交易之
外的许多金融领域均盈利颇丰。真正重要的影响是，所罗门公司
现在被财政部列为不受欢迎的公司，这会影响金融界其他机构的
看法。如果财政部不跟所罗门公司打交道，那么其他人为什么

还有必要与其打交道呢？纽约时间当天下午晚些时候，日本股市开盘在即，届时所罗门公司的股票将被大量抛售，因为投资人会争先恐后地夺路而逃。

那个星期天上午，时间已是非常紧迫，董事会必须决定是否选择宣布破产，接着清算资产，在普通股和优先股投资人丧失所有之后，看看对不同债权人的负面影响。

大家都希望在彻底地进行清算之前，说服财政部撤销或修改禁令，但希望渺茫。在破产计划进行期间，巴菲特给财政部和美联储主席艾伦·格林斯潘打了电话。最终，财政部长回了巴菲特的电话（从赛马场打来），对巴菲特来说，非常幸运的是他们二人原本就认识。财政部长尼古拉斯·布朗迪是马尔科姆·蔡斯的侄子，而蔡斯正是伯克希尔－哈撒韦管理层的家族成员。布朗迪当年在哈佛商学院的 MBA 论文正是关于伯克希尔（1954 年）的分析，得出的结论为负面，以至于他卖掉了自己手中的股票。但巴菲特和布朗迪相识已久，并建立了友谊。

此时，紧张的情绪已经开始蔓延，巴菲特恳请布朗迪撤销禁令时，他的声音开始嘶哑。他补充说："所罗门公司已经准备破产，公司的破产将导致许多其他金融机构倒闭。这不仅对华尔街，而且对整个金融世界都是巨大的破坏，因为所罗门公司在所有主要金融业务中都有业务往来。"

布朗迪与巴菲特进行了多次电话交谈，并与其他政府官员和监管机构领导人进行了多次磋商，最终在当地时间下午 2 点

30分，由财政部助理部长杰尔姆·鲍威尔（现任美联储主席）电话通知巴菲特说，会即刻发布一项公告，允许所罗门公司以自己的账户而不是客户的账户参与债券拍卖活动。这个信息意味着，即使所罗门公司有表现不佳的地方，但财政部依然认为所罗门公司是可靠的。监管当局对沃伦·巴菲特的人品以及他对纠正错误的承诺给予了极大的重视。

董事会很快就正式投票通过了对巴菲特担任董事长以及德里克·莫恩担任董事和运营主管的任命。几分钟后，两人一起出席了一个拥挤的新闻发布会，并在两个多小时内回答了很多问题。一名记者问：“你如何处理在奥马哈和这里两地工作的问题？”巴菲特回答说：“我母亲把我的名字缝在我的内衣上，这样就可以了。”当被问及所罗门公司的文化时，他说，有些人可能会称之为男子汉或骑士，“但是我不认为他们会出现在修道院里”。

最终，上述举措奏效了，周一开市之后，所罗门公司股票的交易表现秩序井然。但接下来的几个月依然很艰难，在莫恩领导下，公司所持有的金融工具风险敞口数量大幅减少，从而也大幅减少了所需要的借贷资金数额。

缓慢的重建

监管机构最终给所罗门公司开出的罚款是一个相对较低的数额，罚款1.9亿美元外加一个1亿美元的赔偿基金。重要的是，没有提出刑事指控。罚款之所以被降低是因为巴菲特提供的非凡配合，以及他对于公司未来行为承诺的可信度。

　　起初，巴菲特每周都要在纽约待上几天（年薪为 1 美元），整天担心接下来会发生什么事威胁到该公司的生存，例如因为记者们发现了所罗门公司更多的不当行为而使其面临再一次的政府机构调查、再一次的客户流失和再一次的媒体抨击。在此期间，股价下跌至接近 20 美元的水平。巴菲特也牺牲了大量睡眠时间，他必须改变原先对利润分配的态度，在资本回报率很低的时候，投资银行家们仍然认为他们可以拿走 3/4 的利润作为奖金，剩下的才留给股东。除了日常试图重塑文化之外，巴菲特还通过在《金融时报》《纽约时报》《华尔街日报》和《华盛顿邮报》上刊登两页广告，转载所罗门公司第三季度报告，向公众发出提醒，并阐述一个好的薪酬计划是如何运作的。关键因素是他的信——注意到他不在意失去那些价值观不一致的员工（后来他确实失去了十几名投资银行家，因为他们的奖金被削减了数十万美元，竞争对手也打电话来挖人）：

　　　"你们大多数人都读过关于所罗门兄弟公司高薪酬的文章，有些人也读过我在伯克希尔-哈撒韦年度报告中所写的管理激励薪酬的讨论。在这些文章中我说，我们相信合理的激励薪酬是一个很好的奖励管理者的方式，我也赞同卓越的管理业绩应该得到卓越的薪酬，我会继续赞同这些观点。

但所罗门兄弟公司的问题在于薪酬计划在某些关键方面不合理，其中一个不合理之处是薪酬水平相对于整体业绩而言过高。例如，去年公司证券部门的净资产收益率约为10%，然而，该部门工作人员的个人收入却达到或超过了100万美元。这些人中许多人表现非常出色，显然他们的报酬是应得的，但总体而言，目前的安排毫无意义。尽管扣除薪酬前的营业利润与1989年持平，但薪酬却增加了100多万美元，这意味着股东的收益也下降了同样的数额。事实上，一些人的出色表现弥补了另一些人的不足。

……所罗门公司是一家依靠大量股东资本的公众公司，在这样的运营模式中，优秀员工的超额收入（也就是说，他们所带来的收入超出他们应得的报酬）应该归股东所有……为股东提供中等回报的员工应该期望他们的公司也做出同样的反应才对。在过去，这既不是所罗门公司的期望，也不是惯例。所罗门公司的董事们决定，公司1991年的总薪酬将略低于1990年的水平。然而，到1991年6月30日，实际薪酬的比率大大超过了1990年。因此，在第三季度对应计项目向下调整了1.1亿美元。

在1991年以及往后，所罗门兄弟公司的高薪员工将以股票的形式获得他们的报酬……这促使管理者像股东一样思考，因为，这迫使他们持有所购买的股票至少5年，从而使他们共同面对公司的业务风险和机遇。

与这种股票期权安排成对比的是，在通常的股票期权计划中，经理人只有在企业经营成功的情况下才获得真金白银，然后通常会迅速出手卖出股票。

我们希望看到该部门的管理人员通过掌握所有权而变得富有，而不是简单依靠他人的所有权变得富有，我认为事实上，所有权可以及时为我们最好的管理人员带来可观的财富，可能远远超过他们现在认为可能的数额。在相对较短的几年里，所罗门公司的关键员工可以用自己的薪酬购买 25% 或更多的股份。

一个员工为公司做得越好，他拥有的股票数量就越多。当然，我们的绩效工资理念无疑也会导致一些经理人的离职。

但非常重要的是，同样的理念可能会促使表现最好的人留下来，因为这些人可能会认为自己属于那类优秀击球手，应获得适当的报酬，而不是眼睁睁地看着自己应得的奖励被分配给表现较差的人。

如果有异常数量的人离开公司，结果不一定不好，其他与我们想法和价值观相同的人被赋予更多的责任和机会。最终，我们必须有人符合我们的原则，而不是相反。"

几周之后，当巴菲特选定的经理到位（来自著名的查
理·芒格律师事务所的罗伯特·德纳姆出任公司董事长），随着
市场的稳定和信心的建立，巴菲特待在纽约的时间渐渐缩短了，
每周离开奥马哈的时间只有一或两天。

1992 年春，所罗门公司被允许恢复在国债拍卖活动中为客
户购买票据和债券。不久之后，巴菲特回到了奥马哈家中。几
年之后，他挖苦地指出："莫泽尔被判罚 3 万美元，并入狱 4 个
月。所罗门公司的股东包括我在内，被判罚 2.9 亿美元，我被
判做 CEO 10 个月。"[178]

巴菲特的最佳演讲

1991 年 9 月 4 日，在国会调查所罗门公司违法行为的小组
委员会上，巴菲特直言不讳地谈到了所罗门公司的丑闻。更为
重要的是，他谈到了自己所珍视的商业理念，这是他一直向投
资银行界宣传的东西。每年 5 月，伯克希尔－哈撒韦公司的年
度股东大会上都会播放这段两分钟的（证券交易调查）演讲视频
片段，提醒伯克希尔－哈撒韦公司的经理人和股东，伯克希尔
及其旗下各个公司以及每一位员工都应该共同遵守的诚信礼仪
标准。如果人们都遵守这些规则，世界将变得更加美好。

"首先，我要为把我们带到这里的行为道歉。国有
国法，而在所罗门公司，某些规则和法律遭到破坏。
所罗门公司的 8 000 名员工几乎和我一样对此深感遗

憾，我代表他们表示道歉。

我的工作是处理过去和面对未来，所罗门公司过去的行为目前正在使我们 8 000 名员工及其家属蒙受损失，而几乎所有这些员工都是勤奋、能干和诚实的。

我想知道过去到底发生了什么，应该让少数罪人来承担这一污点，避免殃及无辜。

为了帮助做到这一点，我向美联储主席先生和美国人民保证，所罗门公司将与相关部门通力合作。相关部门有传唤的权力，有使证人脱罪的权力，有起诉伪证的权力。

我们在做内部调查时没有这些权力，我们欢迎这些权力发挥作用。

关于未来，我认为，提交给该小组委员会的文件详细说明了将使所罗门公司成为金融服务业控制和合规程序方面的领导者的行动。

但归根结底，合规意愿与合规言论同等重要，甚至更为重要。我需要恰当的措辞，也需要全面的内部控制。

我要求所罗门公司的每一位员工都成为自己的合规员。在他们自己首先遵守所有规则之后，我希望所有员工都反躬自省，问问自己，他们是否愿意在第二天当地报纸的头版上，看到消息灵通、敢于批判的记者关于他们言行的报道，是否愿意让他们的配偶、孩子和朋友看到该报道。

如果他们遵循这样的规则，他们就不必担心我给他们的另一个信息：赔掉公司的钱，我可以理解，但赔掉公司的声誉，哪怕只是一点点，我都会毫不留情。"

每年在奥马哈，在这场演讲的视频结束时，都会有 40 000 名伯克希尔股东报以热烈的掌声，他们渴望表明自己对这些理念的毫无保留的认同。

对所罗门兄弟公司做出更大的承诺以及出售

20 世纪 90 年代中期，随着所罗门公司实力的增强，伯克希尔在其普通股上投资了 3.24 亿美元。持有 660 万股，外加优先股附带的权利，使巴菲特有效控制了该公司 20% 的投票权。1995 年，通过赎回 1/5 优先股（伯克希尔收到一张 1.4 亿美元支票）之后，投票权降低到 18%。1996 年 10 月，1/5 的优先股转为 370 万普通股。

1997 年，华尔街的一家保险和经纪公司——旅行者集团，希望通过收购实现增长，提出收购所罗门公司，创建一个覆盖美国、欧洲和日本的为数不多的大型金融公司。伯克希尔因此获得了旅行者集团的普通股和优先股，价值一共约为 18 亿美元。

这样，在为期 10 年的时间里，伯克希尔向所罗门公司的优先股注入了 7 亿美元，向普通股注入了 3.24 亿美元，收到 5.92 亿美元的优先股股息、1.4 亿美元的赎回款项、18 亿美元的旅行者集团股票以及数百万美元的普通股股息。总共投入了 10.24 亿美元，收回 25.32 亿美元，年回报率为 14.5%（考虑到现金流入和流出的时间），与巴菲特最初的目标相差不远。

> "回顾过去，我认为我在所罗门公司的经历既引人入胜，又富有教育意义，尽管在 1992 年的一段时间里，我感觉自己就像一位戏剧评论家，他写道，'如果我不是坐在一个不幸的座位，我会喜欢这部戏的，这个座位面对着舞台'。"[179]

在此，我将巴菲特 2010 年 7 月 26 日写给他全明星阵容的所有经理人的信节录如下，用来结束这个关于道德缺失以及重新发现的故事：

> "这是我每两年写一次的信，再次强调伯克希尔的首要任务，并在继任计划上得到你们的（不是我的）帮助！当务之急，是我们所有人都要继续积极捍卫伯克希尔的声誉。我们不可能做到完美，但我们可以积极努力。正如我 25 年来在这些备忘录中所说的那样：我们可以负担得起金钱的损失，哪怕是一大笔钱，但是

我们负担不起声誉的损失，哪怕只是一点点。"

他要求管理者不仅要考虑每一个行为的合法性，还要考虑道德问题。如果自己的言行在全国性大报的头版被大肆报道，他们会不会觉得不舒服？"大家都这样"是不可接受的理由，法官或记者也不会接受这样的理由。

他告诉员工，如果任何决定让他们停止思考，他们就应该联系他，但犹豫不决很可能是放弃某个想法的一个很好的理由。

> "作为推论，如果有任何重大的坏消息，请立即通知我，我能处理好坏消息，我不喜欢在坏消息恶化一段时间后再处理它。不愿意直面坏消息并不是一个好习惯，正是这一点让所罗门公司的问题从一个本可以轻易解决的问题，变成了一个可以导致拥有8 000名员工的公司破产的严重问题。"

他继续说，在一家雇员超过25万人的公司里，有人可能正在做一些他不满意的事情，这是不可避免的，但通过采取迅速果断的行动，可以将此类活动的数量降至最低。

> "通过行为和语言所表达出来的你在这些问题上的态度，将构成企业文化发展的最重要因素。文化比规则更能决定一个组织的行为。"[180]

学习要点

1. 没有稳赚不赔的投资，无论是投资公司普通股、优先股，还是投资债券。

   最好保持一定程度的多元化。

2. 寻找具有三种品质的管理者：正直、智慧和活力。

   "如果没有第一个，其他的两个会毁了你。" [181]

3. 合理的薪酬制度应该使管理层的利益与股东利益相一致。

4. 声誉可以拯救企业。

   正是沃伦·巴菲特的名声挽救了所罗门公司，使其获得监管当局和市场的信任。"声誉和诚信是你最宝贵的资产，但它们可能在瞬间消失。"（查理·芒格）

案例 8

可口可乐
（Coca-Cola）

投资概要	投资对象	可口可乐
	时间	1988 年至今
	买入价	12.99 亿美元（1988～1994 年）
	数量	持股 7.8%（由于回购升至 9.4%）
	卖出价	至今依然持有
	获利	至今 20 倍
	1988 年的伯克希尔	股价：3 025～4 900 美元 账面净资产：34.12 亿美元 每股账面净资产：2 975 美元

自从 6 岁起，沃伦·巴菲特就对可口可乐情有独钟，他以 25 美分的价格买入 6 瓶一箱的可口可乐，然后以每瓶 5 美分的价格转售出去（无论是在奥马哈邻里社区，还是在艾奥瓦州奥科博吉湖度假时）。他后来说，"我当时就注意到了该产品对消费者的非凡吸引力和商业潜力"。[182]

但在接下来的 52 年时间里，尽管注意到了该公司的品牌威力，以及数十年来的持续成长，巴菲特并没有买入任何一股可口可乐的股票。优秀企业的经济特征和不断增长的盈利潜力都是吸引投资者的重要原因，但这些并不足以让你做出购买股票的决定，你必须时刻记住要问问价格。如果股价没有明显的安全边际，那么对于坚守纪律的价值投资者而言必须保持观望。可以远远欣赏，关注精彩故事的继续，但是，如果价格持续超出安全水平，选择不作为更好。

到了 20 世纪 80 年代，市场发生了一些变化，让巴菲特和芒格最终认为，可口可乐公司的内在价值发生了跳跃式增长，而股价的反应速度未能同步，从而提升了安全边际。

可口可乐公司的最大变化来自两个关键人物——唐·基奥和罗伯托·戈伊苏埃塔⊖（Roberto Goizueta）。公司报告的数字以及战略定位表明，他们已经建立了一个非常强大的经济特许经营权，并正在深化和拓宽保护该特许经营权的护城河。事实上，可口可乐的影响力如此之大，以至于巴菲特将其归类为一种非常罕见的公司，一种"无法回避的事物"。

无法回避

令人"无法回避"的公司是最值得拥有的公司类型。这类公司由于其强大的竞争优势，会一直居于业内主导地位，所处环境相对稳定，不太可能出现重大变化。相反，在一个快速变化的行业环境里，一家公司不太可能主导市场超过 30 年。

要想真正了解一家无法回避的公司，想象一下，你即将开

———————

⊖ 官方中文名为"郭思达"。——译者注

始一项为期 10 年的火星探索任务，在你离开时，你无法改变你投资组合中的组成部分。如果你现在只能进行一次投资决策，你会寻找什么？答案：确定性。你所选择的公司需要在一个简单易懂的行业中运营，在一个稳定的增长轨道上，具有主导性质，而且公司领导层效忠于公司至少 10 年。

巴菲特认为可口可乐和吉列就是属于这种"无法回避的公司"。预测者可能会对每家公司 10 年后的具体经营状况做出不同的预测，但没有一个聪明的预测者会质疑在整个投资期间，可口可乐和吉列在全球范围内，在它们各自的行业内将保持主导地位。在过去 10 年中，两家公司都大幅扩大了各自本已巨大的市场份额，所有迹象都表明，它们在未来 10 年将会继续复制过去的成功。

> "很明显，很多高科技企业或新兴产业公司的增长速度将远远快于这类无法回避型公司的增长速度。但我宁愿要一个确定的好结果，也不梦想要一个伟大的结果……考虑到什么是无法回避型公司，芒格和我认识到，我们永远无法预测出漂亮 50 公司，或者漂亮 20 公司，因此，我们给投资组合增加了无法回避型因素之外，还增加了一些'高度可能性'的因素。"[183]

市场领导地位并不能等同于无法回避的地位，宝丽来、通用电气和柯达等公司都曾经历过这样一个时期，它们看起来似乎势不可挡，但一旦行业之外更为灵活的竞争对手引入了新技术（例如数字科技），它们的时代即告终结。再或者，某一行业中看似强大但缺乏真正的客户占有率（心智份额）的公司，一旦它们的客户在一系列替代品中有了选择的余地，它们便会被抛弃，这意味着公司的定价权可能是暂时的。因此，对于每一个无法回避型公司，都会有数十个冒名顶替者，即便现在高高在上，也容易遭受竞争对手的进攻。

> "当然，即便是最好的企业，你也有可能付出的代价过高。溢价过高的风险会周期性出现，在我们看来，现在市场上几乎所有的股票价格都是过高的，包括无法回避型公司。在市场过热时买进股票的投资者需要明白，即使是一家杰出的公司，其价值也需要经过很长一段时间的成长才能赶得上为其支付的价格。"[184]

在随后的章节中，我们会对可口可乐的特点做更为详细的介绍，看看它为什么属于无法回避型公司。

可口可乐适合价值投资者吗

1988 年伯克希尔－哈撒韦公司以 15 倍市盈率买进可口可乐股票，这个价格是高于市场平均价格的，以简单的价值投资眼光看，有些令人摸不着头脑。价值投资者不应该支付高价，对不对？

但是，可口可乐是一个很好的价值投资案例，尽管可口可乐股价在当时看起来很贵，但是，如果你不是考虑过去的财报盈利，而是考虑未来盈利的贴现价值，就很容易理解这样做的合理性。

巴菲特和芒格认为，可口可乐所具有的消费者定价能力非常强大，随着公司在国际市场上的扩张，其利润将会继续大幅增长，并且无论是在美国，还是在其他地区，公司对分销系统的掌控也将继续存在。随着产品销量的暴涨，可口可乐依然会保持至少 20%～30% 的资本回报率。

表 8-1 和图 8-1 所显示的情况证明了他们的积极态度是正确的，虽然这些图表没有直接显示利润情况，但在一段时间内，这种永久性持股带来的股息就是利润的体现。

伯克希尔 - 哈撒韦陆续买入可口可乐股票，直到 1994 年累计买入了 13 亿股。一旦持有了如此巨量的股票，它的力量就开始显现出来，在 1995 年收到 8 800 万美元的分红之后，来自可口可乐的分红年复一年地不断增长，源源不断地流入伯克希尔。1995～2018 年平均年增长率为 8.9%。到 2018 年，单单这一年收到的分红就高达 6.24 亿美元。

以 8 800 万美元为起点，并在未来一直以 8.9% 的速度增长的一组现金流的贴现价值为 28 亿美元[185]。所以，以 13 亿美元取得预期贴现价值为 28 亿美元的股份，是一项具有充足安全边际的价值投资。

当然，巴菲特和芒格的手中并没有一个可以如此精确预测未来的水晶球，但他们可以估算出可能的结果，考虑到管理层的实力和特许经营权的质量，他们可以很容易地设想出将会发生的结果。

表 8-1　伯克希尔对可口可乐的投资以及收到的分红（成本和分红单位均为百万美元）

年度	年末持股量（股）	累计成本	伯克希尔在可口可乐的持股比例	收到分红
1988	14 172 500	592.5	4.2%	9（估计）
1989	23 350 000（1989 年买入 9 177 500 股）	1 023.9	7.0%	26（估计）
1990	46 700 000（1990 年 1 股拆 2 股）	1 023.9	7.0%	37
1991	46 700 000	1 023.9	7.0%	45
1992	93 400 000（1992 年 1 股拆 2 股）	1 023.9	7.1%	52
1993	93 400 000	1 023.9	7.2%	64
1994	100 000 000（1994 年买入 6 600 000 股）	1 299	7.8%	75（估计）
1995	100 000 000	1 299	7.8%	88
1996	200 000 000（1996 年 1 股拆 2 股）	1 299	8.1%	100
1997	200 000 000	1 299	8.1%	112
1998	200 000 000	1 299	8.1%	120
1999	200 000 000	1 299	8.1%	128
2000	200 000 000	1 299	8.1%	136
2001	200 000 000	1 299	8.1%	144
2002	200 000 000	1 299	8.1%	160
2003	200 000 000	1 299	8.1%	176
2004	200 000 000	1 299	8.1%	200
2005	200 000 000	1 299	8.1%	224
2006	200 000 000	1 299	8.8%	248
2007	200 000 000	1 299	8.8%	272

(续)

年度	年末持股量（股）	累计成本	伯克希尔在可口可乐的持股比例	收到分红
2008	200 000 000	1 299	8.8%	304
2009	200 000 000	1 299	8.8%	328
2010	200 000 000	1 299	8.8%	352
2011	200 000 000	1 299	8.8%	376
2012	400 000 000（2012 年 1 股拆 2 股）	1 299	8.9%	408
2013	400 000 000	1 299	9.1%	448
2014	400 000 000	1 299	9.2%	488
2015	400 000 000	1 299	9.3%	528
2016	400 000 000	1 299	9.3%	560
2017	400 000 000	1 299	9.4%	592
2018	400 000 000	1 299	9.4%	624

资料来源：巴菲特致股东的信（1997~2018 年）。

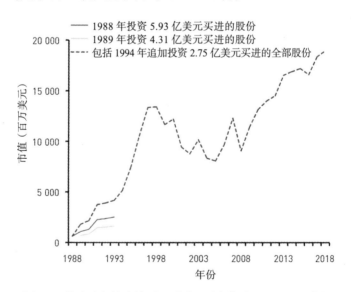

图 8-1　伯克希尔持有的可口可乐股票市值（1988~2018 年）

资料来源：伯克希尔 - 哈撒韦年报。

图 8-1 显示，自巴菲特开始购买可口可乐算起（他在 1988 年下半年和 1989 年上半年买进可口可乐），从 1988 年中到 1989 年底，可口可乐的股价几乎翻了一番。

这是令人兴奋的 18 个月，而且它可能甚至更好。当成千上万的投资者意识到可口可乐的盈利增长率可能不错时，便蜂拥而至。因此，尽管 1988 年巴菲特买入的平均价格为 41.81 美元（未考虑后来的股份分拆），相比之下，巴菲特在 1989 年的买入均价是 47.01 美元，还算合适，这样的价格依然物有所值，因为可口可乐此时仍然被低估，这一点在接下来被证实，在接下来的 10 年中可口可乐的股价再次上涨了 10 倍。

也许事情有些失控，就像很多时候市场上发生的那样，20 世纪 90 年代末，当时可口可乐股票的市盈率高达 60 倍。泡沫破灭以及 21 世纪初的一些麻烦（稍后讨论），导致了可口可乐长达 10 年的股价持续下跌。在整个低迷时期，伯克希尔对来自可口可乐的分红感到满意，到 2019 年，可口可乐的股价反弹至伯克希尔当初投资成本的 15 倍。

可乐连接

当年 6 岁的小巴菲特第一次创业就是与可口可乐的合作，但是，在他 10 岁的时候，他认为最受欢迎的是百事可乐，因为顾客可以用买 6 盎司可口可乐的钱买到 12 盎司的百事可乐。在接下来的 45 年里，巴菲特一直喝的是百事可乐。我知道，当大家听到这个消息时，一定感到非常震惊！

那么，巴菲特是如何改变这个几乎坚持了半个世纪的习惯呢？这个故事可以追溯到 1958 年，那年他和妻子苏珊花 31 000 美元买下了一栋五居室的独立房屋，位置在奥马哈一个安静的街区。如今他还住在这个地方，你在网上可以看到，对于一个亿万富翁而言，这实在是非常的简朴。

街对面住的是唐·基奥，唐当时是一个咖啡推销员，家里有 4 个孩子。在迪士尼前 CEO 迈克尔·艾斯纳的一次访谈节目中，唐非常懊悔地回忆道，有一次他拒绝了一个住在几英尺之外的朋友发出的"一生值得一次"的邀请："我住的街对面，一个当时没有什么名气的家伙，他白天不去上班，每天只是通过电话做些有意思的事情，他的名字叫沃伦·巴菲特。1960 年的一天，他走过来说，'唐，我正在想……你应该考虑一下孩子上大学的事情'。"

这令当时 30 岁左右的唐感到惊讶，于是他回复说："沃伦，我现在在考虑上小学的事，上大学的事以后再说吧。"谁曾想，巴菲特不放弃，继续说："我们正在成立一个小型合伙企业，几个人投了 1 万美元进去，我也许会用这些钱达成某种目标。"

唐当时真的无法想象，一个连正经工作都没有，也没有工资收入的人，凭什么让别人把钱交给他投资。他说："你要知道，他不去上班，我有工作，当我工作了一整天回到家里时，我的一个小孩会跟我说'我们今天和巴菲特度过了一段美好的时光，他带我们去公园玩了'或者'在他家的三楼搭了一列火车'。巴菲特对我说'如果你投1万美元给我，或许我能搞出点什么名堂'。那时我虽然没有1万美元，但是我可以向我父亲借，但是，你能想象把钱交给一个早上不起来去上班的人吗?"[186]

1960年的1万美元相当于奥马哈市郊一栋不错的独立屋1/3的价钱，这样，你就可以理解当年唐的心情了。然而，如果考虑到巴菲特合伙企业接下来的10年，取得了费后年化25%的复合回报率，以及随后伯克希尔公司1970~2018年20%的年化回报率，1960年的1万美元到2018年将会达到9 300万美元，足以买下整个街区的所有房屋。

很长时间以来，唐都将巴菲特视为一个普通的，尽管有点古怪的邻居和朋友，他对巴菲特性格的评论引起了特别的共鸣：

> "他当时和现在完全一样……你看到的就是你得到的，他的价值观从来没变过，他的故事不是金钱，是价值观，人们应该了解他的价值观。"[187]

愤怒的唐

唐·基奥是一位才华横溢的经理人，当他的公司被奥马哈的斯望森家族接管，然后又被邓肯食品公司（Duncan Foods）接手后，他一路高升。1964 年，可口可乐收购了邓肯食品公司，1981 年唐被任命为总裁兼首席运营官（COO），协助可口可乐的董事长兼 CEO 罗伯托·戈伊苏埃塔。

1985 年，唐在《纽约》杂志上读到一篇令他感到震惊的文章，这篇文章以大篇幅报道巴菲特是一位喝着樱桃味百事可乐的大富翁。

于是，唐顺藤摸瓜，写信给巴菲特，建议他尝尝随信奉上的可口可乐正在开发的新产品样品——神仙之蜜，也就是即将上市的樱桃可乐。此举极为奏效，1986 年 2 月，巴菲特写信给伯克希尔的股东说，一场革命发生了：

> "我希望你们能来参加今年的年会，这次会议将于 5 月 2 日在奥马哈举行，只有一个变化。你们的董事长在钟情于一种软饮料 48 年之后，以前所未有的灵活性，转向了可口可乐的新产品——樱桃可乐。从今往后，樱桃可乐将成为伯克希尔 - 哈撒韦年会的指定饮料。" [188]

巴菲特现在的习惯是每天喝 5 瓶或 5 罐樱桃可乐，他的办公室里到处都是饮料，参加伯克希尔年度股东大会的人们看着巴菲特和芒格喝了一罐又一罐，而且能坚持 6 小时，显然，樱桃可乐和喜诗糖果一样，都是大脑良好的动力燃料。

但是，尽管做了如此大的转变，巴菲特仍然未能说服自己购买可口可乐的股票，距离那一天还有两年的时间。

可口可乐的经济特许权 [189]

第一瓶可口可乐诞生于 1886 年。当年药剂师约翰·彭伯顿（John Pemberton）拿着一种自制的焦糖色混合液体，沿着亚特兰大大街去了雅各布药房，在那里，他将这种液体与碳酸水混合，提供给客户品尝，在药店顾客的积极反馈下，这种饮料以每杯 5 美分的价格推出。第 1 年，平均每天售出 9 杯。约翰·彭伯顿的合伙人兼簿记员弗兰克·鲁宾逊（Frank Robinson）将其命名为可口可乐，并写下了你今天看到的标志。

在接下来的一个世纪中，该公司所做的首先是以一个让人满意的产品，创建经济上的特许经营权，其次是敏锐地观察到心理作用在鼓励重复消费方面的力量。

公司还决心控制分销系统，以确保自己在竞争中处于有利地位。可口可乐凭借规模庞大而胜出，首先是在美国，随后遍布全球超过 200 多个国家。

在很多国家，可口可乐的运营规模如此之大，以至于其碳酸饮料的市场份额占到了 50% 或更多，然而，负责竞争监管的政府机构却很少干预，这表明可口可乐在避免招惹反垄断监管机构方面有其独到之处——这是该公司拥有的另一种非凡资源。可口可乐在一些国家市场份额的统计如下：美国 43%，墨西哥 48%，印度 69%，德国 79%（包括所有碳酸饮料在内，例如印度市场的 Thurms Up 可乐）。

饮料选择心理学

创造和维持条件反射是可口可乐成功的关键部分。多年以来，可口可乐投入了大量资金，以确保商品的名称和外观能够刺激人们消费，条件反射源于两种习惯。

操作性条件反射

操作性条件反射意味着，通过对"好"的经常奖励或对"坏"的惩罚来促成人类的学习习惯。可口可乐以规律性的反馈带来积极的强化作用，比如说，喝可乐会带来水化作用、热量、愉悦的口感、冰爽、咖啡因和糖的刺激（从而增强预期的反应，比如再买一罐）。

对于可口可乐而言，要充分利用操作性条件反射，它需要做的是：

①将饮用带来的快感最大化；

②尽量减少饮用可乐反射减弱的风险，这种风险来自竞争对手吸引顾客的行为，引入新的操作性条件反射，例如给顾客品尝类似竞争对手的饮料，争取他们回头并获得更多的奖励。

这就意味着，要确保可口可乐随时随地都可以买得到，这样竞争对手就很难说服消费者尝试他们的产品。这样一来，建立与喝可乐的习惯相冲突的新习惯就很难。

创造经济规模非常重要，因为如此一来，人们会更了解你的产品，而不是竞争对手的产品，因为他们曾经尝试过你的产品，而且你的产品随处可得，这就是规模经济所产生的信息优势。芒格在描绘箭牌公司时说了如下的话，我们可以用可乐来替代其中的口香糖：

> "如果我去一个偏远的地方，我或许会见到两个口香糖的牌子：箭牌和格格茨。嗯，我已经知道箭牌口香糖是一个令人满意的产品，而对格格茨这个牌子一无所知。所以，如果一个售价是 40 美分，另一个是 30 美分，我会拿一些我不知道的东西放进嘴里吗？这毕竟是要放进嘴里的东西，而且就多了一毛钱。"[190]

因此，可口可乐在人们心中创造了一种支付溢价来喝的意愿，尽管那些不太知名的类似饮料价格要低得多。

操作性条件反射是自愿的，不同于另一种条件反射 —— 巴甫洛夫条件反射（Pavlovian Conditioning）。

巴甫洛夫条件反射

巴甫洛夫条件反射通常被称为经典条件反射，它仅是由联想引发。它借鉴了伊万·巴甫洛夫对狗的实验，通过重复的行为，比如敲铃，狗会对刺激做出反应，通过长时间地重复"敲铃就有食物"的训练，最终，无论有没有食物，狗只要听到敲铃的声音就会有反应，这是下意识的反应。

虽然，人类并不会对铃声做出如此精确的反应，但他们确实会下意识地将某些食物或饮料与某种物体或事件联系起来，例如，可口可乐的标志与味觉和解渴有着强烈的联系，或者一个事件——例如棒球比赛的开始，可能会在个人潜意识中与饮料有很强的联系。同样，在一个家庭的聚会上，也会产生对可口可乐的需求。可口可乐公司经常在广告中说，工作时的休息空隙就是用来喝可口可乐的时间，这样，人们会把休息的愉悦时间与健怡可乐之类的饮料联系起来。

标识和促销活动必须持续不断，在消费者心目中创造出一个与他们喜欢或欣赏的事物之间的联系，例如有吸引力的人物、体育夺冠、身体健康、庆祝活动等。创造这种情形所需的广告费用非常昂贵，但是物有所值。2018 年可口可乐的营业收入达到 319 亿美元，但 "公司向瓶装商、经销商或本公司产品的其他客户，提供的主要用于参与促销和营销计划的总金额为 43 亿美元"。[191]

如果可口可乐是许多市场上最大的软饮料广告商的话，那么在很大程度上，它可以将竞争拒之门外，因为竞争对手的广告资金相对它而言，简直就是九牛一毛。

社会证明起到了推动作用

社会证明是一种心理现象，也就是当我们看到别人做的事以及别人推崇的事，我们也会受到影响，这可能是有意识的，也可能是无意识的。这样一来，如果其他人都在购买一款产品，例如可乐，我们会倾向于认为这是一款不错的饮料，人类天生有种从众效应。

在有意识的层面，我们经常会面临选择的困难，例如，"我对这个领域的不同产品知之甚少，看起来好像别人知道自己在做什么，跟着他们走是有道理的"。

可口可乐的无处不在就起到了社会证明的好处，潜在的消费者看到人们尽情享受可乐带来的美妙感受，到处都有可口可乐的身影，在咖啡馆喝可乐，在大街上、在球场上、在广告牌上和电视广告上，可口可乐无处不在。

试问，一个新兴的竞争对手如何与这样的力量相抗衡，即便耗费数十亿美元的广告费，要从已经具有巨大信息优势和社会证明优势的软饮料巨头的身影下脱颖而出，是何等困难。

信号标识

在一些国家，信号标识是购买可口可乐品牌的一个重要动力，与美国文化的关联意味着人们愿意支付溢价，尤其是年轻人。

其他规模经济

如果一个企业坚持自己的原则，并将自己打造成规模最大的企业，那么它就可以从更高层面的专业性中获益。可口可乐可以指派大量专业人员去开拓新市场，比如说可以通过在Facebook⊖广告等领域拥有专家，不断改善在美国及其他国家的市场营销。此外，更大规模的交易量还可以在分销、金融、制造和采购等方面带来经济效益。

可口可乐公司能够通过将大部分装瓶业务和分销业务分包给其他公司，来提高股东收益和资本回报。这些公司被要求在建筑物、厂房和机械上投入大量资金，这样可口可乐可以用较低的资本运营，也就是将生产的浓缩液运至装瓶厂，如此一来，可口可乐可以保持较高的净资产回报率（通常超过25%）。

可口可乐公司会确保其装瓶厂不会被当作客户对待，如果这样做就会给它们太多自主权。无论是在商店、售货亭、餐馆还是在体育场，装瓶厂都必须按照可口可乐的意愿，为零售商提供服务。这意味着零售商可以获得由可口可乐提供的包装，包括宣传材料、标牌以及带有可口可乐标志的冰箱，这些到处出现的标志强化了巴甫洛夫条件反射。提供"免费"的冰箱可以给可口可乐带来一系列突出的展示或独家的空间，或者是冰箱必须摆在显眼的位置，或者是允许可口可乐在大楼的一侧做广告，这种做法令其竞争对手，在零售商方面处于不利地位。

可口可乐的洛拉帕洛扎效应

查理·芒格使用的术语——洛拉帕洛扎效应（lollapalooza

⊖ Facebook 于 2021 年 10 月 28 日正式宣布改名为"Meta"。——编者注

effect），是指当多种元素混合在一起时，所产生的放大效应。它不仅仅是一个结果的增加，一旦聚集足够的数量，更会激发巨大的价值倍增效应。

就像在物理学中，一些要素的组合只会产生普通的效应，但是当达到巨大的临界点时，你会得到一个核爆反应。同样的情况就像在医学上，癌症的治愈来自免疫治疗、传统药物和放射治疗等多种手段的结合。

可口可乐之所以具有这种自我催化效应，是因为它①具有人们喜欢并经常能够体验到的味道，加上糖、咖啡因，具有一种镇静作用，也就是操作性条件反射作用；②巴甫洛夫条件反射；③强大的社会证明效应。

波特五力

我们可以用迈克尔·波特（Michael Porter）的波特五力模型理论[192]，回顾一下可口可乐的竞争地位：

1. 供应商议价能力? 可口可乐和其他软饮料生产商所购买的原材料商品，例如砂糖等，这些原材料型的商品在销售市场上存在着激烈的竞争，存在许多替代供应商，因此，供应商没有太强的议价能力。

2. 客户端议价能力? 可口可乐是软饮料行业领先的生产商，但许多其他公司也给零售商供货。然而，由上述心理因素造成的终端消费者对可口可乐产品的需求，意味着零售商的议价能力非常有限，甚至大型快餐店和超市等大型零售商也不例外。

3. **替代品威胁？** 甜味的碳酸饮料有很多替代品，这些都会产生影响。作为应对，可口可乐公司收购了很多提供这类饮料替代品的公司，以扩大其产品线，从咖啡到果汁，从纯水到功能性饮料。在同一条路线分销不同的产品有利于可口可乐在竞争中保持领先地位。即使有了这些可供选择的饮料，很多人在很多场合也只选择可口可乐、芬达、雪碧等。

4. **业内竞争？** 尽管存在很多供应商，但可口可乐通常在市场上居于主导地位，在某种程度上，它所具有的心理优势使其免受竞争对手的影响。

5. **潜在新进入者威胁？** 沃伦·巴菲特曾就闯入可口可乐地盘的可行性问题发表过评论："如果你给我 1 000 亿美元，让我去夺取可口可乐在世界软饮料行业的领导地位，我会把钱还给你，说我做不到。"[193]

这种产业结构（各种力量的均衡关系）在未来很可能依然是稳定的，技术的变革可能有助于可口可乐及其竞争对手的生产过程，但不会对饮料消费或行业内的竞争业态产生重大影响。

有所改变的倒可能是社会对糖和咖啡因的接受程度，但无论如何，可口可乐已经取得的位置会令自己受益于其他类型饮料的增长，以及受益于更健康的可乐变种品类（例如无糖饮料）。

与百事可乐展开价格战是有可能的，但这一做法之前已经尝试过，价格战对两家公司都不利，因此可能性不大。

鉴于可口可乐在市场上的主导地位，政府监管机构对其加强管制倒是有可能的。

高耸的堡垒和深邃的护城河

正是因为意识到可口可乐所具有的这些优势，所以巴菲特和芒格认为公司仍然具有相当大的尚未开发的定价能力，可以大幅提升价格，而不会失去太多的客户。

> "事实上，公司并没有把产品价格都定得像市场所能承受的那样高，一旦你明白了这一点，如果你有勇气坚信自己的判断，赚钱就像在大街上捡钱一样容易。"[194]

从全球范围看，可口可乐销售的饮料约占所有饮料的44%，吉列的市场占有份额（按价值计）超过60%。而且近年来，可口可乐和吉列在全球的市场份额实际上都有所增加。在1993年给伯克希尔股东的信中，巴菲特阐述了自己对于可口可乐和吉列这类永久性持股战略优势的看法：

> "抛开口香糖不谈，箭牌公司在口香糖领域里占有主导地位，我知道，没有任何一家领先的公司长期以来在口香糖领域拥有如此强大的全球影响力……品牌

实力、产品属性以及强大的分销系统使其拥有巨大的
竞争优势，这些加在一起，在经济堡垒的周围构建了
一条具有防御效力的护城河。"

他说，与此相反，平庸的公司由于没有这类的防御手段，
需要每天去战斗。

"正如彼得·林奇所说，对于销售大众型商品的公
司，应该给这类公司贴个标签：竞争会对人类财富造
成危害。"

为什么是在 1988 年

巴菲特和芒格知道可口可乐的优点已经很多年，但依然迟
迟不出手。本节简要介绍 20 世纪 80 年代发生的变化。

伟大公司的诞生

可口可乐的发明者在去世时仅仅看到了两年非常小的销
量，他完全无法想象可口可乐如今已经发展成为举世闻名的饮
料。在离世前，他将公司股份卖给了很多人，其中大部分卖给
了艾萨·G.坎德勒。当时公司最具价值的部分是糖浆的配方以
及在美国专利局注册的"可口可乐糖浆和提取物"标签专利权。
1891 年，坎德勒支付了 2 300 美元，获得了可口可乐公司的全

部股权。他将苏打饮品业务拓展到亚特兰大以外的地方，直到
1894 年一位客户安装了自己的装瓶机，我们才有了这种饮料
的便携式版本。大约是在同时，可口可乐的图案商标在美国专
利局注册，但此时公司的规模仍然很小，每年的广告预算只有
11 000 美元。

沃伦·巴菲特在他 1996 年致股东的信中，回顾了可口可乐
于 19 世纪就定下的战略——一种以强势品牌著称的优质饮料：

> "我最近在研究可口可乐的报告（你或许认为你在
> 阅读方面落后了！），那时的可口可乐……刚刚诞生 10
> 年时间，但它已经勾画出未来 100 年的蓝图……可口
> 可乐的总裁坎德勒说，'我们不懈地努力走遍全世界，
> 告诉人们可口可乐是最优秀的产品，是人类健康和美
> 好感觉的标杆'。虽然'健康'二字今天看来可能有些
> 局限，但时隔一个世纪之后，我依然喜欢坎德勒当年
> 确立的基本主题。"

坎德勒继续说，他的话和现在的 CEO 罗伯托所说的类似：
"没有一件类似的产品能如此牢牢扎根在人们的心中。"

在接下来的 20 年中，装瓶商的数量增长到超过 1 000 家，
可口可乐遍布全美各州，并进入加拿大、古巴、巴拿马和菲律
宾。令人恼火的是，由于瓶子的设计缺乏一致性，竞争对手们
很容易就可以使用一个名字不同、外形类似的产品来仿冒。因

此，1916 年，装瓶商们一致同意了一种轮廓独特的瓶子外形，它容易辨识，这有助于加强品牌的力量。

成长为公众公司

1919 年，可口可乐公司被欧内斯特·伍德拉夫（Ernest Woodruff）及其投资集团以 2 500 万美元的价格收购，同年晚些时候公司在纽约证券交易所以每股 40 美元上市（发行了 50 万新股）。

接下来是动荡的几年，公司遭遇了高糖价，并在商标保护、装瓶协议的诉讼中浪费了很多时间。1920 年末，股价跌到了 19.50 美元。

1923 年，欧内斯特劝说他的儿子罗伯特放弃他成功的汽车公司高管事业，降薪至 50 000 美元，来领导可口可乐公司，就这样，罗伯特开始了他为期 60 年的职业生涯，历任可口可乐总裁、董事长、高级董事（半退休）。

罗伯特·伍德拉夫（Robert Woodruff）坚信，饮料的品质应该始终保持优秀，并且产品可以随处可得。他雇用了一支训练有素的员工队伍巡回各地，鼓励并帮助那些散装饮料零售商，积极销售可口可乐并将服务做到极致。他还提高了瓶装产品的质量一致性，并投入大量资金做广告。到 1929 年，瓶装产品的销售数量超过了散装产品。

罗伯特力主公司国际化，从 1923 年可口可乐仅仅涉足 5 个国家开始，到 1930 年已经发展到 30 个国家。他精心打造品牌形象，把钱花在与奥运会（第一次是在 1928 年）等重大事件的联系上。

1938 年，《财富》杂志在承认可口可乐公司业务质量的同时，担心投资者以过高的价格买入该公司股票，从而承担回报不足的风险。1993 年，巴菲特也因付出过高的代价而受到批评，因此，他在 1993 年写给伯克希尔股东的信中，反思了过去 74 年中该股的遭遇。

可口可乐公司当年以 40 美元的价格上市，到 1920 年底，市场负面情绪导致该股暴跌超过 50%，腰斩跌至 19.50 美元。然而，如果以分红再投资方式计算，当年一股 40 美元的可口可乐股票到 1993 年底市场价值超过 210 万美元。有感于此，巴菲特引用恩师格雷厄姆的话说："短期而言，市场是一台投票机——反映的只是投入的金钱数量，不考虑智力或情绪稳定性。但是，长期而言，市场是一台称重机。"

1938 年，《财富》杂志的报道称，严肃的投资者对可口可乐公司非常尊重，但他们认为自己错过了机会，因为产品的饱和度或市场竞争肯定会令公司进一步发展的空间有限。

"是的，无论是 1938 年还是 1993 年，竞争都存在，但这并不重要，1938 年可口可乐售出了 2.07 亿箱软饮料……到 1993 年，销售数量达到 107 亿箱，实际成交量增长了 50 倍，而这家公司在 1938 年就已经在其所处的行业中占据了主导地位。对于一个投资者来

说，1938 年并不是盛会的终结：在 1919 年如果投资
40 美元买下一股，以分红再投资的方式，到 1938 年
底，这 40 美元会成长为 3 277 美元。如果你在 1938
年底投入 40 美元在可口可乐股票上，到 1993 年底，
这笔新投入的 40 美元可以增长到 25 000 美元。"

自 1993 年以来，股价又上涨了 5 倍。一股 40 美元的股票
放到今天市值将超过 1 000 万美元。自从 1938 年《财富》杂志
的那篇文章发表以来，股价上涨超过了 3 000 倍。

可口可乐国际化的重大突破发生在 1943 年，美国政府要求
遍及世界各地的美国军队都能够配备可口可乐。作为回应，可
口可乐公司设定了一个很低的价格，只向军方收取每罐 5 美分
的价格，无论美军在哪个地方有需求，无论公司的制造成本以
及运输成本是多少，都保持这个低价。当然，如此一来，只要
美国士兵、飞行员和海员到达一个国家，都在为可口可乐开拓
新的市场，例如战后的德国和日本。到 1959 年，可口可乐的影
响已经遍及 100 多个国家。

动荡的 20 世纪 70 年代

20 世纪 70 年代的整个 10 年，可口可乐公司股东获得的年
化回报率不到 1%。"可口可乐的帝国就像是由不同的古怪的领
域松散串联在一起的链条，这使得亚特兰大总部几乎无法控制
它的装瓶商如何发展或不发展可口可乐业务。[195]"公司并不知

道董事长已经得了阿尔茨海默症和帕金森症，公司还不得不处理与装瓶商的众多纠纷，"公司失去了方向……不专业是轻描淡写的说法，其实我们就是给装瓶商运箱子的。[196]"

一些带有反美色彩国家的政府，也给可口可乐制造了不少麻烦，与此同时，消费者的口味也有所变化，转向水、果汁、茶等饮品。同时，可口可乐也生产了一些失败的产品，它的多元化甚至已经扩展到了完全不相关的领域。此外，来自百事可乐的挑战也带来了猛烈冲击，少量可乐的盲测（百事可乐的味道更甜，所以经常在盲测中更受人青睐）也造成了可口可乐一些市场份额的丢失。

此阶段可口可乐股价表现如图 8-2 所示。

图 8-2　1970～1980 年可口可乐股价表现（已考虑拆股因素）

是时候做出改变了

1981年，需要对20世纪70年代的错误决策负责的人离开了，但是年过90的罗伯特·伍德拉夫没有接受被选中的接班人。取而代之的是，他邀请罗伯托·戈伊苏埃塔出任董事长兼CEO。作为耶鲁大学的毕业生，戈伊苏埃塔曾在自己的祖国——古巴为可口可乐工作过，1960年，他离开古巴。在接下来的20年里，他一边在可口可乐努力工作，一边紧紧握着手中的可口可乐股票，一步一个脚印，在公司内部一级一级获得提升。

当他被提拔到公司领导岗位的那一刻，戈伊苏埃塔就提请董事会是否可以请唐·基奥与自己并肩战斗，很多人认为唐是公司未来董事长的人选。唐被任命为公司的总裁兼COO，并被赋予了很大的自由权限。他们两个人在一起工作，就像一对搭档，而不是老板和下属。简而言之，戈伊苏埃塔是一位亚特兰大的战略家，专注于那些难啃的骨头，例如关闭一些业务等；而唐则是魅力四射、精力充沛，他的足迹踏遍全球，在团队建设和激发热情上扮演着重要角色。

唐·基奥这样描述戈伊苏埃塔的观点："我们不是要培养一家不错的公司，我们来这里是为了培养一家成长型的公司。我们要把资产负债表整理好，我们要奖励那些出类拔萃的表现，但我们再也不会为完美的出勤率买单了。"[197]

通过奖金激励、股票期权、员工退休时的大额股票奖励等方式，可口可乐鼓励员工为股东创造高回报。这使得几十个，甚至几百个公司管理层经理成为百万富翁，但更重要的是，只有当股东们受益时，他们才会变得富有。巴菲特在 1993 年致股东的信中评论道：

> "唐是我所认识的人中最为杰出的一个，他是一个极具商业天赋的人，但更重要的是，所有与他交往的人都会感受到他了不起的一面。可口可乐希望自己的产品能出现在一个人一生中最快乐的时刻，唐是一个总能增加周围人幸福感的人，一想到他，你就会感觉被幸福围绕，这种感觉好得不得了。"

巴菲特还回忆了当年唐给他留下的深刻印象，当时唐是一个"收入不多的咖啡推销员，但需要养活一个大家庭"，他在奥马哈就住在巴菲特家的对面。

> "唐在那些时候给我留下的印象，是我决定让伯克希尔在 1988～1989 年对可口可乐投资 10 亿美元的一个重要原因。罗伯托·戈伊苏埃塔于 1981 年出任可口可乐的 CEO，唐作为他的左右手，与他并肩战斗。他们俩一起将一家过去 10 年停滞不前的公司推向前进，在不到 13 年的时间里，令公司的市值从 44 亿美元成长为 580 亿美元。这对管理搭档是多么与众不同，即

便可口可乐的产品已经存在了 100 年。"

双子星的闪耀成就

两位搭档的这些成就对于市场而言,是显而易见的。在 1988 年夏天巴菲特动手买入时,依然如此。

优化装瓶、分销和营销控制流程

当年他们这么做的时候,还存在装瓶商,但现在更多的是针对分销商,而不是客户。一般而言,分销商作为独立的公司,可口可乐经常会在其中持有具有影响力的股份。戈伊苏埃塔在 1993 年时说:"今天有什么不同吗?过去,我们不是装瓶商的啦啦队,就是装瓶商的裁判员,现在,我们是球员。"[198]

健怡可乐

健怡可乐是 1982 年推出的一款非常成功的饮料,随后在 1985 年,可口可乐公司推出了樱桃可乐。

兴致勃勃杀入诸多新兴市场

"距离美国越远,可口可乐似乎就越能成为美国文化的象征。"[199]

而且,相对于那些已开发的原有市场,新兴市场还有大量未开发的潜力,那里对于饮料的人均消费量明显低于美国,根据 1987 年的统计数据,以 8 盎司一份的饮料为例,美国人年均消费是 274 份,澳大利亚为 177 份,德国为 155 份,日本为 89

份，英国为 63 份，而泰国只有 26 份。"每当可口可乐公司的
高管们想到，如果泰国人喝的苏打水和得州人一样多那该多好，
这样的画面想想都令人激动。唐·基奥先生谈到印度尼西亚的
时候非常兴奋，那里有 1.8 亿人口，气候炎热潮湿，年均消费
才 3.2 份。"[200] 他们在日本的发展目标是，到 1988 年，可口可
乐在日本市场上的盈利超过美国本土市场。

回归专注

可口可乐在发展历史上曾经收购过一些非常不合适的企业，
从水产养殖企业到工业水处理厂，甚至还收购过一家酒厂。

戈伊苏埃塔说："这很简单，你做一张图表，把你的生意放
在最上面，浓缩液、装瓶、葡萄酒、食品等，然后将财务数据
放在另一个轴上，利润率、回报率、现金流可靠性、资本需求。
有些生意例如浓缩液，会成为优势生意，而另外一些生意，例
如葡萄酒，看起来很糟糕。"他很快就卖掉了那些糟糕的生意，
公司里的其他人也都很快学会了如何制作这种财务图表，其中
也包括如何计算他们的资金成本。[201]

可口可乐（和吉列）公司在 20 世纪 70 年代收购了大量企
业，可口可乐曾经尝试着养虾，而吉列曾经参与过石油勘探，
巴菲特对此感到惊讶，他说：

　　"当我和芒格考虑投资那些整体看起来还不错的企
　　业时，最让我们担心的是它们不够专注。我们经常看

到，由于傲慢或厌倦引发的价值止步不前，进而导致管理者的注意力不集中。不过，考虑到可口可乐和吉列目前和未来的管理层，这种情况不会发生。"[202]

改变企业文化，注重经济效益

针对上述情况，可口可乐公司开始以经济效益来衡量公司所有经营活动，标准就是：税后营业利润超过资本成本。

> "戈伊苏埃塔说，'当你认真考虑的时候，会发现我真正做的工作是资源配置，如何配置资本，如何安排人力。我了解到，当你开始向人们收取资本金时，各种各样的事情都会发生。你会突然发现库存得到了控制，你不需要用 3 个月的时间集中精力处理紧急情况；或者你会发现你可以省很多钱，用纸板和塑料替代不锈钢糖浆容器。'"[203]

一些令人存疑但效果不错的行动

1982 年以 7.5 亿美元收购哥伦比亚电影公司

这家电影公司完全与饮料行业无关，但还好，至少它在 1989 年被出售时还赚了 5 亿美元。从 1982 年到 1989 年，在这 7 年中可口可乐公司在影视作品中（例如《捉鬼敢死队》和《空手道小子》）做了很多产品植入。

1985 年可口可乐改变了配方

1985 年可口可乐尝试改变传统的配方以适应新变化，但这一举动引发了广泛的"超级过度反应综合征"，这种激烈的反应更多地由轻微变动引发，而不是完全相反的变动。比方说，如果你拿走一些人们习惯使用的东西，即使是一件小东西，人们也会反应过度。

"新型可口可乐"引发了全美范围的抗议，79 天过后，人们原来熟悉的"可口可乐经典"再次回到了市场。当人们意识到他们对原汁原味可口可乐的热爱时，这个错误就变成了公司的亮点，大量媒体都报道了那些激愤的顾客，他们致电要求传统配方回归市场，因此，可口可乐的市场份额上升，超过了1984 年。

交易

对于戈伊苏埃塔和唐·基奥在 1981 年所进行的公司变革，可口可乐的股价也做出了积极回应，在截至 1987 年 9 月的 6 年中，股价上涨近 4 倍。虽然在之后的 1987 年 10 月股市大崩盘中，股价下跌了 1/4（见图 8-3），但是，公司 1987 年的年度报告显示，公司基本业务运营良好，营业收入增长了 9.8%，达到77 亿美元。公司在 1986 年和 1987 年的税后利润都超过了 9 亿美元，这个数字比 1981 年翻了一番。公司的净资产回报率达到

27%，软饮料的销售量增长了 6%，产品在 155 个国家销售，占全球软饮料销量的 44% 以上 [204]，相当于每天销售 5.24 亿份。

图 8-3　1980～1990 年可口可乐的股价表现（已考虑拆股因素）

公司在年度报告中对未来增长充满信心：

> "有时可口可乐看起来似乎无处不在，然而，考虑到我们近来的增长以及我们在世界范围内所面临的机遇，很显然，我们的规模和范围、我们产品和商标的普及性，依然会继续成长。" [205]

巴菲特用实际行动表达了对上述观点的完全赞同，他在 1988 年秋季开始大举买进可口可乐股票。在可口可乐总部所在地亚特兰大，公司高层自然关注到股东名册上的变动，经过调

查，他们注意到大部分的买入行为都来自一家位于美国中西部
地区的证券经纪公司。没用多长时间，唐·基奥灵光一现地想
到自己的老朋友或许就是买家，于是唐给巴菲特打了一个电话：
"沃伦，可口可乐的股票交易显示有人在大量买进，该不会就是
你吧？"巴菲特的回答让唐很高兴："哦，是的，就是我，不过，
希望你们尽量保持沉默。"[206]

巴菲特继续买入，因此，这并不是一笔交易，只是巴菲特
在 1988 年购买了一大笔股份（可口可乐 4.2% 的股份），然后再
继续加码。到 1989 年上半年，伯克希尔持有了可口可乐 7% 的
股份。不久之后，巴菲特受邀加入可口可乐公司的董事会。

巴菲特在 1989 年致股东的信中做了一番自嘲，检讨自己没
有更早认识到可口可乐股票的价值：

> "对于可口可乐的投资提供了另一个例证，说明
> 了你们的董事长对投资机会的反应速度令人难以置
> 信……我已经吸取了教训，我对下一个具有吸引力的
> 投资目标的反应时间，将大大短于 50 年。"[207]

1990～1993 年，巴菲特暂停买入，其间可口可乐的股价上
涨了 2 倍（见图 8-4）。即便当这家公司在 20 世纪 90 年代早期
显示出优异业绩（1990～1994 年利润几乎翻一番）时，巴菲特
和芒格仍然认为这仅仅是一笔划算的交易。又经过了几个月的
观察，在 1993 年和 1994 年初，伯克希尔买入了更多的股份，

使其持有的可口可乐股份达到总股本的 1/12，成为最大股东。

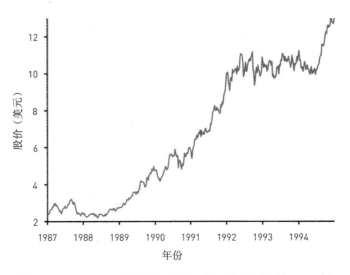

图 8-4　1987～1994 年可口可乐的股价表现（已考虑拆股因素）

伯克希尔在 1994 年买入可口可乐的价格比 1988～1989 年的买入价格高出数倍，但即便如此依然物有所值。图 8-5 显示可口可乐的股价在 20 世纪 90 年代的后几年又上涨了 2 倍。

但是，现在看来，可口可乐的股价表现超越了企业基本面本身（1988 年，可口可乐的市盈率达到了 60 倍），20 世纪 90 年代后期很多公司的情况都是这样。这导致后来的下跌无可避免，股价直到 2014 年才再次回到 1998 年的水平（见图 8-6）。引起股市犹豫的不仅仅是 20 世纪 90 年代后期的价格过高，还有一些其他的现实问题，例如，可口可乐公司失去了杰出的领袖——戈伊苏埃塔，他在 1997 年短暂患病后去世，随后接替他的几个 CEO 均无法弥补他的空缺。唐·基奥已经在 1993 年退休，到了 2000 年他作为董事会顾问又被请了回来。2004 年，唐 77 岁，他不喜欢退休，作为公司董事又为可口可乐工作了 13 年，对于退休这个概念，他说："让我去买两条粉色的裤子，去酒吧里等着上鸡尾酒，这样的退休生活对我而言简直像地狱。"[208]

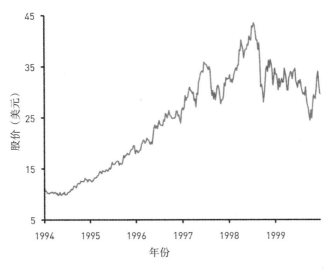

图 8-5 1994～1999 年可口可乐的股价表现（已考虑拆股因素）

为什么巴菲特不在价高的时候卖掉

首先，巴菲特会说他不会玩短线进出的游戏，不会利用短期或中期的市场波动获利。其次，他向可口可乐公司承诺过，可口可乐将是伯克希尔为数不多的永久性持股之一。如果考虑到自身的影响力，对于数以百计称他"老板"的公司高管（以及尚未加入的高管），巴菲特必须说话算话，信守诺言。再次，可口可乐以股息的形式向巴菲特输出了越来越多的资金，用于投资其他领域。1998 年，伯克希尔收到的股息为 1.2 亿美元，到 2014 年股息增加到这个数的 4 倍，达到 4.88 亿美元。因此，即便市场压低了可口可乐的股价，但其基础业务依然表现良好。最后，我们有充分的理由相信，可口可乐的优势将在 2018 年再次获得市场认可，公司的税后利润达到 64.5 亿美元，其中给伯克希尔的分红达到 6.24 亿美元。

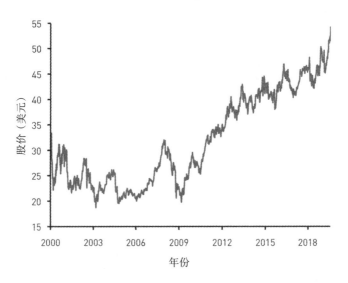

图 8-6　2000～2019 年可口可乐的股价表现（已考虑拆股因素）

今天，可口可乐旗下拥有超过 500 种品牌的饮料，巴菲特喜欢看人们喝可口可乐，或公司旗下的任何一款饮料，因为当他想到每天有 19 亿份可口可乐产品被消费者享用时，就会感到沐浴在温暖的阳光中。考虑到伯克希尔拥有可口可乐 9.4% 的股份，相当于每天消费的可口可乐产品中有 1.79 亿份属于伯克希尔。而且，国际市场还有很大的增长空间，因为大多数国家的人均消费量低于美国。伯克希尔 - 哈撒韦的股东们可以期待，来自可口可乐的股息会继续上升，不久之后，可口可乐每年派发给伯克希尔的股息就会超过 10 亿美元，这相当于当年巴菲特投资可口可乐的总额。

学习要点

1. 要寻找一个足够强大的特许经营权，强大到可以承受多年的管理不善。

   这样，就算公司发生许多失误，依然阻挡不了消费者对产品的喜爱，公司就有可能从失误中东山再起。

2. 无可避免的公司是很好的投资对象，但投资的价格必须具备安全边际。

   巴菲特和芒格等了可口可乐半个世纪，直到条件成熟才出手。

3. 在考察一家公司时，如果该公司在过去几十年中一直在做同样的事情，而且很可能在未来几十年也会做同样的事情，这样分析起来更容易，对成功的保证也更大。

   许多行业过于复杂，令人难以判断公司本身的价值。

4. 在理解经济特许权的过程中，心理学通常比数学更重要。

   人们决定购买可乐时，有很多心理和生理的原因，会发生信号标识、操作性条件反射和巴甫洛夫条件反射。学点心理学对投资者非常有用。

5. 公司管理者的能力和诚信至关重要。

案例 9

波仙珠宝
（Borsheims）

投资概要	投资对象	波仙珠宝
	时间	1989 年至今
	买入价	未披露
	数量	起初买入 80% 股份，后来买了更多
	卖出价	至今依然是伯克希尔旗下公司
	获利	未披露
	1989 年的伯克希尔	股价范围：4 800～8 810 美元 账面净资产：49.27 亿美元 每股账面净资产：4 296 美元

　　每年伯克希尔股东大会期间，股东们最大的乐趣之一就是 5 月初的整个周末，因为组织方举办了各种丰富多彩的活动。在两万多股东的日程表里，周五晚上的固定活动是去波仙珠宝店，参加那里的鸡尾酒会，通常当晚人潮涌动，热闹非凡。来自世界各地的人们相互交流，表达他们对伯克希尔现象的好奇，并观看展出的珠宝和手表。

　　在这样的一个晚上，波仙珠宝通常会有数十万美元，甚至上百万美元的成交金额，那是因为人们被内心的期待和欢聚的气氛激发了购买欲，但是那又怎样呢？在波仙珠宝消费完全就是作为伯克希尔大家庭一员的感觉，这种感觉就像思考最新的收购，或者像巴菲特和芒格在大会上6小时问答过程中吃喜诗糖果、喝可口可乐一样自然。

30多年来，与伯克希尔之间的关联一直是波仙珠宝的优势。尽管它只在一个地点经营着一家店铺，但它向人们（无论是不是股东）出售的商品却来自于世界的每个角落。巴菲特和芒格都是了不起的推销员，他们不会错过任何一个机会告诉任何一个愿意倾听的人：波仙珠宝品种多样、价格低廉、值得信赖。

1989年春天，伯克希尔收购了这家公司4/5的股份，当时的销售面积仅为20 000平方英尺[⊖]。当年的波仙珠宝公司在奥马哈当地已经是一个里程碑式的存在，占据着行业的主导市场份额，拥有令人羡慕的声誉。收购之后，巴菲特的营销机器立即开始运转起来，在年度股东大会之后的晚上，他为股东们安排了大巴，拉着他们行驶1英里[⊜]左右，前往波仙珠宝的商店逛一逛。这个周六晚间的活动现在仍在继续，但由于需求的增长，1990年他们在周日又为股东增加了一个特别的开放日。即使是这样还不够，所以到2000年，聚会的时间又增添了周五的晚上，这有助于缓解40 000名股东给奥马哈的周末带来的餐饮压力。

巴菲特和芒格热衷于和股东们聊天（当然，他们也是很好的推销员），他们二人以及伯克希尔的高管们会在周日下午出现在现场。芒格还会在波仙珠宝的销售收据上签名，这是促成年

⊖ 1 平方英尺 = 0.092 903m²。

⊜ 1 英里 = 1 609.344m。

度最大单日销售额的重要推动力。巴菲特笑着说："芒格会给你签名，当然，他只会在波仙珠宝的收据上签名。"[209] 习惯了做销售助手的巴菲特说："大家快来占我的便宜吧，快来发现'疯狂沃伦优惠价'吧。"[210]

此外，股东们还可以有机会与乒乓球冠军、明星邢延华切磋一下⊖。数年来，巴菲特甚至在其他股东做出这一尝试之前，就试图让比尔·盖茨"软化"⊜她。在这里，与国际象棋冠军和拼字游戏专家的相遇会给你带来更多的乐趣，巴菲特最喜欢的桥牌冠军会和所有前来的与会者玩牌，包括芒格、阿吉特（伯克希尔保险业务的负责人）以及巴菲特本人。此时，巴菲特总会提醒大家："别为了钱玩牌。"[211]

波仙珠宝在伯克希尔年度股东大会上是如此重要，以至于2004年股东大会改在了2005年4月的一个周末举行："我们把会议安排在4月的最后一个周六（3日），而不是通常的5月的第一个周六。今年的母亲节是5月8日，在这个特殊的日子里，让波仙珠宝和戈瑞牛排店（巴菲特最喜欢的牛排店）的员工来照顾我们是不公平的，所以我们把所有活动都提前了一周。明年，我们将回到正常的时间段，在2006年5月6日举行股东大会。"[212]

⊖ Ariel Hsing，美籍华裔，全美乒乓球冠军，深受巴菲特、盖茨喜爱。巴菲特与邢延华进行乒乓球友谊赛的活动，多年以来已成为伯克希尔股东大会期间的保留节目。——译者注

⊜ 这里作者以盖茨公司的名称（微软）来暗喻邢延华球风硬朗。——译者注

毫无疑问，收购波仙珠宝对伯克希尔而言是一笔伟大的交易，但我们无法量化其成功的程度，因为出售股票的弗里德曼家族要求不公开收购价格。由于伯克希尔已经是一个规模庞大的集团公司，收购完成之后，波仙珠宝带来的利润占集团的比重并不大，这个话题将会另行讨论。然而，我们知道优秀的管理层以及公司的战略降低了成本，这些战略包括：单店经营、大量采购以及将由此带来的很多好处让渡给客户。

在被伯克希尔收购并搬入现在经营地址的 3 年后，1986年波仙珠宝的销售额翻了一番。实际上，除了纽约的蒂芙尼（Tiffany），波仙珠宝创下了全美单店销售额之最。从那时起，波仙珠宝在同一地点的营业面积每年以两位数的速度增长，从 2 万平方英尺扩大到超过 6 万平方英尺。现在，波仙珠宝已经开始通过互联网进行销售，并通过向全世界数以千计的客户寄送价值数千美元的珠宝，让客户在家中可以仔细欣赏，为了让客户安心，这一"寄送——欣赏"流程中遵循的原则是："不喜欢可以退货，无需任何理由。"令人惊讶的是，波仙珠宝几乎没有遇见欺诈行为，因为它真的非常了解自己的核心客户。

站在伯克希尔的大旗下，为波仙珠宝带来了巨大的荣耀光环，并获得了极具价值的支持。例如，1993 年 4 月，巴菲特和芒格的好友、伯克希尔的董事比尔·盖茨前往奥马哈为盖茨的妻子梅琳达·弗兰奇挑选订婚戒指。巴菲特亲自前往机场接机，亲自护送他们一行人前往波仙珠宝商店。巴菲特开玩笑说，自

已在 1951 年买的订婚戒指，花掉了当时全部身家的 6%。按照
这个比例推算，身家数百亿的世界首富比尔·盖茨理所应当下
一笔很大的大单。但是，巴菲特打趣说："可惜，那个周日的收
获没有我预期的大。"[213]

1989 年的伯克希尔

在深入讨论波仙珠宝的案例之前，了解一些伯克希尔在
1989 年春天的背景情况或许非常有帮助。1987～1989 年，随着
资金源源不断地流入，保险业务在 1988 年和 1989 年均带来了
超过 2 亿美元的现金，旗下控制的企业每年都可以为巴菲特和
芒格提供超过 1 亿美元的现金，用于其他投资。总而言之，这
24 个月产生了 8 亿美元，可投资到具有激动人心前景的新地
方，波仙珠宝就是其中之一。参见表 9-1。

表 9-1 伯克希尔旗下公司贡献的税后利润来源

（单位：百万美元）

	1987	1988	1989
保险承销	-20.7	-1.0	-12.3
保险投资收益（分红和利息）	136.7	197.8	213.6
已实现的安全收益	19.8	85.8	147.6
《水牛城新闻报》	21.3	25.5	27.8
费希海默	6.6	7.7	6.8
寇比	12.9	17.8	16.8
内布拉斯加家具城	7.6	9.1	8.4

（续）

	1987	1988	1989
斯科特·费泽制造集团	17.6	17.6	20.0
喜诗糖果	17.4	19.7	20.6
威斯科（除保险业务以外）	5.0	10.7	9.8
世界百科全书	15.1	18.0	16.4
其他	4.3	17.0	2.8
债务利息	−5.9	−23.2	−27.1
伯克希尔－哈撒韦股东的慈善捐赠	−3.0	−3.2	−3.8
总收入	234.6	399.3	447.5

资料来源：巴菲特致股东的信（1988～1989 年）。

　　1989 年，伴随着伯克希尔每月 3 700 万美元的进账，股票价格从每股不到 5 000 美元上涨到超过 8 500 美元也就不足为奇了（见图 9-1）。

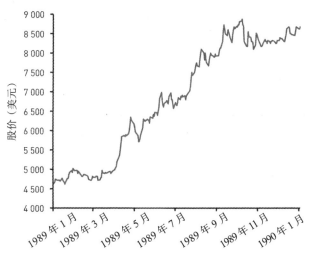

图 9-1　伯克希尔－哈撒韦股价（1989 年）

资料来源：雅虎财经。

巴菲特对公司取得的进展发表了评论："我们迄今的业绩得益于两个方面：①我们投资组合中持有的公司内在价值增长喜人；②由于市场适当'调整'了我们所持有公司的估值，我们获得了额外的红利。相对于市场整体的估值水平，我们的公司获得了更多的估值提升。我们将继续受益于商业价值的良好增长，我们也对自己持有的投资组合满怀信心。但是，由于我们已经实现了'弯道超车'式的回报，我们在未来一定会面临偶尔落后的情形。"[214]

巴菲特对于市场有效理论流行的担忧

一段时间以来，学术界以及他们在华尔街的追随者们越来越相信，通过成千上万掌握充分信息的"投资者"的交易行为，股票市场就会得出"正确"的定价，巴菲特对此深感不安。这意味着投资者无法系统地选择被低估的股票，从而获得超越股市的回报。他们可能会靠运气偶尔获得惊人的回报，但最终会回归常态（在考虑到风险因素之后）。

市场有效理论认为系统性超越市场的表现是不可能的，这与巴菲特老师本杰明·格雷厄姆的教诲直接矛盾。格雷厄姆认为市场经常小题大做，市场先生既可能是非理性的悲观主义者，也可能是非理性的乐观主义者，他的投资决策是建立在情感和群体性的基础上，至少在某些时间段内是如此。

格雷厄姆对他哥伦比亚大学班上的同学们（包括巴菲特）说："短期而言，市场是一台投票机；但长期而言，市场是一台称重机。"市场终将反映价值，但它可能会在很长一段时间里提供机会，提供给人们比内在价值低得多的市场价格。

学者们把他们的想法称为有效市场假说（EMH）或有效市场理论（EMT）。这种思维方式与巴菲特50年的投资经验直接相冲突，也无法解释此前那些成功价值投资者的表现。巴菲特决定发起攻势，在1988年写给股东的信中，让读者了解他从格雷厄姆那里得到的教诲，以及他从投资中获得的知识。这非常重要。

巴菲特批评了有效市场理论的拥护者，他说这些人正确地观察到市场经常是有效的，但却错误地得出结论，认为市场总是有效的。这些命题之间的差别如同白天与黑夜，相去甚远。

"在我看来，格雷厄姆－纽曼公司、巴菲特合伙企业和伯克希尔公司连续63年的套利经验说明了市场有效理论是多么愚蠢（当然还有很多其他证据）。当年我在格雷厄姆－纽曼公司任职期间，我研究了该公司1926～1956年的套利情况，得出的结论是，无杠杆年化复合回报率为20%。从1956年开始，我先在巴菲特合伙企业，后在伯克希尔公司应用了格雷厄姆的套利原则，虽然我没有做过精确的计算，但已经做了足够

多的工作，我知道1956～1988年的平均回报率远远超
过20%（当然，我工作的历史环境比格雷厄姆那时好
很多，他那时遇上了1929～1932年的大危机）。"

在上述同期的63年中，一般市场的年化回报率（包括股息
在内）略低于10%。这意味着，如果进行了分红再投资的话，
当初的1 000美元会增长为405 000美元。然而，如果是20%
的年化回报率的话，同样的1 000美元会增长为9 700万美元。
"这让我们感到震惊，这个统计上的差异十分显著，可以想象，
这会激发人们的好奇心。"他继续说道：

> "很自然，对于那些被有效市场理论坑害的学生
> 们，以及那些轻信有效市场理论的职业投资者，实际
> 上为我以及其他格雷厄姆的追随者提供了非凡的服
> 务。在任何形式的比赛中，无论是经济上的、精神上
> 的，还是身体上的，对于那些被教导'怎么尝试都无
> 济于事'的人而言，我们都拥有巨大的优势。从自私
> 的角度而言，格雷厄姆的追随者们应该为大学捐赠更
> 多的教授职位，以确保有效市场理论的教学能永久延
> 续下去。"

在哥伦比亚大学召开的庆祝格雷厄姆和多德的《证券分析》
问世50周年的大会上，巴菲特发表了著名的演讲——《格雷厄
姆－多德部落的超级投资者》。在这篇演讲中，他通过讲述发生

在"格雷厄姆－多德部落"的故事，巧妙地驳斥了市场有效理论，以及长期而言市场是无法战胜的这一观点。这个部落里的人比掷骰子的大猩猩表现得好很多，大家很容易就能在网上搜索到这篇演讲的文本，以及相应的同名文章。

巴菲特谈避免客户流失的优势

20 世纪 80 年代后期，巴菲特完全处于一种（投资者）教育状态：试图帮助其他投资者避免常见错误、在伯克希尔股东大会上讲述警示故事、与 MBA 学生交流、参与电视访谈以及每年给股东写信。1989 年他关注的问题之一是很多所谓的专业基金经理，通过频繁交易投资组合持股而犯下的错误，他们的年换手率超过 100%。

如果从一开始你就打算持有投资组合很多年，你会获得更高的回报。这样的结果不仅来自一种更好的心态，即关注公司基本面业务的长期前景，而不是市场的短期表现，还来自交易成本和资本利得税的节省。这种收获还来自对人际关系的理解，以及与企业高管层建立的长期友谊。

举例而言，在 1989 年的信中，巴菲特让股东们考虑一个极端情况，即从 1 美元开始购买股票，然后持有 1 年，回报率为 100%。

如果在接下来的 19 年里，每年卖出一次，然后以纳税之后的全部资金再投资，每年都能取得100%的回报。这样，按照34%的所得税率，累计给政府纳税13 000美元之后，投资人手中还有25 250美元，看起来也还不错。

然而，如果这笔投资在上述20年期间每年翻一番，中间一直持有的话，最终的结果是1 048 576美元，在期末一次性缴纳大约356 500美元的税项之后，投资人手中还有692 000美元。

结果出现如此惊人差异的唯一原因就是纳税时间，同时，政府也从第二种情况中受益巨大，尽管政府必须花时间等待。

然而，巴菲特非常清楚，这些数字并非他们采取长期投资策略的原因。他说，通过频繁地从一项投资转移到另一项投资，他们有可能获得更大的税后回报。很多年前，巴菲特和芒格就是这么做的。

> "现在，宁愿待在原地不动，即使这样意味着回报率略低。我们的理由很简单：我们发现出色的公司是如此稀缺、如此令人愉快，我们想保留我们已有的一切。这一决定对我们来说尤其容易，因为我们认为，这样做将产生良好的（即便或许不是最佳的）财务结果。"

对于巴菲特来说，"放弃与那些我们了解的、有趣的和令人钦佩的人打交道，而去花时间与我们不认识的人，或者那些可能更平庸的人打交道",似乎并不明智,这就像"为了钱而结婚,在大多数情况下都是错误的,如果一个人已经很富有,还要因为钱而结婚,那真是疯了"。

波仙珠宝简史

波仙珠宝是 1870 年由路易斯·波仙(Louis Borsheim)在奥马哈创立的,那时的奥马哈还是一个联合太平洋铁路沿线的边陲小镇。直到 1947 年,路易斯·弗里德曼、瑞贝卡·弗里德曼夫妇二人和他们的儿子艾克一起买下了这家小珠宝店。

瑞贝卡与本书另一个故事的主角、著名的 B 夫人——内布拉斯加家具城(NFM)的创始人罗丝·布鲁姆金,也有着颇深的渊源,瑞贝卡是 B 夫人的妹妹之一(巴菲特 1983 年收购 NFM)。1922 年,瑞贝卡和路易斯用从奥马哈寄来的钱经拉脱维亚前往美国。当他们到达美国的时候,几乎没有任何资产可言,但他们为人正派、富有智慧,通过专心致志地辛勤工作,在 25 年的时间里积累了足以买下这家波仙珠宝公司的钱。

弗里德曼的店的运营理念与内布拉斯加家具城一样:都只有一个单一地址的店面为顾客提供多种多样的服务;价格便宜,待人以诚,从供应商那里低价采购(由于进货量大),将低成本的好处转移给客户,从而提高周转率;关心每一个细节,精益求精。

对于没有更早地发现波仙珠宝，巴菲特做了反省，他说自己在 1983 年收购 NFM 时，没有顺藤摸瓜地接着收购波仙珠宝，"你们的董事长真是糊涂……忽略了问 B 夫人任何一个小学生都会想到的问题，'你们家里还有像你一样的人吗？'"²¹⁵

1986 年，波仙珠宝从 7 000 平方英尺（35 名员工）的市中心位置搬到现在的地址——摄政公园 120 号，远离奥马哈的道奇街，距离市中心 8 英里。这里可以提供更多、更便宜的增长空间和大量的停车位。经过这次搬家，波仙珠宝的营业面积增加到原来的 3 倍（此后又翻了一番）。

当时，瑞贝卡和路易斯老两口都已经八十多岁了，他们虽已退居二线，但在大多数日子里，仍然在店里帮忙。他们的儿子艾克还得到了来自下一代人的有力支持，包括第三代人中艾克的儿子、女婿、女儿们，他的儿子艾伦 5 岁时开始扫地，10 岁时开始为顾客服务。到 1986 年，家族第三代、时年 31 岁的艾伦已经成为一名完全合格、热情有加的珠宝专家，尤其热衷于彩色宝石。艾克的女婿唐纳德·耶鲁（珍妮丝·弗里德曼的丈夫）和马文·可恩（苏西·弗里德曼的丈夫）也全身心投入家族事业。在生意繁忙的日子里，他的女儿们也会来帮忙。

作为一位和蔼、知识渊博的领导人和一位完美的零售商，艾克深受员工和客户的尊敬。有人评价说："艾克·弗里德曼具有非凡的品质，具有计算机般的头脑。他通过珠宝识人，通过珠宝交易识人……他是不可思议的谈判者、不可思议的买家、不可思议的推销员。"[216]

交易

　　关于伯克希尔收购波仙珠宝这笔交易，传闻是艾克的女婿唐纳德·耶鲁促成的。巴菲特在波仙珠宝有着多年的购物经历，当1988年圣诞节临近时，他到店里打算买一枚戒指。店里的员工对巴菲特非常熟悉，经常开些小玩笑。当巴菲特正在看戒指的时候，耶鲁大叫道："不用把戒指卖给巴菲特，把整个店卖给他吧！"[217]假期过后，巴菲特真的给他打来电话，询问是否有可能出售。2月，艾克·弗里德曼和女婿在家中安排了一次简短的会面。

　　这项交易仅用10分钟就达成了协议，巴菲特知道这家公司没有债务，也知道这家公司拥有良好的声誉，他仅问了五个问题[218]：

　　①销售额如何？

　　②毛利率如何？

　　③成本费用如何？

　　④库存如何？

　　⑤你们是否愿意继续留下来工作？

　　前4个问题没有留下笔记记录，但无疑证实了公司经营状况良好。第 5 个问题的答案是肯定的，这为巴菲特留下了经营公司的关键人物，尤其是艾克，他们将继续推动波仙珠宝业务的发展。

伯克希尔以现金的方式收购波仙珠宝 80% 的股份，双方签署的法律文件仅有一张纸，律师费花了 1 100 美元。交易双方都同意不透露成交价格，传言说是大约 6 000 万美元，但我没有证据证实这个传言的真伪。艾克因此变得非常富有，余下 20% 的股份由儿子艾伦、女婿唐纳德·耶鲁和女儿珍妮丝夫妇、女婿马文·科恩和女儿苏西夫妇持有。

1989 年春天，巴菲特写道：

> "这次收购，我们得到的正是我们所喜欢的：由我们喜欢、钦佩、信任的人经营的优秀企业。这是开始新一年的好方法……大多数人，不管他们在其他事情上有多么老练，他们在购买珠宝时都会觉得自己像是个置身于灌木丛中的婴儿，他们既不会判断质量，也不会判断价格，对他们而言，只有一条规则是有意义的：如果你不熟悉珠宝，熟悉珠宝商也行。波仙珠宝公司没有经过审计的财务报告，然而，我们没有进行盘点清查、没有核实应收账款或进行任何形式的审计业务。艾克只是简单地告诉我们有什么，然后我们就在这个基础上起草了一份一页纸的合同，随即开出了一张大额支票。" [219]

绽放的波仙

完成交易后，巴菲特立刻发出指示："忘掉这一切吧，继续做你们正在做的事。"[220] 根据唐纳德·耶鲁的回忆，巴菲特没有其他更多的指示，没有讨论诸如公司增长计划、管理层级、决策问题或提升利润等。只是继续做你正在做的事情，发挥你的主动性，伯克希尔就会长期支持你。

> "弗里德曼家族的所有成员都将继续像以前一样运作，芒格和我将站在原来的位置上，当我们说'所有成员'时，我们是说真的。弗里德曼先生和夫人分别是 88 岁和 87 岁的年纪，每天都在店里。艾克、艾伦、马文、唐纳德的太太们都会在生意忙碌时投入工作，与此同时，家族的第四代人也开始学习经营诀窍。"[221]

能够得到来自伯克希尔的支持是一大幸事，除了增加了公众曝光率之外，波仙珠宝还得益于现金支持以及母公司的信用评级（伯克希尔是世界上为数不多的、拥有 AAA 级信用评级的公司之一），从而获得了巨大的采购能力，凭借这样的优势，波仙珠宝可以用少量定金进行批量采购，从而获得最低价（这对于通常采取"先付全款后进货"模式的珠宝行业而言，是非常罕见的）。

巴菲特将波仙珠宝和"七圣徒"（伯克希尔旗下七家优秀的

公司）相提并论，这些公司都具有从优秀到卓越的经济特征和
管理层：

> "过去，我们将分布在制造业、出版业、零售业的
> 七家公司合称为'七圣徒'。1989 年初，在收购了波
> 仙珠宝之后，我们面临的挑战是为这组公司找到一个
> 既押韵又合适的新头衔，可惜我们未能如愿，就让我
> 们暂且称之为'7+1 圣徒'吧……这些公司的管理层
> 大多已不需要为谋生而工作，他们出现在球场上只是
> 因为他们喜欢打出本垒打，他们就是这样干的。"[222]

收购之后不久，艾克应邀参加了巴菲特投资圈朋友们的一
个非常特别的聚会，这些朋友管理的基金都以本杰明·格雷厄
姆的价值投资原则为导向。巴菲特在致股东的信中回顾道：

> "艾克决定让大家眼前一亮，于是他从奥马哈带来
> 了特别精美的价值 2 000 万美元的珠宝。我有点担心
> 我们入住的主教饭店不像诺克斯堡（美联储的一个金
> 库）那样坚固。在我们的开幕式，也就是艾克演讲的
> 前一天晚上，我向他表示了我的担心。艾克把我拉到
> 一边说，'看到那个保险箱了吗？我们已经调换了里
> 面的东西，现在，连酒店经理也不知道里面装的是什
> 么'。我松了一口气，艾克接着说，'看到那两个佩枪
> 的大个了吗？他们将整夜守护保险箱'。听到这里我觉

　　得可以放心去参加聚会了，艾克靠近了又说，'其实，
珠宝不在那个保险箱里'。你想想，我们怎么能错过艾
克这样的人呢？"[223]

　　随着波仙珠宝的发展，它成功地将运营成本控制在销售额
的 18% 左右，不到竞争对手的一半。

　　然而，令人悲伤的是，1991 年，仅仅在伯克希尔收购的两
年之后，艾克突然因肺癌去世，没有制订接班计划。他的儿子
艾伦·弗里德曼将自己的股份卖给了伯克希尔，离开公司之后，
在贝弗利山开设了自己的珠宝店。女婿唐纳德成为公司的总裁
和 CEO，另一个女婿马文被任命为副总裁。接下来的 3 年一切
顺利，但是在 1994 年，珍妮丝·耶鲁也患上癌症，于是，唐纳
德·耶鲁有一段时间必须兼顾他的行政和家庭责任，但考虑到
家庭应该优先，于是辞去了公司行政职务，保留了非执行董事
的职位。

　　这时，34 岁的苏珊·雅克（Susan Jacques）在与巴菲特简
短面谈后，被任命为波仙珠宝的总裁兼 CEO。14 年前，她从津
巴布韦（当时还是罗德西亚）来到美国。1983 年，她在佛罗里
达州参加宝石学院课程时，认识了波仙珠宝的第三代掌门人艾
伦·弗里德曼。她在波仙珠宝得到了一个基层销售助理职位，时
薪 4 美元。她开玩笑说，在一个由中年犹太人主导的行业里，她
有三个反对自己成为领导者的理由：年轻、女性、非犹太人。但
是，巴菲特想要的是能力、精力和正直，她非常符合巴菲特的

要求。

> "虽然她缺乏管理背景，但我还是毫不犹豫地在
> 1994 年让她做了 CEO，她很聪明，热爱这个行业，也
> 热爱她的同事，这种热爱在任何时候都胜过拥有 MBA
> 学位，（顺便一提，我和芒格都不太看重简历，相反，
> 我们关注的是智慧、激情和正直）。" [224]

2014 年，苏珊·雅克离开波仙珠宝，追随自己的理想，成为美国宝石学研究所（GIA）总裁和 CEO，那是她 1980 年曾经做学生的地方。巴菲特说："我为苏珊感到无比的高兴和自豪，她在波仙珠宝经历了漫长而辉煌的职业生涯，虽然接受她的辞职我很难过，但我知道她正在接受一个 GIA 的新角色，她对这个角色充满热情，这个角色给了她回馈珠宝业的机会。我有信心，她将带着在波仙珠宝公司积累的多年服务经验，秉承同样的专业和合作的风格，继续在宝石和珠宝业扮演崭新的、令人激动的角色。" [225]

波仙珠宝现在拥有 350 名员工、6.2 万平方英尺的营业面积，在 CEO 凯伦·格拉克（Karen Goracke）和执行副总裁马文的领导下，继续成长壮大。

学习要点

1. 强强联合的好处。

   作为伯克希尔集团的一员，波仙珠宝受到了额外的关注，尤其是股东们的忠诚。此外，伯克希尔强大的信用等级和雄厚的财力也增强了波仙珠宝的议价能力。

2. 深厚的文化底蕴。

   如果一种文化已经发展深入到整个组织中，具有深厚的根基，那么失去一个创始人或关键人物不会对企业造成太大的伤害。当掌舵的艾克·弗里德曼患癌症突然离世时，波仙珠宝的文化使其很快找到了知识渊博、经验丰富的唐纳德·耶鲁作为替代者。同样，当唐纳德不得不离开时，苏珊·雅克迅速被升职，继续坚持组织的战略、政策和立场；再后来，干练的凯伦·格拉克紧随其后。

3. 好好利用良性循环。

   波仙珠宝的低价格、低成本、强大的采购力和品类繁多吸引了来自各地的广泛客户，这带来巨大的交易量，巨大的交易量进一步带来低价格、低成本，以及更大的采购力和品类的扩充。这种财务上的良性循环在很大程度上回馈给了顾客，如果波仙珠宝在对运营利润率的追逐中变得贪婪，那么竞争对手就会抢走客户。

4. 股票市场不是一台完美的称重机。

市场在大多数时候对大多数股票的定价是有效的，但是依然会在很多情况下不那么有效，因此存在可能获得超额回报的机会。如果你专注于了解公司业务、评估公司运营人员的素质、在股票价格上建立安全边际、不以不切实际的回报为目标，并善于利用市场先生的情绪，你就会获得超额回报。

5. 不要乱动。

频繁交易股票会导致糟糕的心态，增加税费和交易成本，从而降低回报。

吉列 / 宝洁 / 金霸王

（Gillette-procter & Gamble-Duracell）

投资概要	投资对象	吉列 / 宝洁 / 金霸王
	时间	1989 年至今
	买入价	2006～2008 年陆续投资宝洁 6 亿美元、4.3 亿美元
	数量	投资 6 亿美元持有优先股，后转换为吉列的普通股（11% 的股权），然后转为 3% 的宝洁股份，再后转为金霸王 100% 的股份
	卖出价	金霸王至今依然是伯克希尔一员
	获利	至少 9 倍
	1989 年的伯克希尔－哈撒韦	股价范围：4 800～8 810 美元 账面净资产：49.27 亿美元 每股账面净资产：4 296 美元

这个案例的研究证明了经济特许经营权的价值，这些特许经营权是通过在消费者心中留下深刻印象而形成的。人们对自己长期熟悉且信赖的产品形成了依恋，一旦一个品牌拥有了人们内心的"心智份额"，那么对于那些潜在竞争对手而言，想挑战和取代其地位就很难了。这种围绕特许经营权的城堡所形成的深邃而宽阔的护城河，由强大的品牌带来的强大定价能力，使得公司股本回报率可以达到非常高的水平。

但即便是强大的消费品公司也可能变得脆弱，在 20 世纪 80 年代末吉列公司就经历了这样一个阶段，不是在产品吸引力方面，而是在财务结构方面。它曾经遭受过华尔街掠食者的攻击，并选择通过大量借贷以回购股票来安抚激进的股民，但事情做得有些过度，等资金耗尽之后，它仍然是股权激进分子和私募股权机构感兴趣的对象。这时，它需要迅速注入大量现金，需要一个友好的大股东，这位大股东不会向掠食者出售股份，也不会解雇经理人，这样就避免了对企业的长期健康发展造成无法估量的损害。这样看来，伯克希尔－哈撒韦、巴菲特和芒格非常符合这样的要求，拿出 6 亿美元对于他们来说轻而易举，他们也会允许董事们从公司的长远利益出发进行管理，他们还能阻吓来自华尔街的巨兽。

刚开始时，伯克希尔购买的是优先股，为了获得丰厚的股息。但没过多久，优先股被转换为普通股，之后这些股票的价格达到了当初 6 亿美元投资的数倍。

几年后，吉列与宝洁（P&G）合并的机会出现了，宝洁公司是全球拥有最广泛强大品牌的公司。巴菲特和芒格抓住了伯克希尔成为合并公司最大股东的机会，他们明白特许经营权的价值，他们明白协同效应的潜力，尤其是提高相对于超级市场的议价能力。

后来，宝洁的股价高企，当董事们同意按照巴菲特和芒格认为划算的价格放弃旗下的金霸王公司（Duracell）时，伯克希尔将其持有的宝洁股份换成了金霸王100%的股份，这颗宝石还附带了一份嫁妆——18亿美元现金。交易成功后，金霸王现在被视为伯克希尔准备从碳动力转向电力的伟大计划的一部分。金霸王与伯克希尔-哈撒韦能源公司、比亚迪汽车和电池公司有着良好的合作关系，即便没有与必和必拓（BHE）、比亚迪的合作，金霸王也拥有全球1/4的电池市场，以及一个强大的品牌。

创建吉列的特许经营权

吉列的创始人金·吉列（King Gillette）创立吉列时是一位人到中年的推销员，他一边四处做推销工作，一边时不时申请一些专利。他认为自己可以制造比当时市场上的剃须刀更好的安全剃须刀，当时的剃须刀形状与今天的剃须刀相似，但只有一面锋刃。令人恼火的是，这些刀片需要请专业人工用皮革打磨。用不了多久，刀片就磨得无法再磨，也就不能继续使用了。这些特点给这位推销员造成了很大不便，尤其是他经常被迫在行驶的火车上刮胡子。

吉列想出了一些办法，1895年，他想出了一个长方形薄薄的金属片，两面都磨锋利，它的成本便宜到可以随时丢弃也不心痛，而且很容易更换的主意。他与麻省理工的研究生工程师威廉·埃默里·尼克森（William Emery Nickerson）合作，花了

6 年时间研究如何大批量生产这种金属片。磨薄并且廉价的钢刀片并不容易生产，尼克森必须制造专门的机器。

1901 年，吉列和尼克森成立了自己的公司，但直到 1903 年，剃须刀和刀片才从生产线上生产出来。到第 2 年的年底，售出的剃须刀超过 91 000 把。对顾客而言，买一把剃须刀附送一包刀片，这是一件非常新奇的事。1904 年，这种两边都有锋刃刀片的剃须刀获得了专利，当刀片变钝时可以扔掉。安全剃须刀片的零售价格为 5 美元，外加一包 20 个刀片。这个价格大约相当于普通人半个星期的工资，似乎不便宜，但显然相对于这种剃须刀带来的便利，这个价格是值得的。一包 20 个刀片单独出售的价格是 1 美元。

在寻求大规模量产的道路上，吉列公司的进展很慢，但是一旦找到了，它就迅速扩张，甚至发展到了国外。到 1908 年底，吉列的制造工厂已经遍布英国、加拿大、法国、德国和美国。

竞争对手看到吉列在市场上的优势后，不久也开始使用双刃刀片。专利之争不可避免，在那之后，吉列常常收购对手。

公司董事同时也是公司的一位重要投资者——约翰·乔伊斯（John Joyce）与金·吉列争夺公司的控制权，最终（1910 年），金·吉列把自己的大部分控股权卖给了乔伊斯。之后，金·吉列处于半退休状态，但名义上依然是公司总裁，并经常走访国外分支机构，他的脸部绘像因为经常出现在吉列产品的包装上而尽人皆知。金·吉列更偏好于旅行、房地产和股票市场方面，而乔伊斯则负责日常业务。1916 年乔伊斯离世，他遗产中的吉列股份由其朋友、投资银行家爱德华·奥尔德雷德买下。

第一次世界大战期间，吉列公司获得了一份重要合同——为美国军方提供剃须刀，作为部队野战装备的一部分，这是公司业务的重大突破。很自然，这些士兵战后归来会继续使用吉列剃须刀，这对公司来说可不是坏事，这说明这些士兵已经有了使用习惯。

吉列被誉为发明了一种商业策略，即以低价（通常是亏损）销售产品，以此带来用户基数的增加，然后以高价销售后续产品。商学院称之为剃须刀和刀片战略，这种战略已经应用于从游戏到音乐流媒体的很多产业中。

但是，这个模式并非当初金·吉列本人刻意而为。事实上，直到 1921 年，该产品还在专利保护期时，他对剃须刀手柄的定价还是很高的。他选择了高端市场，讲求质量，吉列一套剃须刀的定价是其他品牌的 5 倍。但一旦专利过期，它就不再拥有其特定形状手柄的独家权利，因此，它降低了旧款手柄的价格，以与竞争对手相匹配或低于竞争对手，同时推出了新款专利手柄，以高价销售。这产生了对低端市场竞争对手的碾压效应，因此，虽然遵循了后来所谓的剃须刀和刀片战略，但它的确提供了一种特别的升级版本。

从理论上讲，1921 年专利到期后，吉列公司本应面临降低刀片价格的竞争压力，这些之前的专利可以被到处复制，但到那个时候，全世界数百万男士已经习惯于购买吉列优质刀片，而公司强大的市场营销强化了这样一个信息：一个男人值得拥有的最好品牌，值得为其付出额外的代价。这样的信息转达，带来了强烈的心理忠诚度。事实上，吉列如此成功，以至于到了 20 世纪 50 年代，它在美国的市场份额达到了 70%～75%，在美国之外的很多国家份额也相当高。

多元化

到了 20 世纪五六十年代，吉列公司积累了大量现金，董事们看到了相关以及不太相关的市场领域里的一些投资机会。首先，1953 年推出剃须泡沫。两年后，吉列开始跨界，涉足完全不属于男士美容领域的业务，收购了圆珠笔制造商 Paper Mate。随后，又回归本行，于 1960 年推出了 Right Guard 止汗剂。1967 年收购了一家德国著名的剃须刀公司布劳恩（Braun），该公司除了生产剃须刀，还提供一系列其他电动产品。吉列董事们此外还感受到了钢笔的魅力，买下了派克和沃特曼公司。这些仅仅是一长串收购案例中的一些案例，吉列的行动无法一一呈现。经过一系列收购，吉列已经成为一家高度多元化的公司。

在不断积累品牌的同时，吉列剃须刀（以及其他产品）正在迅速向多个国家扩大销售。不久之后，超过 60% 的销售额来自美国以外的国家和地区。

科尔曼·莫克勒（Colman Mockler）是吉列的终身员工，他于 1957 年加入公司，于 1975 年被任命为公司 CEO。他认为公司过度多元化，失去了重点，一些经营业务资本回报过低（他的职业生涯履历主要是财务部门）。这位新上任 CEO 关注的业务种类繁多，从打火机到除臭剂，在全球范围内营业额达到 15 亿美元，净利润达到 0.78 亿美元。他提高股东回报率的方式是关注那些消费者高频复购的产品，在这些市场上下功夫可以提高交易量。他卖掉了皮革制品、植物食品以及其他一些业务部门，并将资金注入公司拥有明显竞争优势的领域。他还增加了广告预算，以加强基于品牌形象的经济特许权。

严酷的竞争威胁

1958 年，法国 BIC 公司进入美国市场，它们推出了一系列一次性产品，带来了震撼性的效应。例如，一次性的笔，这大大影响了吉列的缤乐美笔的销量。1973 年，BIC 一次性打火机问世，严重影响了吉列打火机的销量。

钢笔市场和打火机市场对吉列来说都很重要，但还不是最重要的部分。对其核心业务的大规模攻击尚未到来，吉列的剃须刀片贡献了吉列公司超过 70% 的利润，因此，当 BIC 于 1975 年推出一体式一次性剃须刀时，该公司感到了真正的威胁，吉列做出的应对措施是降低售价，并强调自己的产品质量更佳。这项计划的实施取得了不错的效果，吉列的利润随之上升。1976 年，吉列推出了第一款双刃一次性剃须刀，接下来的1977 年推出了第一款转向头剃须刀。1984 年，公司用富余的现金购买了欧乐 B 牙刷。

来自华尔街掠食者的袭击

从 20 世纪 80 年代初期至中期，吉列的利润持续增长，这吸引了一些来自华尔街的目光，其中之一便是露华浓公司（Revlon）。当时是垃圾债券盛行的年代，可以轻松获得大量债务资本，罗纳德·O. 佩雷尔曼就曾以 18 亿美元债务融资掌控了露华浓公司。1986 年露华浓以 48 亿美元发起了对吉列的要约收购，此时，露华浓已经掌握了 13.9% 的吉列股份。这两家公司都经营个人护理产品，有人认为，它们在销售和分销方面具有协同效应。

莫克勒带领吉列奋力抗争，谈判的结果是吉列公司同意以每股 59.50 美元的价格，回购露华浓持有的股份，一共耗资5.58 亿美元。这个价格高出当时 56.625 美元的市场价，分析师认为这笔交易属于"绿色邮件"[226]，经此一役，露华浓获利4 300 万美元，并让吉列支付了 900 万美元的相关法律费用。与此同时，吉列的股东们眼睁睁看着股价下跌到 45.875 美元。

但是，事情还没完，为了攫取更多收益，露华浓在第 2 年又回过身来，向吉列提出了两个并不友好的提案。这令吉列感受到了业绩的压力，因此，吉列对公司高层进行了重组，出售了业绩不佳的部门，对工厂进行了现代化改造，将生产转移到低成本的地方，并减少了工人的数量。

尽管如此，它还是在 1988 年再次成为被狙击的目标。这一次是一家来自纽约的投资集团——科尼斯顿合伙公司，它持有吉列公司 6% 的股份，提出推举自己人取代吉列 12 人董事会中的 4 个席位，它希望能出售或拆分吉列。这是一场激烈的斗争，但最终吉列的股东投票反对科尼斯顿的提议，赞成和反对的票数非常接近，因为有 48% 的股东投票支持科尼斯顿。在来自包括科尼斯顿在内的最大股东的压力下，吉列董事会提出了一项计划，回购其 1/7 的股份，该计划面向全体股东。最终，该计划耗资 7.2 亿美元，一共回购了 1 600 万股。

此次用于回购的资金大部分是借款，利率高达 10%，这大大增加了公司的利息负担。投资者对此感到担忧，导致吉列股价在 1988 年 8 月的回购公告期间下跌了 5%。公司试图通过前景展望对市场进行安抚，它预测到 1992 年公司的负债会降至"仅有" 10 亿美元的规模。但是，投资者看到公司资产负债表上的净资产为负数（1988 年，公司财报曾一度显示净资产为负 8 500 万美元），吉列的资本支出计划和品牌提升支出非常巨大。然而，至少利润还在继续滚滚而来，公司净利润从 1988 年的 2.69 亿美元，提高到 1989 年的 3.85 亿美元，营业额分别为 36

亿美元和 38 亿美元。

吉列的董事们不得不承认两件事：

◎ 首先，吉列一直在努力保持独立，但也许被来自华尔街
的巨兽接管仅仅是时间问题。

◎ 其次，吉列背负了太多债务，使公司容易陷入财务
困境。

他们需要加强防御，需要一个能够投资大量非债务资本的
白衣护卫，以阻吓咄咄逼人的入侵者。但是，到哪里去找手头
有几亿美元的人呢？

交易

沃伦·巴菲特安静地坐在奥马哈，每天从容阅读着他的 6
份报纸，远远地静观陷于困境中的吉列，吉列脆弱的资产负债
表引来了一波又一波的攻击。一个春季的傍晚，当巴菲特阅读
吉列 1988 年的财报时，忽然有了一个想法，他事后回忆，"我
认为他们或许有兴趣引入一大笔投资用于补充资本，因为他们
的回购已经耗尽了现金……我当时就是这样想的"。[227]

在吉列的总部，公司董事约瑟夫·J.西斯科（Joseph J.
Sisco）也有类似想法。西斯科曾是美国著名的外交官，也是伯
克希尔旗下公司盖可保险的董事会成员。巴菲特打电话给西斯

科，让他询问一下吉列的莫克勒，看看对方是否有意接受伯克希尔的投资。巴菲特后来说："我告诉他，如果他们有兴趣，那很好；如果他们没兴趣，也没关系。"[228]

西斯科毫不犹豫地支持这个想法，他确信这两个来自中西部的伙计会一拍即合。果然不出所料，没过几天，莫克勒和巴菲特就在奥马哈会面，他们在奥马哈新闻俱乐部里享受了简单的食物（汉堡和可口可乐），气氛融洽，相谈甚欢。巴菲特说："我喜欢他，就像遇见一个女孩，不出 5 分钟就有了化学反应一样。我可以看得出来，他非常能干。"[229]

巴菲特提议，购买吉列优先股，总额在 3 亿美元到 7.5 亿美元之间均可，莫克勒可以根据情况决定。午餐之后，巴菲特开着他上了年纪的汽车送客人到机场，并没有讨论交易的细节条款。

在此期间，吉列研发出了革命性的新产品——Sensor 剃须刀，吉列的董事们刚刚决定从日渐枯竭的现金中拿出 1.2 亿美元投入生产，以及在国际市场上拓展。因此，在 1989 年 6 月 15 日的董事会上，他们表达了引入伯克希尔投资的强烈愿望，但是当然是有条件的。莫克勒报告称，自己非常钦佩巴菲特，并表示此次投资"相信可以帮助吉列执行其战略计划，可以不必担心再遭受像过去几年那样的纷扰"。[230] 他们被巴菲特公开表示的不参与敌意收购，以及他坚持这一规则的记录所吸引。在购买大量的、足以造成影响力的股份时，巴菲特的另一个原则对于吉列团队而言很有影响力，那就是巴菲特强调被收购的公司"具备管理团队（因为我们无法提供）"。[231]

来自巴菲特的第一个提议，是安排伯克希尔出资 6 亿美元购买吉列新发行的优先股，这些优先股具有转换为普通股的权利。具体方案是，优先股的股息率为 9%，转换为普通股的价格定为每股 45 美元。此外，巴菲特还有另一个替代方案可供选择：股息率为 9.5%，转股价格为 50 美元。当时，吉列在股市上的交易价格在 40 美元到 43 美元之间。

莫克勒和吉列董事会认为这些安排对吉列的普通股东而言，过于烦琐，因此拒绝了上述方案。但他们同意在 7 月的一系列会议上，与查理·芒格讨论其他替代方案。双方最终达成一致的方案是：8.75% 的股息率和 50 美元的转股价。1989 年 7 月 20 日，伯克希尔出资 6 亿美元认购了吉列新发行的优先股，如此一来，巴菲特和芒格每季度可以收到 1 312.5 万美元股息，他们可以将这笔资金投在其他地方。

巴菲特加入了吉列的董事会，并承诺伯克希尔所持有的股份不会被出售，除非公司控制权发生变化，或者在陷入财务困境时，保险监管当局强制要求出售，因为保险公司的大部分资金来源于保险浮存金。如果伯克希尔的优先股被出售，吉列公司本身拥有优先购买权。此外，还有一个有趣的小细节，在巴菲特加入董事会后，吉列迅速更换了自动售货机和自助餐厅里的饮料备货，由原来的百事可乐转为可口可乐。

　　这项交易的另一个约定是：如果吉列普通股的股价连续超过 12 天高于 62 美元，吉列可以强行将优先股转为普通股。如果这样做，伯克希尔将持有吉列 11% 的普通股。

　　吉列用这 6 亿美元还掉了高息负债，强化了资产负债表，保证了现金流，从而使巨额资本支出得以继续。

　　当时的财经媒体普遍认为，这次交易的方案对于伯克希尔而言太慷慨了，言下之意，伯克希尔占了便宜，因为其他类似规模公司发行的优先股提供的股息率要低几个百分点。后来，吉列董事之一的丽塔·里卡多·坎贝尔写了一本关于敌意收购的书，为此次交易进行了辩护，她说："据我回忆，当时吉列已经没有其他可以替代的方案，可以一次性拿出 6 亿美元的人不容易找到⋯⋯吉列的顾问们说投资人的预期回报可能在 25% 左右。从巴菲特的角度而言，任何投资都存在风险，包括可转换优先股，正如他在美国航空和所罗门公司投资时遇见的情况那样。"[232]

　　巴菲特在 1989 年致伯克希尔股东的信中，对这次吉列公司的投资进行了评价："吉列的业务正是我们所喜欢的那种。芒格和我都认为我们了解公司的经济状况，因此我们相信可以对其做出合理、明智的推测。（如果你还没有试过吉列的新型 Sensor 剃须刀，那就赶快去买一把。）"在说到关键人物时，巴菲特说："我们只想与我们喜欢、钦佩和信任的人打交道⋯⋯吉列的莫克勒就是这样的人。"

在找不到有吸引力的普通股投资机会的情况下，巴菲特选择了更安全的优先股。他说，他认为在几乎任何情况下，除了大萧条或大规模欺诈之外，优先股至少会返还投资本金和利息。但他补充说，如果伯克希尔只能得到这些，他会感到失望，因为"我们将放弃灵活性，因此将错过一些必然会出现的重要机会……从过去参与的四次优先股投资经历来看，伯克希尔能够获得满意回报的唯一途径，是让被投资公司的普通股表现良好"。[233]

事实上，巴菲特认为吉列有一个主要的、稳定的、兴趣盎然的股东，可能会增加吉列其他股东的利润。"芒格和我将支持管理层、保持客观分析的态度……在某些时候，那些经验丰富的 CEO 应该感谢有机会在我们这些无业内经验或与过去决策无关的人身上测试他们的想法……芒格和我认为，优先股投资应该能产生略高于大多数固定收益投资组合的回报，我们可以在被投资公司中扮演一个次要的，但令人愉快的建设性角色。"[234]

吉列的黄金岁月

Sensor 剃须刀

1989 年 10 月，Sensor 剃须刀问世，这款产品安装了更薄的双刃刀片，分别安装在弹簧上，通过不断调整感应面部轮廓，进而实现更贴合地剃须。这是一个爆款产品，它是如此成功，以至于公司不得不暂停了一段时间的广告宣传，以便产能能够跟上来。

因此，尽管过去的 13 年，吉列公司花了几乎 2 亿美元的研发费用，外加 1 亿美元的广告费，但这一切都是值得的。吉列的工厂一周七天，昼夜不停地生产。不到两年，这款剃须刀的销量就达到了 10 亿。

吉列的税后利润从 1989 年的 2.85 亿美元，到 1990 年达到 3.68 亿美元，1991 年达到 4.27 亿美元，到了 1992 年更是达到了惊人的 5.13 亿美元。

吉列的普通股

随之而来的是吉列股价的大涨，1991 年 4 月 1 日，吉列董事会根据协议要求伯克希尔将持有的优先股转换为 1 200 万股普通股。根据当时的股价，这些股票的市值超过了 13 亿美元，作为一家利润快速增长公司的参与者，巴菲特和芒格也非常乐意将持有的优先股转为普通股。

但令人惋惜的是，1991 年 1 月，莫克勒由于心脏病发作离世，享年 80 岁。巴菲特在他致股东的信中写道：

> "除了'绅士'这个词之外，没有什么其他词更适合形容莫克勒了。绅士是一个表示正直、勇气和谦逊的词。把这些品质与莫克勒所拥有的幽默和非凡的商业能力结合起来，你就能理解为什么我认为与他共事

是一种纯粹的快乐，这就是为什么，我和所有认识他
的人都会如此想念他。"

巴菲特还提到了莫克勒去世的前几天，《福布斯》杂志一篇
关于吉列的封面报道。这篇文章赞扬了该公司对质量的追求，
这种心态使得它始终将精力集中在开发更好的产品上，即便它
的现有产品在业内已经名列前茅。巴菲特说，《福布斯》这样描
绘吉列，实际上也是在为莫克勒绘像。

为什么巴菲特持有吉列普通股

在 1991 年将优先股转换为 1 200 万普通股之后，伯克希尔
本可以以超过 13 亿美元的价格出售，这意味着，在投资不到两
年的时间里，大赚了一倍还多。那么，为什么巴菲特选择继续
持股，没有落袋为安呢？

据推测，巴菲特仔细考虑了吉列之后 10 年乃至更久之后的
利润，他可能在头脑中估算出未来年度股东盈余的价值，贴现
之后，得到大约的内在价值。影响这一估计的因素是定性的，
但远远谈不上精确。它们是基于一些因素的判断，比如在各国
人们心目中品牌力量的可持续性、管理团队的能力以及董事会
以股东利益为导向行事的可能性。

我们不知道巴菲特在 1991 年得出了怎样的数字，然而，我
们可以做的是看看在接下来的 10 年里，吉列实际支付给伯克希

尔的股息。我们可以看看吉列留存未派发的利润中，相应属于
伯克希尔的部分（见表10-1），这些数字是否可能是巴菲特心
中所想的那样？如果是这样的话，他在1991年的判断就是，
在一个典型的正常年份里，伯克希尔收到的股息加上其在吉列
的相应留存利润，可以达到1亿美元。（我们固然无法得到表
格中呈现的完美数字，因为公司的一些留存利润可能会被巨
额的资本支出或额外的运营资本投资所吞噬，以维持公司的经
济特许经营权，但这些数字仍然能让我们了解股东盈利的大致
数字。）

表10-1　伯克希尔持有的吉列股份分红以及相应的留存利润
（1991~2000年）

（除年度外，单位：百万美元）

	分红	伯克希尔持股相应未分配运营利润[1]	伯克希尔持股数量[2]
1991（9个月）	11	20	12（截至5月1日）之后24
1992	17	33	24
1993	19	38	24
1994	23	44	24
1995	25	n/a	24（截至6月1日）之后48
1996	33	63	48
1997	40	70	48
1998	41	n/a	48（截至5月15日）之后96
1999	55	45	96
2000	61	43	96

①假设留存利润被支付给伯克希尔，减去相应税负。
②伯克希尔并没有再购买任何吉列股票，但出现过"一分二"的股票分拆。
资料来源：巴菲特致股东的信（1991~2000年）。

他可能还认为，鉴于一支强大的管理团队可以不断利用新产品和新营销的胜利来争取市场地位，股息加上留存利润将会年复一年地增长。如果事实证明是这样的话，那么这 1 200 万股的内在价值将远远超过 13 亿美元的市场价格。

就特许经营权的性质而言，巴菲特将吉列和可口可乐列为同一类：

> "可口可乐和吉列这两家公司可以跻身世界上最好的公司之列，我们预计它们的收益在未来几年将以惊人的速度增长。随着时间的推移，我们持有的这些股票的价值也将以大致比例增长。"[235]

在巴菲特看来，可口可乐和吉列这样的公司长期而言，其商业风险远低于任何计算机公司或零售业公司，得出这样的结论似乎并不困难。可口可乐约占全球软饮料销量的 44%，吉列在剃须刀领域的市场份额超过 60%（按金额计）。除了箭牌公司，巴菲特想不出还有其他什么公司在其所在行业中，享有如此重要的全球范围内的主导地位。

> "此外，可口可乐和吉列近年来在全球的市场份额，实际上都在增加。它们的品牌影响力、产品属性和分销系统的实力赋予了它们巨大的竞争优势，在它们的经济城堡周围筑起了一道护城河。"[236]

新、新、新……

随着大量现金的流入，公司高管们渴望推出更多世界一流的产品。1992 年，欧乐 B Indicator 牙刷问世，吉列也陆续推出男士洗漱用品，包括止汗剂、剃须膏、须后水。

1993 年以 4.84 亿美元收购了派克笔，这使得吉列凭借派克、Paper Mate 和沃特曼品牌，在书写工具领域占据全球领先地位。同年，吉列推出了新剃须系列 "Sensor Excel"，承诺 "内含五种柔软、贴合的超细纤维以提升剃须流畅性"。也是在 1993 年，推出的产品还有 Braun 风味精选咖啡机、欧乐 B Advantage 牙刷，以及定制的、带旋转头的、男女均可使用的一次性剃须刀。

接下来公司又进行了几次具有协同效应的收购，但真正的大规模收购是在 1996 年，以 78 亿美元收购世界碱性电池领导者金霸王公司。这次收购背后的逻辑是将其与吉列的营销渠道相结合，以触达 200 个国家的用户。按照销售规模计，金霸王成为吉列第二大业务部门。

那一年的另一个亮点是吉列针对女士推出的超级感应剃须产品，这推动公司整体销售额达到接近 100 亿美元，利润达到 9.49 亿美元[一]。2000 年，公司以维纳斯品牌推出一系列产品，巩固了吉列在女性相关商品领域的成功地位。

1998～2000 年，公司的销售和利润增长出现了一些问题。

一　原书为 9 490 亿美元，疑有误。——译者注

文具和小家电亏损，电池业务受到了来自劲量电池（Energizer）和雷特威（Rayovac）的激烈竞争，这两家公司都提供价格更为便宜、性能类似的产品。另一个关注吉列高利润率的竞争对手是希克·威尔金森，它推出了带有四个刀片的 Quattro 产品，额外赢得了三个点的市场份额。

面对销售额的下降，董事们以裁员作为回应，但无法阻止吉列的股价下跌。尽管如此，伯克希尔持有的吉列股份市值还是从 10 年前的 6 亿美元上升到超过 30 亿美元（见图 10-1）。

> "当你每天晚上上床睡觉时，想想第二天早上有 25
> 亿男士要刮胡子，单是想想就很美妙。"[237]

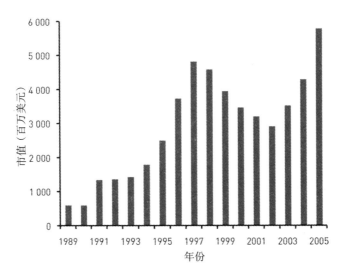

图 10-1　伯克希尔持有的吉列股份市值（1989～2005 年）

基尔茨时代

2001 年 2 月，在连续 14 个季度未能实现盈利目标，以及连续 5 年销售毫无起色之后，公司聘请了来自卡夫公司的吉姆·基尔茨（Jim Killts）出任公司新一届的 CEO，以重振吉列。

基尔茨是吉列 70 年来首位外聘 CEO，巴菲特在一次会面之后就下决心把他挖过来。

> "这是一个很自然的举动……我曾与很多人进行过交谈，他在商业方面的敏感不输给任何一个人。如果你听过他分析商业形势，你绝对会认为他极具洞见。坦率地讲，这样的人是很罕见的。"[238]

走马上任之后，基尔茨改进了吉列数百个操作细节，以确保品牌的顶级性能。

> "正如基尔茨本人所说的那样，这不是火箭科学，但这是一个细致而严格的过程。基尔茨并没有为吉列设计华而不实的愿景，而是夜以继日地思考，是否也可以使用六块或八块包装的形式出售电池。基尔茨没有用吉列如何改变世界的演讲来作秀，而是展示了他们的 SG&A（销售成本、综合开销及行政管理费用）与竞争对手相比如何。他的行事作风不迷人，也不性感，十分老派，但是有效。"[239]

你可以从图 10-1 中看到，基尔茨用自己的方法回报了伯克希尔，使其持有的吉列股份市值跃升至超过 40 亿美元，然后是 50 亿美元。

高管应激励，但有前提

巴菲特在写给伯克希尔股东的信中，表达了对吉列 CEO 基尔茨的钦佩之情，这与巴菲特对那些拿着不合理报酬的公司高管的厌恶形成了鲜明对比。

巴菲特在称赞基尔茨时说，"公司 CEO 的重要性，怎么强调都不为过。"在基尔茨到来之前，吉列在配置资金时犯了一些代价高昂的错误，尤其是收购金霸王造成了数十亿美元的损失，但传统的会计记账方式从未显示出这一损失。简单地说，公司支付的价格远远超过了得到的价值。令人惊讶的是，在考虑收购时，公司高管层和投资银行家经常忽视这一标准。对于给基尔茨的报酬问题，巴菲特说：

> "基尔茨刚一到任，就迅速强调了财务纪律，收紧了运营，加强了营销，这些举措大大提升了公司的内在价值……基尔茨的报酬很高，但每一分钱都是他应得的。（这不仅仅是学术评估，因为作为持有 9.7% 吉列股份的股东，伯克希尔实际上支付了相应的部分。）事实上，对于一家大型企业来说，给一位真正杰出的 CEO 什么样的报酬都不过分，因为这样合格的人才极其稀缺。"

巴菲特觉得，在很多情况下，高管得到的薪酬往往与其所取得的业绩并不成比例。薪酬设计是一场交易，在这场交易中，投资者一方往往得到的是一笔糟糕的交易。能力平平的 CEO 们和自己挑选的团队顾问，一起设计和推动了不当的薪酬政策，投资者往往最终落得一地鸡毛。

巴菲特以 10 年固定价格期权奖励政策为例，说明这是一种不合理的奖励政策。假设有家公司名叫停滞公司，这家公司以 1% 股份的期权奖励该公司 CEO 弗雷德，他获得的个人利益显而易见，这会导致他追求股价最大化。因为，他可以选择不支付股息，而且可以用公司的利润回购股票，从而推高股价。

想象一下，这家停滞公司果然名副其实，在期权授出之后的 10 年中，公司每年都能以 100 亿美元的资产赚得 10 亿美元的利润，利润保持不变，没增没减。假设公司总股本为 1 亿股，这就意味着每股盈利 10 美元。如果公司决定盈利不用于分红而是进行股份回购，回购价格为 10 倍市盈率，那么等到 10 年期权期满之时，股价将会上升 158%。这是因为通过回购，公司股本从原来的 1 亿股减少到 0.387 亿股，每股盈利上升到 25.80 美元。这样一来，通过转移公司盈利的方式，停滞公司的 CEO 弗雷德在完全没有改善公司业绩的情况下，就获得了 1.58 亿美元的个人所得。

甚至更为糟糕的是，即便在此期间公司盈利下降 20%，弗雷德依然可以赚得超过 1 亿美元。对此，巴菲特问道，公司高管和股东利益哪里一致呢?

即便是改变分红政策(例如，1/3 的盈利用于分红)也能为那些贡献甚微的管理层提供丰厚的回报。

> "不一定非得如此，董事会设计的期权方案，在实现收益留存时自动抬高了行权价格，这就是儿戏。令人惊讶的是，对这些薪酬'专家'来说，按留存利润调整期权的执行价格的想法似乎闻所未闻，尽管如此，他们对现有的每一个有利于高管的计划都了如指掌(吃谁的面包，唱谁的歌)。"

巴菲特对遣散费也同样犀利，"被解雇会给 CEO 带来特别丰厚的收入。事实上，他在清理办公桌的那一天挣到的钱，比一个美国工人一生打扫厕所的收入还要多。"

宝洁公司

在国际市场上，吉列和宝洁面临着强大的竞争对手——英荷巨头联合利华公司，联合利华拥有种类繁多的个人护理产品和食品，在许多国家的市场占有率都比这两家美国公司大，在零售商中享有更大的影响力。

在征得了巴菲特的同意后，基尔茨向宝洁提出了吉列和宝洁的合并计划。两家公司几乎没有产品重叠，这降低了反垄断监管机构阻止交易的可能性。尤其是吉列的剃须刀业务，巧妙地延展了宝洁的美容和清理业务线。合并将加强与零售商的议价能力，例如沃尔玛会与供应商进行艰苦的讨价还价，经销商费用占宝洁销售金额的 17%，占吉列的 13%。通过整合 21 个"必备"品牌（每个品牌的年销售额在 10 亿美元到 100 亿美元之间），宝洁与吉列强强联手之后，将能够承受来自专业买家和超市的压力。一位分析师在报告中表示："面对这样的强势品牌，零售商无法承受不进货的代价，此次合并增强了公司与大型超市集团抗衡的能力。"[240]

基尔茨对媒体表示，他对合并持乐观态度，"强强联合等于成功"，因为这将带来主导性的规模。除了提高议价能力，宝洁还预计在营收和成本方面都会产生协同效用。此外，合并之后的营销支出（超过 30 亿美元）将使公司在与媒体公司、广告商谈判时实力大增。

2005 年 1 月，两家公司的合并方式是：以 0.975 股宝洁兑换 1 股吉列，总交易金额为 570 亿美元（相当于合并后实体的 29%）。新宝洁公司的市值达到 2 000 亿美元，销售收入达到 610 亿美元，成为全球第一大家居用品供应商。

作为吉列的最大股东，巴菲特受邀在官方公告中发表评论。他称此次合并是"一次梦寐以求的交易"，将"创造出世界上最伟大的消费品"。

2005 年 10 月 1 日，伯克希尔－哈撒韦公司将持有的 9 600

万股吉列股票换为 9 360 万股宝洁股票。在 2005 年底之前，巴菲特又出手买进了 640 万股宝洁股票，使其持有的宝洁股票达到 1 亿股，占公司总股本的 3%，市值达到 58 亿美元。在 2005 年致股东的信中，巴菲特写道："在两家公司合并之前，我们没有出售吉列的打算；现在，我们也没有出售宝洁的打算。"

　　没过多久，宝洁公司就履行了之前做出的回购股票的承诺。因此，尽管伯克希尔并没有买入更多宝洁股票，但到 2006 年底，伯克希尔持股比例上升了 0.2%，达到 3.2%。2007 年，伯克希尔又买入了 147.2 万股宝洁股票。但在 2008 年卖出了 953 万股，在接下来的 2009 年卖出了更多（见图 10-2）。巴菲特说，芒格和他都认为宝洁将来的股价会更高，但"我们在 2009 年卖出一些，是为我们收购陶氏化工和瑞士再保险筹措资金。稍后，我们还会再卖出一些，为收购伯灵顿北方圣达菲铁路公司（BNSF）筹措资金"。[241] 2008 年股市大崩溃后，是逢低买入的好时机，当时市场上有很多比宝洁更具吸引力的机会。2010 年伯克希尔收购 BNSF 动用了 220 亿美元现金，其中部分资金来自出售宝洁股票。2012 年，收购亨氏食品动用了 120 亿美元资金。出售宝洁股票的另一个原因是，巴菲特看到了很多改善旗下子公司经营质量的机会，例如，2012 年伯克希尔旗下各公司一共收购了 26 家公司以增强协同效应，耗资 23 亿美元。

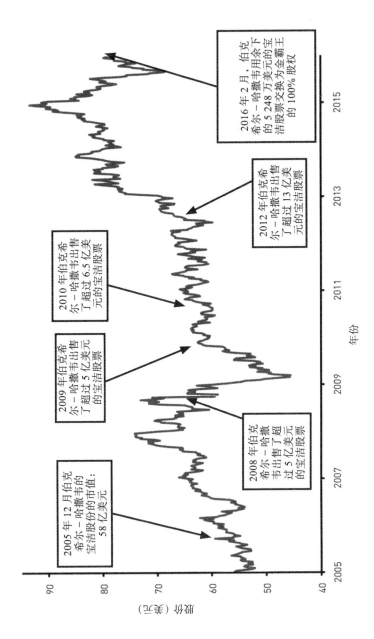

图 10-2 宝洁公司股价走势图（2005 年 10 月～2016 年 2 月）

金霸王

1996 年，吉列以 78 亿美元收购了碱性电池行业的市场领导者——金霸王，其最为知名的广告形象是一只粉红色兔子，围绕这一形象开展的营销活动效果非常出色，使金霸王成为全球著名品牌。收购之后，金霸王占到吉列销售额的 1/4。但竞争对手没过多久就推出了价格更便宜的产品，价格战接踵而至，金霸王的市场份额连续两年下降。公司运营进入了一个低迷阶段，营销活动又毫无起色。它甚至放弃了自己的兔子形象，让竞争对手劲量电池公司的兔子形象取而代之。与此同时，公司的管理费用也在增加。

基尔茨上台后，执行了严格的财务纪律，并增加了营销支出，但金霸王的经营并没有太大起色，年度销售增长率下降到 1%，市场份额也在下降。2014 年，宝洁公司决定其最佳战略是专注于利润最大的 65 个品牌，如汰渍、海飞丝、帮宝适等，同时出售那些增长缓慢的部门。

从这里，巴菲特看到了一个机会，因为他"作为一个消费者和长期投资者，对金霸王印象深刻"。[242] 总的来说，金霸王仍然占有世界电池市场 24% 的份额。巴菲特同意以伯克希尔持有的价值 42 亿美元的宝洁股票，换取金霸王的全部股权。由于宝洁刚刚向金霸王注资 18 亿美元，所以，此次交易净价为 24 亿美元，这个价格还不到 20 年前吉列收购金霸王时出价的 1/3，交易于 2016 年 2 月完成。

为什么选择金霸王而不是宝洁

无论是金霸王，还是宝洁，这两家公司都是消费型企业，具有强大的品牌力以及可预测的现金流。两者都易于理解，都具有很强的竞争优势，都由称职且诚实的管理者运营，那么，为什么巴菲特选择把鸡蛋放在金霸王的篮子里，而不是宝洁呢？

我怀疑这个决策与价格有很大的关系。2015年，宝洁的市盈率高于20倍，这表明市场相信其盈利会大幅增长。宝洁认为金霸王充其量只能实现缓慢增长，因为其产品已经被可充电电池弯道超车。

但是，巴菲特指出，金霸王现金流强劲，宝洁愿意以EBITDA调整后的7倍市盈率出售，EBITAD是指扣除利息、税负、折旧和摊销之前的利润。这个指标是巴菲特和所有理性投资者都不太感兴趣的指标，因为它不仅没有考虑资本项目支出，还忽略了纳税的需要，但是，即便是考虑到这些因素，在合理估计金霸王税后利润的情况下，这个报价还是属于只有两位数估值倍数的低价区。

在表10-2中，我们可以看到金霸王的有形资产与42亿美元的购买价相去甚远，净资产减去24亿美元的商誉和其他无形资产，我们得到18亿美元的数字。虽然我们在资产负债表中可以看到18亿美元的现金，但是大部分现金在金霸王的日常运营中根本不需要，这意味着它可以用很少的有形资产继续生产电池，这使得巴菲特可以将现金用于投资其他股票。这同时也意味着，随着公司的增长，有形资产的高回报率有望继续。

表 10-2　伯克希尔 – 哈撒韦收购金霸王时的资产负债表（包含商誉）
（单位：百万美元）

资产	
现金及现金等价物	1 807
存货	319
固定资产	359
商誉和其他无形资产	2 416
其他资产	242
已购置资产	5 143
负债	
应付账款、利息和其他债务	410
所得税，主要是递延所得税	494
净资产	4 239

资料来源：伯克希尔 – 哈撒韦 2016 年年报。

巴菲特不太担心公司销售的放缓，他在 2007 年写给股东的信中表示"稳定行业的长期竞争优势是我们在企业中寻求的。如果这伴随着快速的有机增长，当然非常棒。但即使没有实现有机的增长，这样的企业也是有回报的。我们只需要利用企业的丰厚收益，在其他地方购买类似的企业即可"。

金霸王的吸引力也与巴菲特更愿意直接拥有另一家企业有关，巴菲特曾经告诉英国《金融时报》（*Financial Times*）："我热衷于为伯克希尔不断添加优秀的公司……30 年来，我们在年报中一直在说，我们希望用有价证券换取企业，所以，这是我们想要走的方向……金霸王是一个领先的全球品牌，拥有高质量的产品，它将非常适合伯克希尔－哈撒韦。"[243]

以换股形式完成对金霸王的交易，这种安排非常巧妙地推迟了必须缴纳资本利得税的日子，这18亿美元的投入其实为巴菲特创造出了另一笔资金或更多的投资，这个换股并购方案使得伯克希尔即便不再持有宝洁股份，也不用立即缴纳税款。伯克希尔持有的宝洁1.9%的股票成本为3.36亿美元，如果以42亿美元出售，全部变为现金，则需要被征收38%的资本利得税。但是通过换股的方式，转换为5 250万股金霸王股份，资本利得税则被递延征收，这相当于巴菲特和芒格手中多出了数十亿美元的资金用于其他投资。

此外，金霸王很有可能并非像宝洁和华尔街分析师估计的那样增长缓慢，它已经在生产可充电电池，并正在投资可再生能源，在联合开发汽车无线充电技术方面，金霸王也具有很大潜力，合作对象包括德国汽车制造商。同样的技术也可以用于各种设备的充电电池，它已经扩展到不同的领域，例如智能手机电池、应急电池以及硬币大小的电池等。

事实证明，随着消费电子产品和其他电气产品种类的不断增加，所有类型电池的应用市场都在扩大，从碱性电池和锂电池，从锌碳电池和镍铬电池，不同类型的电池有不同的角色，有效地细分了不同的市场，例如，在一些领域，客户不希望频繁更换电池，如在电子门锁、助听器或烟雾探测器上，人们想要的是电池的耐用持久性，在这些场景下，金霸王依然具有最强的品牌力。此外，碱性电池在冰冻条件（例如冷库）下工作良好，其他类型的电池则不行。全球碱性电池的市场规模约为 70 亿美元，其中金霸王约占 20 亿美元。数十亿的新中产阶级消费者将购买越来越多的电子产品，从电视遥控器到手电筒，许多人会首选市场份额领先、以质量知名的金霸王电池。

除此之外，金霸王还与伯克希尔旗下其他公司具有产生协同效应的潜力。金霸王正在与伯克希尔投资的中国公司比亚迪合作，出售家用储能系统。伯克希尔能源公司（前身为中美能源公司）为美国、英国的很多家庭和企业供应大量电力，每年在可再生能源方面投资数十亿美元，它与金霸王是姊妹公司，双方合作的潜力巨大，例如在电池储能方面。巴菲特和芒格巧妙地定位了伯克希尔 – 哈撒韦公司，使其从碳基经济向基于生态友好发电的经济转变中受益。

本次投资案例的汇总摘要

在过去的 30 年里，伯克希尔公司的投资经历了吉列、宝洁、金霸王之间的流动、转换，所以一个汇总表可能有助于理解（见表 10-3）。

表 10-3　伯克希尔对吉列、宝洁、金霸王的投资

日期	投资	伯克希尔的投资回报
1989 年 7 月 20 日	6 亿美元优先股	
1989 年 7 月至 1991 年 4 月		金霸王优先股分红 8 900 万美元（税后 4 500 万美元）
1991 年 4 月至 2005 年 9 月		金霸王普通股分红（税前超过 6 亿美元）
2005 年	购买更多宝洁股票，支付 3.4 亿美元	
2007 年	购买更多宝洁股票，支付 9 000 万美元	
2005 年 10 月至 2016 年 2 月		宝洁分红 14 亿美元
2008 年至 2012 年		出售宝洁股票，获得超过 29.5 亿美元
2016 年 2 月		收到金霸王 42 亿美元股票
总计	10.3 亿美元	税前约 92.6 亿美元

学习要点

1. 一个能够向公司注入大笔资金，并以非威胁方式进行投资的投资者，可以从管理层那里得到可观的折扣价。

   随着 1989 年收购吉列获得丰厚回报，巴菲特和芒格致力于帮助公司加强资产负债表，没有对董事们施加苛刻的条件，与此相反的案例，可以看看 2008 年金融危机后的高盛和通用电气。较小的投资者即便没有这种能力，我们也可以尝试理解和支持董事，而不是咄咄逼人地批评。这样，我们不仅可以获得更愉快的参与感，还可以获得更多的信息以及更大的让董事们倾听我们观点的可能性。

2. 在缺乏定价合理的普通股时，投资优先股可以提供较高的收益率。

   在理想状况下，优先股将拥有可转换权，因此，投资者可能通过优先股投资分享公司发展的优良业绩。

3. 良好的人际关系至关重要，比如信任、钦佩。

   巴菲特和芒格都非常喜欢与吉列的莫克勒和基尔茨以及宝洁的雷富礼打交道。投资者应该花些时间与公司的董事们见面。

4. 企业掠食者可以摧毁或伤害企业。

   这些财经玩家利用大量债务资本，无论是私募股权、对冲基金还是其他金融工具，都可以影响一家公司的正常经营，即便一家完美企业往往也会遭受威胁。有时，它们会引发破坏性反应，例如，现任管理层不合理地回购股份或陷入讹诈。

5. 即便好的企业也会变得松懈。

管理者可能会对拥有特许经营权感到志得意满，或者在业务中保留太多现金（这样做会压低资产回报率），或者增加不必要的开销。在和吉列、宝洁、金霸王 30 年合作的不同阶段，巴菲特和芒格有时不得不进行干预，甚至建议更换公司领导层，以便公司回归正轨。

6. 给予管理层的报酬，应当与其为股东创造的回报成比例。

要提防股票期权，因为它会激励管理层在没有为股东创造太多价值的情况下，通过用留存利润回购股票、推高每股盈利的方式，进而为个人实现可观的收入。

7. 优秀的企业并不总是优秀的投资。

2015 年，虽然巴菲特和芒格仍然认为宝洁旗下的品牌构成了一系列优秀的业务，但拥有这些企业的代价太高了。与之相对应的是，金霸王虽然销售增长缓慢，但也是优秀的企业，它的有形资产回报率相当高。对金霸王的投资是一项非常好的投资，因为相对于它未来可能的股东盈利而言，它的报价较低。

漫长的旅程

1976 年，你可以以 40 美元的价格购买伯克希尔－哈撒韦公司的股票，整个公司的账面价值为 5 800 万美元，同时公司市值不足 4 000 万美元，沃伦·巴菲特持有这些股票的 2/5 以上。

仅仅 14 年之后，你就必须为一股股票支付 8 600 美元，上涨了 21 400%。如果你在 1975 年投资伯克希尔 1 万美元，到 1990 年 1 月，你持有的个股将价值 215 万美元。此时，巴菲特的持股依然超过 40%，所以此时他的身家已达 10 亿美元！

短短 14 年，伯克希尔－哈撒韦的转变是惊人的，最初，该公司的纺织业务经营状况不佳，"令人极其失望"，并且"无法提供如预期般的高回报"。[244] 该公司还拥有一家小型保险公司，拥有 8 760 万美元的保险浮存金，其中大部分投资于股票，例如持有《华盛顿邮报》9.7% 的股份。它旗下的伊利诺伊国民银行能带来良好的现金流，它持有蓝筹印花公司的一些股份，而蓝筹印花持有喜诗糖果以及威斯科公司 64% 的股份。

1989 年，伯克希尔－哈撒韦拥有的保险浮存金达到了 15.4 亿美元，带来的利息和分红多达 2 亿美元。公司旗下拥有很多全资或大部分控股的子公司，例如《水牛城新闻报》、费希海默兄弟、寇比、内布拉斯加家具城、喜诗糖果、波仙珠宝、《世界百科全书》等，这些公司拥有出色的资本回报率，年复一年地向伯克希尔总部输送利润，供巴菲特和芒格投资于其他机会。

伯克希尔还持有大都会 /ABC 公司 18% 的股份（价值 17 亿美元）、可口可乐 7% 的股份（价值 18 亿美元）、《华盛顿邮报》14% 的股份（价值 5 亿美元）。

除此之外，它还持有盖可保险公司 51% 的股份，市值超过10 亿美元，以及联邦住宅贷款抵押公司的股份，价值 10 亿美元左右。然后，还有各种优先股，包括所罗门兄弟和吉列，价值总计约 20 亿美元。

但这还不是全部

沃伦·巴菲特和查理·芒格的社会声誉日渐上升，回顾1976 年，当时仅有很少的股东出席股东大会，也没有什么媒体对大会感兴趣，因为当时的伯克希尔 - 哈撒韦被视为一家小规模混合型企业集团，一家由一些非传统的，甚至有些古怪的中西部人管理的不合时宜的公司。而华尔街上发生的事情远比伯克希尔令人兴奋得多，所以，你又何必要去关心它呢？

但是，到了 1989 年，该公司以及巴菲特和芒格的名字渐渐广为人知，每年有数以千计的人前往奥马哈，聆听他们以非常接地气的方式表达的智慧，还有数以千计的人阅读巴菲特致股东的信。媒体定期报道他们的投资情况，并经常提出采访要求。

巴菲特和芒格也为整个社会的向好尽了自己的一份力量，在凯瑟琳·格雷厄姆拯救所罗门兄弟公司的过程中帮了不少忙，出了不少力。

潜在的企业卖家通常会将伯克希尔－哈撒韦视为自己创业的避风港，在那里，企业将得到支持和成长，而不会失去诚信。

伯克希尔－哈撒韦也正在成为世界上最大的企业避难所，前提是这些企业需要资金，并且需要一个不会干涉其业务、拒绝向那些冷酷的华尔街掠食者转售公司的资本提供商。当然，伯克希尔会要求优先股支付较高的分红，但至少你知道自己不会陷入财务困境，并且可以避开持续的攻击。

简而言之，1989 年的伯克希尔－哈撒韦已经处于一个强有力的地位，成为美国最大的公司之一，具有充沛的资金可以投资于那些优秀的企业，并享受各个投资对象带来的现金流。

在沃伦·巴菲特将满 60 岁，查理·芒格将满 66 岁时，我们可以发现他们俩每天跳着踢踏舞走进办公室，想着滚滚而来的现金流，想着他们还能买些什么。在接下来的几年里，他们发现了一些可以投资的大企业，从富国银行、美国运通，到 DQ、利捷公务航空、通用再保险、穆迪。巴菲特和芒格在以幸福的方式度过时光，但这些故事（以及更多的故事）将不得不放在本系列的下一卷中。

注　　释

1. W. Buffett, letter to shareholders of BH (2005).
2. H. L. Butler, 'An Hour with Benjamin Graham', *Financial Analysts Journal* (November/December 1973). Reprinted in J. Lowe, *The Rediscovered Benjamin Graham* (John Wiley & Sons, 1999).
3. Insurance Hall of Fame Biography.
4. R. P. Miles, *The Warren Buffett CEO*, p.29 (John Wiley & Sons, 2002).
5. Ibid.
6. W. Buffett, letter to shareholders of BH (1983).
7. W. Buffett, letter to shareholders of BH (1986).
8. Ibid.
9. W. Buffett, letter to shareholders of BH (1984).
10. W. Buffett, letter to shareholders of BH (1995).
11. W. Buffett, letter to shareholders of BH (1986).
12. W. Buffett, letter to shareholders of BH (2001).
13. W. Buffett, letter to shareholders of BH (2004).
14. W. Buffett, letter to shareholders of BH (1995).
15. W. Buffett, letter to shareholders of BH (2010).
16. L. Simpson, Q&A, Kellogg School of Management (2017).
17. Ibid.
18. L. Simpson, *The Washington Post* (11 May 1987).
19. Miles, *The Warren Buffett CEO*, p.58.
20. Simpson in Miles, *The Warren Buffett CEO*, p.61.
21. Simpson, Q&A.
22. Simpson, *The Washington Post* (11 May 1987).
23. Simpson, Q&A.
24. Simpson, *The Washington Post* (11 May 1987).
25. W. Buffett, letter to shareholders of BH (1995).
26. T. Nicely in A. B. Crenshaw, 'Premium Partners', *The Washington Post* (18 September 1995).
27. W. Buffett, letter to shareholders of BH (2006).
28. W. Buffett, letter to shareholders of BH (2015).

29. W. Buffett, letter to shareholders of BH (2016).
30. T. Nicely in Miles, *The Warren Buffett CEO*, p.37.
31. Ibid, p.38.
32. Miles, *The Warren Buffett CEO*, p.40.
33. Ibid, p.39.
34. W. Buffett, letter to shareholders of BH (1996).
35. W. Buffett, letter to shareholders of BH (2009).
36. Ibid.
37. J. R. Laing, 'The Collector: Investor who piled up $100m in the 1960s piles up firms today', *The Wall Street Journal* (31 March 1977).
38. W. Buffett, letter to shareholders of BH (2006).
39. K. Graham, *Personal History*, p.581 (Vintage Books/Random House, 1997).
40. Ibid.
41. M. B. Light, *From Butler to Buffett: The Story Behind the Buffalo News* (Prometheus Books, 2004).
42. Ibid.
43. BCS annual report (1981).
44. Light, *From Butler to Buffett*.
45. Ibid.
46. S. Lipsey, 'New Addition to Blue Chip Ranks', *The Buffalo News* centennial publication (12 October 1980).
47. Light, *From Butler to Buffett*.
48. S. Lipsey, quoted in Miles, *The Warren Buffett CEO*, p.237.
49. C. J Loomis, 'The Inside Story of Warren Buffett', *Fortune* (11 April 1988).
50. S. Lipsey, quoted in Miles, *The Warren Buffett CEO*, p.247.
51. Ibid.
52. W. Buffett, letter to shareholders of BH (2012).
53. W. Buffett, letter to shareholders of BH (2006).
54. Ibid.
55. Video, 'Rose Blumkin: Omaha's Nebraska Furniture Mart', YouTube.
56. D. Burrow, 'From Mrs B to Mr K: Do not underestimate the best country in the world', *Omaha World Herald* (28 October 1962).
57. W. Buffett, letter to shareholders of BH (2003).
58. 伯克希尔–哈撒韦官网。

59. Documentary, 'The History of NFM: 75th Anniversary', YouTube.

60. G. Collins, 'Rose Blumkin, "Exemplar of the American Dream", remembers the tough road from Minsk to Omaha', UPI (9 June 1984).

61. Ibid.

62. A. Smith, *Supermoney*, p.190 (John Wiley & Sons, 1972, reprinted 2006).

63. Collins, 'Rose Blumkin, "Exemplar of the American Dream"'.

64. Buffett, speaking at BH shareholders meeting (2014).

65. BH annual report (2013).

66. K. Linder, *The Women of Berkshire Hathaway*, (John Wiley & Sons, 2012).

67. Buffett, speaking at BH shareholders meeting (2014).

68. Ibid.

69. Ibid.

70. W. Buffett, letter to shareholders of BH (1983).

71. C. Munger, 'Academic Economics: Strengths and Faults after Considering Interdisciplinary Needs', from the Herb Kay Undergraduate Lecture, University of California, Santa Barbara Economics Department (3 October 2003). Reproduced in P. D. Kaufman (editor), *Poor Charlie's Almanack: The Wit and Wisdom of Charles T. Munger* (The Donning Company Publishers, Virginia, 2005).

72. W. Buffett, letter to shareholders of BH (1990).

73. W. Buffett, letter to shareholders of BH (1983).

74. Ibid.

75. W. Buffett, letter to shareholders of BH (1984).

76. W. Buffett, letter to shareholders of BH (1987).

77. I. Blumkin, quoted in 'The Blumkin Legacy: One Influential Family, Three New Inductees into the Omaha Business Hall of Fame', YouTube.

78. R. Blumkin, quoted in Joyce Wadler, 'Blumkin: Sofa, So Good', *The Washington Post* (24 May 1984).

79. W. Buffett, quoted in S. P. Sherman and D. Kirkpatrick, 'Capital Cities' Capital Coup', *Fortune* (15 April 1985).

80. T. S. Murphy, quoted in an interview with A. Blitz, Harvard Business School Director of Media Development for Entrepreneurial Management, ABC (December 2000).

81. Ibid.

82. Ibid.

83. W. Buffett, letter to shareholders of BH (1985).
84. W. Buffett, letter to shareholders of BH (2015).
85. Buffett, quoted in Sherman and Kirkpatrick, 'Capital Cities' Capital Coup'.
86. Murphy, interview with A. Blitz, Harvard Business School Director of Media Development for Entrepreneurial Management.
87. Ibid.
88. Ibid.
89. W. Buffett, letter to shareholders of BH (1985).
90. Ibid.
91. Ibid.
92. Ibid.
93. Murphy, interview with A. Blitz, Harvard Business School Director of Media Development for Entrepreneurial Management.
94. Ibid.
95. Ibid.
96. Ibid.
97. Ibid.
98. Sherman and Kirkpatrick, 'Capital Cities' Capital Coup.
99. Murphy, interview with A. Blitz, Harvard Business School Director of Media Development for Entrepreneurial Management.
100. W. Buffett, letter to shareholders of BH (1985).
101. Murphy, interview with A. Blitz, Harvard Business School Director of Media Development for Entrepreneurial Management.
102. Ibid.
103. W. Buffett, letter to shareholders of BH (1991).
104. W. Buffett, letter to shareholders of BH (1985).
105. W. Buffett, letter to shareholders of BH (1986).
106. W. Buffett, letter to shareholders of BH (1991).
107. Ibid.
108. W. Buffett, letter to shareholders of BH (1995).
109. C. J. Loomis, *Fortune* (1 April 1996).
110. 白衣护卫是指在收购目标或潜在目标中购买股份的友好公司。不像白衣骑士那样需要取得控制权。
111. 这种百科全书也在国外销售。作者18岁时也在西澳大利亚上门推销过《世界百科全书》，或至少做过尝试。

112. R. J. Cole, 'Boesky Makes Bid For Scott & Fetzer', *The New York Times* (27 April 1984).
113. 'Bid Turned Down By Scott & Fetzer', *The New York Times* (9 May 1984).
114. R. Schey in Miles, *The Warren Buffett CEO*.
115. 'Scott & Fetzer, Kelso Deal Off', *The New York Times* (6 September 1985).
116. W. Tilson, 'Three lectures by Warren Buffett to Notre Dame Faculty' (edited).
117. Loomis, 'The inside story of Warren Buffett'.
118. Ibid.
119. R. W. Stevenson, 'Berkshire to Buy Scott & Fetzer', *The New York Times* (30 October 1985).
120. W. Buffett, letter to shareholders of BH (1985).
121. Ibid.
122. Ibid.
123. Ibid.
124. W. Buffett, letter to shareholders of BH (1999).
125. W. Buffett, letter to shareholders of BH (1992).
126. W. Buffett, letter to shareholders of BH (1994).
127. Ibid.
128. Ibid.
129. Ibid.
130. Ibid.
131. Ibid.
132. W. Buffett, letter to shareholders of BH (Appendix) (1986).
133. Ibid.
134. W. Buffett, letter to shareholders of BH (1986).
135. W. Buffett, letter to shareholders of BH (Appendix) (1986).
136. Ibid.
137. W. Buffett, letter to shareholders of BH (1994).
138. Ibid.
139. Ibid.
140. W. Buffett, quoted in M. Urry, 'Weekend Money', p.1, *Financial Times* (11/12 May 1996).
141. Buffett, speaking at BH annual meeting (1996).

142. 俄亥俄州新闻网站。
143. R. Schey in Miles, *The Warren Buffett CEO.*
144. W. Buffett, letter to shareholders of BH (1986).
145. W. Buffett, letter to shareholders of BH (1982).
146. W. Buffett, letter to shareholders of BH (1986).
147. Ibid.
148. W. Buffett, letter to shareholders of BH (1987).
149. Ibid.
150. Ibid.
151. W. Buffett, letter to shareholders of BH (1990).
152. C. J. Loomis, 'The Value Machine Warren Buffett's Berkshire Hathaway is on a buying binge. You were expecting stocks?', *Fortune* (19 February 2001).
153. P. Byrne, quoted in A. Kilpatrick, *Of Permanent Value: The Story of Warren Buffett* (Literary Edition), p.607 (AKPE, 2006).
154. R. W. Chan, *Behind the Berkshire Hathaway Curtain: Warren Buffett's Top Business Leaders*, p.96 (John Wiley & Sons, 2010).
155. W. Buffett, letter to shareholders of BH (1986).
156. Ibid.
157. Ibid.
158. Ibid.
159. Ibid.
160. P. Lynch, *Beating the Street*, p.141 (Simon & Schuster, 1994).
161. W. Buffett, letter to shareholders of BH (1986).
162. Ibid.
163. Ibid.
164. 储蓄银行是美国的一种小型金融机构，主要业务是吸收储蓄存款、住房抵押贷款。不同于大型商业银行，它们提供更高的储蓄存款利率，发放的贷款有限。
165. A. Bianco, 'The King of Wall Street: An inside look at Salomon Brothers' stunning rise to pre-eminence – and how it wields its power', *Business Week* (5 December 1985).
166. 优先股赋予买家选择权，或是选择在未来的某个日期或一系列日期收到分红，或是将其转换为普通股。在这个案例中，所罗门兄弟公司同意在1995年10月31日到2000年10月31日期间，每年赎回1/5。赎回之后停止派发分红，按照票面价值将资金返还给持有人。

167. W. Buffett, letter to shareholders of BH (1987).
168. W. Buffett, 'How to tame the casino society', *The Washington Post* (4 December 1986).
169. W. Buffett, letter to shareholders of BH (1987).
170. Ibid.
171. J. Sterngold, 'Too far, too fast; Salomon Brothers' John Gutfreund', *The New York Times* (10 January 1988).
172. W. Buffett, quoted in A. Schroeder, *The Snowball*, p.463 (Bloomsbury, 2009).
173. W. Buffett, quoted in C. J. Loomis, 'Warren Buffett's wild ride at Salomon', *Fortune* (27 October 1997).
174. W. Buffett, letter to shareholders of BH (1991).
175. Reported in *Omaha World-Herald*, 2 January 1994.
176. *Omaha World Herald* (2 January 1994).
177. K. Eichenwald, 'Salomon's 2 Top Officers to Resign Amid Scandal', *The New York Times* (17 August 1991).
178. W. Buffett, quoted in 'Now Hear This', *Fortune* (10 January 1994).
179. W. Buffett, letter to shareholders of BH (1997).
180. W. Buffett, letter to shareholders of BH (2010).
181. W. Buffett, in J. Rasmussen, 'Buffett talks strategy with students', *Omaha World Herald* (2 January 1994).
182. W. Buffett, letter to shareholders of BH (1989).
183. W. Buffett, letter to shareholders of BH (1996).
184. Ibid.
185. 这是我对内在价值的估计，回报率使用的是美国国债1994年7%的年利率，再加上政府债券5%以上的风险溢价，考虑到投资在可口可乐上所要求的12%的回报率。在此使用了股利增长模型：内在价值=下一年度分红除以要求回报率减去增长率。完美的后见之明使数学变得容易。See G. Arnold & D. Lewis, *Corporate Financial Management*, Ch.17 (Pearson, 2019) for equity valuation models.
186. D. Keough, 'Conversations with Michael Eisner'.
187. D. Keough, quoted in Kilpatrick, *Of Permanent Value*, p.463.
188. W. Buffett, letter to shareholders of BH (1986).
189. Much of this section draws on the ideas presented by Charlie Munger in a series of public talks now compiled in Kaufman (editor), *Poor Charlie's Almanack*. Particularly, 'Practical Thought About Practical

Thought?' (20 July 1996).

190. Kaufman (editor), *Poor Charlie's Almanack*, p.177.

191. Coca-Cola annual report (2018).

192. M. E. Porter, *Competitive Strategy* (The Free Press, 1980; Simon & Schuster, 2004).

193. W. Buffett, in J. Huey, 'The World's Best Brand', *Fortune* (31 May 1993).

194. Kaufman (editor), *Poor Charlie's Almanack*, p.210.

195. Huey, 'The World's Best Brand'.

196. R. Goizeuta, life-long manager and future CEO, quoted in Huey, 'The World's Best Brand'.

197. Huey, 'The World's Best Brand'.

198. Ibid.

199. Ibid.

200. R. W. Stevenson, 'Coke's Intensified Attack Abroad', *The New York Times* (14 March 1988).

201. Huey, 'The World's Best Brand'.

202. W. Buffett, letter to shareholders of BH (1996).

203. Huey, 'The World's Best Brand'.

204. Excluding the Soviet Union and China.

205. Coca-Cola annual report (1987).

206. W. Buffett, quoted in C. J. Loomis, *Tap Dancing to Work*, p.113 (Penguin Books, 2013).

207. W. Buffett, letter to shareholders of BH (1989).

208. D. Keough, speaking to *Atlanta Journal-Constitution* (22 February 2004).

209. W. Buffett, letter to shareholders of BH (1997).

210. W. Buffett, letter to shareholders of BH (2011).

211. W. Buffett, letter to shareholders of BH (2013).

212. W. Buffett, letter to shareholders of BH (2004).

213. Kilpatrick, *Of Permanent Value*, p.617.

214. W. Buffett, letter to shareholders of BH (1989).

215. W. Buffett, letter to shareholders of BH (1988).

216. S. Jacques, who started as a sales assistant and later became CEO, in Miles, *The Warren Buffett CEO*, p.285.

217. Kilpatrick, *Of Permanent Value*, p.613.

218. Ibid, p.614.

219. W. Buffett, letter to shareholders of BH (1988).
220. Kilpatrick, *Of Permanent Value*, p.614.
221. W. Buffett, letter to shareholders of BH (1988).
222. W. Buffett, letter to shareholders of BH (1989).
223. Ibid.
224. W. Buffett, letter to shareholders of BH (2007).
225. GIA.
226. 绿色邮件（绿色是美元的颜色）是指受到攻击的公司以高于市价的价格回购敌意收购者手中持有的股票。重要的是，公司并不向其他持股人提供同样的价格。这在很多国家是违法的。
227. W. Buffett, quoted in G. McKibben, *Cutting Edge: Gillette's Journey to Global Leadership*, p.225 (Harvard Business Review Press, 1997).
228. Buffett in McKibben, *Cutting Edge*, p.226.
229. Ibid.
230. Ibid, p.227.
231. 巴菲特和芒格关于收购企业的原则在巴菲特致股东的信中有说明。
232. R. Ricardo-Campbell, *Resisting hostile takeovers: the case of Gillette*, p.212 (Praeger, 1997).
233. W. Buffett, letter to shareholders of BH (1989).
234. Ibid.
235. W. Buffett, letter to shareholders of BH (1991).
236. W. Buffett, letter to shareholders of BH (1993).
237. W. Buffett, quoted in J. Eum, 'Warren Buffett's idea of heaven: I don't have to work with people I don't like', *Forbes* (4 Feb 2014).
238. W. Buffett, quoted in K. Brooker, 'Jim Kilts is an old-school curmudgeon. Nothing could be better for Gillette', *Fortune* (30 December 2002).
239. Ibid.
240. S. Mesure and D. Usborne, 'P&G's $57bn Gillette deal sets fresh challenge for Unilever', *The Independent* (29 January 2005).
241. W. Buffett, letter to shareholders of BH (2009).
242. J. Stempel & D. Krishna Kumar, 'Buffett's Berkshire Hat', *Reuters* (13 November 2014).
243. C. Barrett, S. Foley & R. Blackden, 'Berkshire Hathaway to acquire battery business from Procter & Gamble', *Financial Times* (13 November 2014).
244. W. Buffett, letter to shareholders of BH (1976).

推 荐 阅 读

序号	中文书号	中文书名	定价
1	69645	敢于梦想：Tiger21创始人写给创业者的40堂必修课	79
2	69262	通向成功的交易心理学	79
3	68534	价值投资的五大关键	80
4	68207	比尔·米勒投资之道	80
5	67245	趋势跟踪（原书第5版）	159
6	67124	巴菲特的嘉年华：伯克希尔股东大会的故事	79
7	66880	巴菲特之道（原书第3版）（典藏版）	79
8	66784	短线交易秘诀（典藏版）	80
9	66522	21条颠扑不破的交易真理	59
10	66445	巴菲特的投资组合（典藏版）	59
11	66382	短线狙击手：高胜率短线交易秘诀	79
12	66200	格雷厄姆成长股投资策略	69
13	66178	行为投资原则	69
14	66022	炒掉你的股票分析师：证券分析从入门到实战（原书第2版）	79
15	65509	格雷厄姆精选集：演说、文章及纽约金融学院讲义实录	69
16	65413	与天为敌：一部人类风险探索史（典藏版）	89
17	65175	驾驭交易（原书第3版）	129
18	65140	大钱细思：优秀投资者如何思考和决断	89
19	64140	投资策略实战分析（原书第4版·典藏版）	159
20	64043	巴菲特的第一桶金	79
21	63530	股市奇才：华尔街50年市场智慧	69
22	63388	交易心理分析2.0：从交易训练到流程设计	99
23	63200	金融交易圣经II：交易心智修炼	49
24	63137	经典技术分析（原书第3版）（下）	89
25	63136	经典技术分析（原书第3版）（上）	89
26	62844	大熊市启示录：百年金融史中的超级恐慌与机会（原书第4版）	80
27	62684	市场永远是对的：顺势投资的十大准则	69
28	62120	行为金融与投资心理学（原书第6版）	59
29	61637	蜡烛图方法：从入门到精通（原书第2版）	60
30	61156	期货狙击手：交易赢家的21周操盘手记	80
31	61155	投资交易心理分析（典藏版）	69
32	61152	有效资产管理（典藏版）	59
33	61148	客户的游艇在哪里：华尔街奇谈（典藏版）	39
34	61075	跨市场交易策略（典藏版）	69
35	61044	对冲基金怪杰（典藏版）	80
36	61008	专业投机原理（典藏版）	99
37	60980	价值投资的秘密：小投资者战胜基金经理的长线方法	49
38	60649	投资思想史（典藏版）	99
39	60644	金融交易圣经：发现你的赚钱天才	69
40	60546	证券混沌操作法：股票、期货及外汇交易的低风险获利指南（典藏版）	59
41	60457	外汇交易的10堂必修课（典藏版）	49
42	60415	击败庄家：21点的有利策略	59
43	60383	超级强势股：如何投资小盘价值成长股（典藏版）	59
44	60332	金融怪杰：华尔街的顶级交易员（典藏版）	80
45	60298	彼得·林奇教你理财（典藏版）	59
46	60234	日本蜡烛图技术新解（典藏版）	60
47	60233	股市长线法宝（典藏版）	80
48	60232	股票投资的24堂必修课（典藏版）	45
49	60213	蜡烛图精解：股票和期货交易的永恒技术（典藏版）	88
50	60070	在股市大崩溃前抛出的人：巴鲁克自传（典藏版）	69
51	60024	约翰·聂夫的成功投资（典藏版）	69
52	59948	投资者的未来（典藏版）	80
53	59832	沃伦·巴菲特如是说	59
54	59766	笑傲股市（原书第4版·典藏版）	99

推荐阅读

序号	中文书号	中文书名	定价
55	59686	金钱传奇：科斯托拉尼的投资哲学	59
56	59592	证券投资课	59
57	59210	巴菲特致股东的信：投资者和公司高管教程（原书第4版）	99
58	59073	彼得·林奇的成功投资（典藏版）	80
59	59022	战胜华尔街(典藏版)	80
60	58971	市场真相：看不见的手与脱缰的马	69
61	58822	积极型资产配置指南：经济周期分析与六阶段投资时钟	69
62	58428	麦克米伦谈期权（原书第2版）	120
63	58427	漫步华尔街（原书第11版）	56
64	58249	股市趋势技术分析（原书第10版）	168
65	57882	赌神数学家：战胜拉斯维加斯和金融市场的财富公式	59
66	57801	华尔街之舞：图解金融市场的周期与趋势	69
67	57535	哈利·布朗的永久投资组合：无惧市场波动的不败投资法	69
68	57133	憨夺型投资者	39
69	57116	高胜算操盘：成功交易员完全教程	69
70	56972	以交易为生（原书第2版）	36
71	56618	证券投资心理学	49
72	55876	技术分析与股市盈利预测：技术分析科学之父沙巴克经典教程	80
73	55569	机械式交易系统：原理、构建与实战	80
74	54670	交易择时技术分析：RSI、波浪理论、斐波纳契预测及复合指标的综合运用（原书第2版）	59
75	54668	交易圣经	89
76	54560	证券投机的艺术	59
77	54332	择时与选股	45
78	52601	技术分析（原书第5版）	100
79	52433	缺口技术分析：让缺口变为股票的盈利	59
80	49893	现代证券分析	49
81	49646	查理·芒格的智慧：投资的格栅理论（原书第2版）	49
82	49259	实证技术分析	75
83	48856	期权投资策略（原书第5版）	169
84	48513	简易期权（原书第3版）	59
85	47906	赢得输家的游戏：精英投资者如何击败市场（原书第6版）	45
86	44995	走进我的交易室	55
87	44711	黄金屋：宏观对冲基金顶尖交易者的掘金之道（增订版）	59
88	44062	马丁·惠特曼的价值投资方法：回归基本面	49
89	44059	期权入门与精通：投机获利与风险管理（原书第2版）	49
90	43956	以交易为生II：卖出的艺术	55
91	42750	投资在第二个失去的十年	49
92	41474	逆向投资策略	59
93	33175	艾略特名著集（珍藏版）	32
94	32872	向格雷厄姆学思考，向巴菲特学投资	38
95	32473	向最伟大的股票作手学习	36
96	31377	解读华尔街（原书第5版）	48
97	31016	艾略特波浪理论:市场行为的关键（珍藏版）	38
98	30978	恐慌与贪婪：如何把握股市动荡中的风险和机遇	36
99	30633	超级金钱（珍藏版）	36
100	30630	华尔街50年（珍藏版）	38
101	30629	股市心理博弈（珍藏版）	58
102	30628	通向财务自由之路（珍藏版）	69
103	30604	投资新革命（珍藏版）	36
104	30250	江恩华尔街45年（修订版）	36
105	30248	如何从商品期货贸易中获利（修订版）	58
106	30244	股市晴雨表（珍藏版）	38
107	30243	投机与骗局（修订版）	36

巴菲特系列

分类	译者	书号	书名	定价
坎宁安作品	王冠亚	978-7-111-73935-7	超越巴菲特的伯克希尔：股神企业帝国的过去与未来	119元
	杨天南	978-7-111-59210-5	巴菲特致股东的信：投资者和公司高管教程（原书第4版）	128元
	杨天南	978-7-111-67124-4	巴菲特的嘉年华：伯克希尔股东大会的故事	79元
哈格斯特朗作品	杨天南	978-7-111-74053-7	沃伦·巴菲特：终极金钱心智	79元
	杨天南	978-7-111-66880-0	巴菲特之道（原书第3版）	79元
	杨天南	978-7-111-66445-1	巴菲特的投资组合（典藏版）	59元
	郑磊	978-7-111-49646-5	查理·芒格的智慧：投资的格栅理论（原书第2版）	69元
巴菲特投资案例集	杨天南	978-7-111-64043-1	巴菲特的第一桶金	79元
	杨天南	978-7-111-74154-1	巴菲特的伯克希尔崛起：从1亿到10亿美金的历程	79元

中国证券分析师丛书

"新财富""水晶球""金牛奖""金麒麟"获奖明星分析师为
投资者打造的证券分析实战指南。

一本书读懂建材行业投资
ISBN：978-7-111-73803-9
价格：88.00 元

荀玉根讲策略
ISBN：978-7-111-69133-4
价格：88.00 元

王剑讲银行业
ISBN：978-7-111-68814-3
价格：88.00 元

吴劲草讲消费行业
ISBN：978-7-111-71184-1
价格：88.00 元